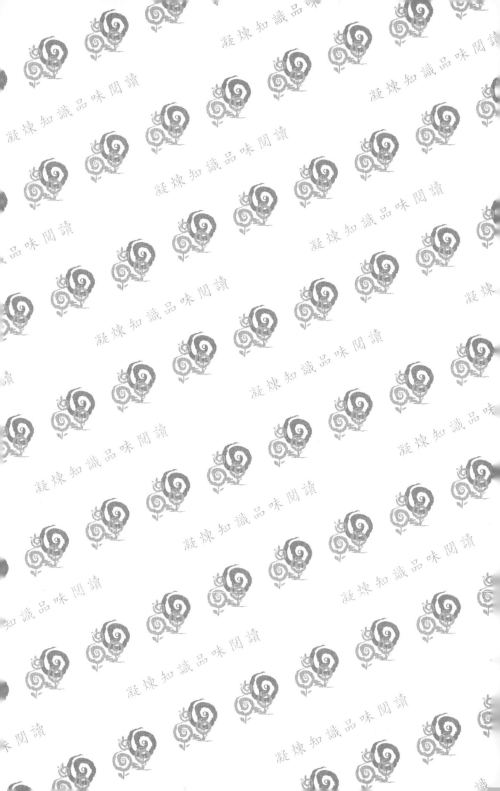

勞動法
案例研究（一）

林更盛 著

五南圖書出版公司 印行

序 | PREFACE

　　本書原先在2002年由翰蘆圖書出版有限公司出版，是本人第一次將著作集結成書，藉此再次對翰盧公司表示謝意。於再版之際，幾經考量，改委由五南圖書出版。本書論文雖為舊作，但其中對相關理論的敘述，仍多有值得參考之處，對判決的分析，也標示實務見解的進程與演變。因此，再版只校正原先文字與標點符號，其他內容維持不變。

　　回顧本書自2002年出版後，勞動法規、理論與實務雖有轉變，但幾個基礎問題仍然是焦點。本書論及勞動者的特徵：從屬性（對此，另參德國2017年新增的民法第611a條）、工資的界定、平等待遇等的問題，似已獲得不少實務與理論的肯定；另本書所論解催的最後手段性，雖為通說所採，在適用上似已偏離作者觀點，這只會減損該理論說服力而已，宜請注意。

　　再版之際，回想本書論文當初寫作的過程（這是我留學回臺後前六年的部分成果），五味雜陳。猶太智者有云：「流淚灑種的，必歡呼收割」，若本書能有貢獻於勞動法學、更適當地處理勞動關係，或許也算得上是歡呼收割吧！

林更盛 謹識

2018年9月

目　錄 | CONTENTS

序

16　勞工之集體請辭

1

勞動契約之特徵「從屬性」
——評最高法院81年度台上字第347號判決

壹、案例事實與判決理由

一、案例事實

　　本案原告於被告交通部臺灣中區電信管理局通信處電報交換中心，擔任專力差工作，1.依電信總局之專送電報僱用臨時專力差辦法規定，須填具臨時僱用報差志願書以及交通部電信機構員工保證書。依前述辦法及志願書，本案原告在擔任投送電報之工作上，須服從被告之指揮、監督，遵守被告之規定，同時於違規時須接受制裁。2.又原告投送電報身著被告所發制服，佩帶臨時識別證，其向收報人收取專力費所用之收據，係以被告名義開立。依前述辦法第4點規定，如臨時專力差已派往投送「專送電報」，並預計半小時以內，臨時專力差未能回局時，可派業務士前往投送；而臨時專力差回局時，則待業務士投送免費區域內之電報，直至業務士回局時為止；業務士所收取之專力費，應與臨時專力差各半支領。又投送電報，遇收報人門戶關閉或無人待收時，逾12小時再行投遞一次；不管有無投送完成，原告均可再簽報一次專力費，而被告則僅向收報人收取一次專力費。嗣後交通部於民國79年取消專送業務，被告遂主張兩造間之法律關係為承攬、終止與原告間之法律關係，拒發任何預告工資及資遣費；原告則主張兩造間為勞動關係，依勞基法第14條第4項第6款終止勞動契約，並訴請被告給付預告工資及資遣費。

二、判決理由

　　最高法院於81年度台上字第347號判決[1]中，不僅以從屬性作為界定勞工的標準，並認為只要契約具有從屬性勞動性格，縱有承攬之性

---

[1]　最高法院民事裁判書彙編，第7期，第755（757）頁以下。

質，亦應屬勞動契約，並對從屬性的涵義作了到目前為止最詳盡的說明。最高法院認為，按勞基法第2條第6款僅規定「勞動契約，謂約定勞雇關係之契約」，對於勞動契約之性質及成立生效要件如何，未有具體明確之規定。惟依政府於民國25年12月25日公布尚未實施之勞動契約法第1條規定，稱勞動契約者，謂當事人一方對於他方在從屬關係提供有職業上之勞動力，而他方給付報酬之契約。一般學理上亦認勞動契約當事人之勞工，具有下列特徵：1.人格從屬性，即受僱人在雇主企業處組織內，服從雇主權威，並有接受懲戒或制裁之義務；2.親自履行，不得使用代理人；3.經濟上從屬性，即受僱人並不是為自己之營業勞動，而是從屬於他人，為該他人之目的而勞動。4.納入雇方生產組織體系，並與同僚間居於分工合作狀態。勞動契約之特徵，即在此從屬性。又基於保護勞工之立場，一般就勞動關係之成立，均從寬認定，只要有部分從屬性，即應成立。足見勞基法所規定之勞動契約，非僅限於典型之僱傭契約，只要該契約具有從屬性勞動性格，縱有承攬之性質，亦應屬勞動契約。」由前述事實1.的部分，足認兩者間顯然具有人格從屬性；由前述事實2.的部分，可見原告投送電報係為被告之營業而勞動，具有經濟上從屬性；且已被納入被告組織體，並與同僚間有分工合作之狀態。據此，最高法院認定兩造間之法律關係為勞動契約。

貳、評釋

關於勞動契約之特徵及與其他勞務提供契約之分別，我國法院、學說、行政機關與司法與實務多曾表示相關見解。

一、最高法院其他判決

　　（一）最高法院於本案判決中所示意見——包括勞動契約與承攬契約間之關係，多為後來實務所遵循[2]。例如最高法院最近亦曾於89年台上字第1301號判決[3]中，表示相同見解：「（一）『勞工：謂受雇主僱用從事工作獲致工資者。』『工資：謂勞工因工作而獲得之報酬。』『勞動契約：謂約定勞雇關係之契約。』勞動基準法第2條第1款、第3款、第6款定有明文。是勞動契約之勞工與雇主間具有使用從屬及指揮監督之關係，勞動契約非僅限於僱傭契約，關於勞務給付之契約，其具有從屬性勞動性質者，縱兼有承攬委任等性質，自應屬勞動契約。（二）勞動契約為具有身分性質之契約，其勞務給付之義務，原則上係專屬於受雇勞工之義務，但經雇主同意，或習慣上允許他人代為勞動，或依勞動之性質，由他人代為勞動並無差異者，受雇勞工得使第三人代服勞務」（裁判要旨）。

　　（二）但在其他判決中，最高法院亦有採取不同見解者。例如就勞動與承攬契約之區別，於直接涉及受僱人與僱用人連帶負侵權行為之損害賠償責任時，最高法院[4]則表示：「按承攬與僱傭同屬於供給勞務之契約，惟前者乃以發生結果（工作之完成）為目的之契約，供給勞務不過為其手段而已；後者則以供給勞務本身為目的之契約，亦即除供給勞務外，並無其他目的，此為二者區別之所在。」而於最近的（89年台上字第1620號）判決[5]中，最高法院更是明確地採取嚴格區分僱傭與承攬契約的見解，認為「勞動基準法所規定之勞動契約，係指當事人之一方，在從屬於他方之關係下，提供職業上之勞動力，

---

[2]　進一步判決，參閱楊通軒，勞動者的概念與勞工法，中原財經法學，第6期，第227頁以下，第252頁之註84所引判決。

[3]　最高法院民事判決書彙編，第40期，第453頁以下。

[4]　81年度台上字第2686號判決，司法院公報，第35期，第70頁以下。

[5]　引自司法院網站，網址：www.judicial.gov.tw。

而由他方給付報酬之契約。而承攬，係謂當事人約定，一方為他方完成一定之工作，他方俟工作完成，給付報酬之契約。前者，當事人之意思以勞務之給付為目的；其受僱人於一定期間內，應依照僱主之指示，從事一定種類之工作，即受僱人有一定僱主；且受僱人對其僱主提供勞務，有繼續性及從屬性之關係。後者，當事人以勞務所完成之結果為目的；其承攬人只須於約定之時間完成一個或數個特定之工作，既無特定之僱主，與定作人間尤無從屬關係，其可同時與數位定作人成立數個不同之承攬契約。故二者並不相同。」

　　另外就勞動契約與委任契約之區別，最高法院除以裁量權之有無、契約之內容之不同作為區別外，亦強調應嚴格區分該二種契約。最高法院於83年台上字第1081號判決中表示：「按所謂委任，係指委任人委託受任人處理事務之契約而言。委任之目的，在一定事務之處理。故委任人給付勞務，僅為手段，除當事人另有約定，得在委任人所授權限範圍內，自行裁量決定處理一定事務之方法，以完成委任之目的。而所謂僱傭，則指受僱人為僱傭人服勞務之契約而言。僱傭之目的，僅在受僱人單純提供勞務，有如機械，對於服勞務之方法毫無自由裁量之餘地。兩者之內容及當事人間之權利義務均不相同……而委任與僱傭性質不同，且無可兼而有之……[6]」於87年台上第1458號判決，最高法院[7]再次強調從屬即指揮監督關係，認為：「依勞動基準法第二條第一款規定，勞工係受僱主僱用從工事作獲致工資者。則凡適用勞動基準法之事業，受僱主僱用從事工作獲致工資者，即有該法之適用。又勞動契約，係指當事人之一方，在從屬他方之關係，提供職業上之勞動力，而由他方給付報酬之契約，雙方具有使用從屬即指揮監督關係。」

---

[6] 83年度台上字第1018號判決（裁判要旨），最高法院民事裁判書彙編，第16期，第370頁以下。

[7] 引自司法院，法學資料全文檢索，網址：www.judicial.gov.tw。

二、學說

（一）在我國最早期的文獻中[8]，已有認為：勞動契約有身分契約的性質，即受僱人在從屬的關係提供勞動之契約，而這又以雇主之指示權為其特徵；其與承攬契約之分別，在於：1.當事人之意思以勞動給付為目的者為勞動契約。以勞動結果為目的者為承攬契約。2.勞動契約於一定期間內受僱人應依僱用人之指示，從事一定種類之勞動。而承攬契約承攬人只負責完成一個或數個工事。3.勞動契約受僱人與僱用人多少有繼續之關係，而在承攬契約則對公眾提供其勞務。而近來學說，大致上亦採類似觀點。

（二）有主張[9]：從屬性為勞動契約最大特色；又可分成人格從屬性（勞工對於習作時間不能自行支配；包括：服從工作規則、指示、接受檢查、制裁）、經濟上從屬性（納入雇主經濟組織與生產結構，非為自己營業而是為該他人而勞動；包括：生產組織體系、工具器械為雇主所有，原料為雇主供應，對於組織／工具／原料所生危險勞工不必負擔）。至於僱傭契約與承攬契約之別，前者在於約定勞務給付、後者則就工作成果負有債務；其他可能標準為：前者係從屬性勞動、後者係獨立勞動（但此係借用社會學上標準，應極為慎重）；前者係計時工資、後者係計件報酬（此標準頗不精確）；前者以一定期間之存續為原則、後者以一次給付為原則（此標準有誤導之虞）；前者為種類之債、後者為特定勞務（此標準不明確且無決定性影響）；前者由僱用人、後者由承攬人負危險責任（此標準頗有倒果為因之嫌）；前者之受僱人不負危險責任、後者由承攬人就工作成果負危險責任。該說結論認為：「承攬者有確定目標，以特定專業勞動自負責任，僱傭則係依種類而確定之勞動給付，有時即使得獨立工作不受指示命令之拘束，提供專業勞務，但卻非承攬人。僱傭關係之成

8　史尚寬，勞動法原論，1978年重刊，第14頁。

9　黃越欽，勞動法新論，2000年，第133頁以下、第187頁以下。

立有其本質要件，並不因爲具有獨立性而成爲承攬，反之，在承攬關係中，卻並不排除其成立僱傭之可能性，不因其關係基本上是否有商業或營業意義之影響。總之一般生活經驗關係在此有相當重要意義。基本上，由僱傭契約到勞動契約，乃是一種社會化的過程，因此要區別勞動與承攬契約，實與上述討論之僱傭契約與承攬契約區別，其本質上是相同的。」該見解並緊接說明勞工之特徵，和本案判決採取相同的四個區分標準。

（三）有主張[10]：僱傭契約（勞動契約？）以具有從屬性爲其特徵，而承攬及委任則以獨立性爲其特徵。從屬性應包括人格上（雇主之指揮監督權限）、經濟上從屬性（受僱人需從事工作以謀生活）以及組織上從屬性（被納入雇主組織）。

（四）有主張[11]：勞動契約之特徵爲從屬性，又可分爲人格上（雇主之指示權、將勞工納入其事業組織內、決定勞務給付之時、地，以及於勞工違反企業內秩序所得行使之懲戒權限等因素，爲勞工從屬性之要素）以及經濟上之從屬性（勞工非工作則無法生存、勞動契約之內容又受到資方決定性的控制、又勞工所需之商品，其價格又多取決於資方，故勞工對於資方有所謂的經濟上從屬性），惟此經濟上從屬性僅是勞工從屬性之常素，而非要素。勞動契約與承攬契約之分別，主要爲：1.從給付標的言，勞動契約以勞務之提供（民法482條），承攬契約以工作之完成（民法490條）爲對象。2.在工作過程中，勞動契約之勞工欠缺獨立性、承攬契約之承攬人具有較高之獨立性。

（五）有主張[12]：勞務之提供者是否具有勞工性，一般以人的從

10　陳繼盛，我國勞動契約法制之研究，引自劉志鵬，論勞動基準法上之勞工，台灣社會研究，第24期，第79（97）頁以下。劉志鵬，勞動法理論與判決研究，2000年，第1（23）頁以下。

11　黃程貫，勞動法，1996年，第59頁以下、第63頁以下。

12　邱駿彥，勞動基準法上勞工之定義，勞動法裁判選輯（二），第93頁以下。

屬性、即勞務之型態是否為「指揮監督下勞動」，以及所獲致之工資是否具有「勞務對價性」為其要素，惟在對於人的從屬性加以界定時，應以參考其他要素綜合判斷之。

（六）另有[13]參照勞動契約法第1條對於勞動契約所為之立法定義，認為立法者在建構我國勞動法體系時，早以有意以從屬關係定義勞動契約，從而以從屬性界定勞動關係，並無不當。惟從屬性之判斷，宜超越僱傭、委任、承攬契約的形式，從締約過程、履約過程為個案之認定；在具體判斷時，尚可援用其他輔助標準加以審查。

（七）有認為[14]：從比較法的觀點言，我國勞基法上的勞工不應包括全部的勞工；其次就社會效果之預測及其目的之考量，應認勞基法之勞工以具從屬性者為限，較符合社會生活判斷；至於經理人是否為勞基法上之勞工，應依其具體情況判斷從屬性之有無，而加以實質認定。

（八）最近有[15]詳論勞工之界定標準，認為人格從屬性才是適當的界定標準；並提出較新的區分觀點，主張應分為：上位、下位（實質）標準以及形式標準。上位標準即人格從屬性，包括：在雇主指揮監督下提供勞務、納入雇主生產組織、雇主（對於工作時間、地點、業務的進行）擁有廣泛的指示權、勞工喪失對業務處分的可能、提供之勞務具利他性。下位（實質）標準包括：在工作時間、地點、專業上（內容上）受他方指示之拘束（但此專業上從屬性非絕對必要）、對於工作無不接受之自由、應自行提供勞務（勞務專屬性）、非為自己營業而勞動。形式標準包括：企業主代扣所得稅、代繳社會保險

---

[13] 劉志鵬，論勞動基準法上之勞工，台灣社會研究，第24期，第79（94）頁以下。劉志鵬，勞動法理論與判決研究，2000年，第1（19）頁以下。

[14] 魏千峰，勞動基準法上之勞工，勞動法裁判選輯（一），第333（349）頁以下。

[15] 楊通軒，勞動者的概念與勞工法，中原財經法學，第6期，第227頁以下、第302頁。

費、健保費、有無營業（商業）登記、生產手段是否為工作者所有、
人事資料／紀錄。在認定的順序上，應先以下位（實質）標準、再以
上位標準，最後輔以形式標準。

三、司法院第一廳

　　就勞動／僱傭契約與承攬契約間之差別，司法院第一廳[16]曾就以
下的一則法律問題研究表示意見。法律問題：食品公司之牛奶配售
員，報社之派報生，與食品公司、報社間之法律關係，究屬經銷商關
係，抑勞雇關係？（例如牛奶一瓶市價13元，配售員每天早上向公司
以每瓶10元提貨，販賣給零售店11元，每瓶賺取差價1元，未販賣完
者，均得退回公司，每月月底結帳，由配售員將向零售店收取之貸
款，扣除每瓶1元之差價後，支付予公司）。討論意見之丙說：本件
究屬勞雇關係，抑經銷商關係？由法院依照具體情形認定之。研討結
論：採丙說。司法院第一廳研究意見：同意研討結論採丙說。

　　司法院第一廳對前述問題表示應由法院依照具體情形認定之，固
然對於本問題的答案保留許多法律適用上的彈性空間；然未能提出一
些可供參考、較具體的標準，於法律適用之安定性上，則不無缺憾。

　　至於司法院第一廳[17]對於「公司與其依公司法委任之經理間，有
無勞動基準法之適用？」則以勞務之從屬性作為判定勞工之標準，其
所表示之研究意見認為：「一、公司與經理間之法律關係，通說認係
委任契約。惟勞動基準法所稱之勞工，依同法第二條第一款規定固係
指受雇主僱用從事工作獲致工資者而言，然非若僱傭契約之受僱人明
定以供給勞務本身為目的（民法第487條參照），故祇要受僱於雇主
從事工作獲致工資者，即足當之，不以有僱傭契約為必要。又勞動基

---

[16] 民事法律專題研究（六），第242頁以下。
[17] 民事法律問題研究彙編，第242頁以下。

準法第2條第6款規定，約定勞雇間之契約爲勞動契約。據此而言，凡是具有指揮命令及從屬關係者，均屬之，亦是未以僱傭契約爲限。公司負責人對經理，就事務之處理，若具有使用從屬與指揮命令之性質，且經理實際參與生產業務，即屬於勞動契約之範疇，該公司與經理間，即有勞動基準法之適用。反之，則否。二、本題，經理與公司間有無勞動基準法之適用，本諸上述說明應視具體情況認定之。」由此推論，司法院第一廳當亦以從屬性作爲界定勞動契約之標準。

四、行政機關

（一）內政部

內政部似採取前述學說（一）之見解，認爲[18]：「一、依我國民法第四百九十條之規定：承攬契約乃一方爲他方完成一定之工作，他方俟工作完成給付報酬之契約。此與勞動契約原則上有數點不同，列舉如下：（一）勞動契約以勞動給付爲目的。以勞動結果爲目的者爲承攬契約。（二）勞動契約於一定期間內受僱人應依雇方之指示，從事於一定種類之勞動。而承攬契約承攬人只負完成一個或數個之工作。（三）勞動契約內受僱人對於雇方勞務之提供，多有固定持續之關係；而承攬契約，承攬人則多同時可對公眾提供勞務，並不限於僅爲特定人提供勞務……」由此推論，內政部當亦以從屬性作爲勞動契約之特徵。

（二）勞委會

到目前爲止，勞委會似未就勞動／承攬契約間之區別表示見

---

[18] 內政部74.7.19台（74）內勞字第326694號函，引自勞動基準月刊，第130期，第90頁。

解[19]；惟就勞動契約與委任契約之關係則嚴加區別，認為凡與公司處於委任關係者，如（總）經理[20]、副總經理／協理／副經理[21]、董事[22]、董事長[23]、或監察人[24]，皆非勞工。

五、德國法上相關討論[25]

德國法上通說認為：勞動契約乃為僱傭契約之下位類型之契約、惟以從屬性為其核心的特徵，而有別於其他類型的僱傭契約。對於勞動契約與承攬契約，在德國法上認為其區別標準基本上在於：勞動契約以勞務之提供、承攬契約則以工作之完成為其內容（而這也同時反映於工資／對價危險負擔之不同）。但若對承攬契約所定工作之完成，加以最廣泛地理解；或是勞動契約所定勞務之提供，事實上多經常伴有一定成果，則此標準即欠明確。因此尚需加入其他標準（例如

---

[19] 參閱勞委會網站上相關資訊，網址：www.cla.gov.tw，以及勞工行政雜誌社編，勞動基準法暨附屬法令彙編，2000年。

[20] 勞委會80.5.30台（80）勞動一字第12352號函、81.3.9（81）勞動一字第07341號函、81.10.16台（81）勞動一字第34918號函、81.10.19台（81）勞動一字第34918號函、83.5.17台（83）勞動一字第34692號函；引自勞工行政雜誌社編，勞動基準法暨附屬法令彙編，2000年，第155、157、164（後兩則函釋）、168（最後一則函釋）頁。

[21] 82.1.12台（82）勞動一字第52173號函，出處同前，第165頁。

[22] 83.5.9台（83）勞動一字第34178號函，出處同前，第168頁。

[23] 81.11.1台（81）勞動一字第39767號函、83.10.21台（83）勞動一字第99215號函，出處同前，第164頁以下、第168頁。

[24] 81.3.18台（81）勞動一字第14372號函，出處同前，第158頁。

[25] 本問題詳細說明及德國法上相關文獻，另參照楊通軒，勞動者的概念與勞工法，中原財經法學，第6期，第227頁以下；以及林更盛，德國法上近來對勞工概念的討論與立法，勞動法裁判選輯（三），第1頁以下。日本法上的相關討論，參閱劉志鵬，論勞動基準法上之勞工，台灣社會研究，第24期，第79（84）頁以下。劉志鵬，勞動法理論與判決研究，2000年，第1頁以下。

工資／對價給付之要件、該職業之社會形象、提供勞務者得否自我決定工作之進行、自我負責、獨立性強、具專業知識技能、得轉交第三人代服勞務、自備勞動、生產工具傳統上對該工作類型的歸類等因素，並考慮歸類之法律效果及其妥當性），就個案整體情況，具體判斷之（至於僱傭契約與委任契約之區分，德國法上通說以前者係有償、後者係無償為基準）。

又德國法上之通說強調以勞工於提供勞務時、具有之人格從屬性，作為勞動契約和其他契約類型主要的區別，至於經濟上從屬性，則非區別的重點。此乃基於德國勞動法上，其法明定對於準勞工（arbeitnehmerhänliche Person）者，僅就部分法律關係、準用勞動法上之相關規定；而準勞工的特徵，正是其具有經濟上從屬性，因此若以經濟上從屬性作為區別勞工之標準，則立法上將無另行規定準勞工之問題的必要，因此德國法上對於勞工之特徵，僅以人格從屬性、不以經濟上從屬性作為區分之標準。

惟對於人格從屬性的具體標準為何？則尚有爭論。惟德國商法第84條第1項第二句則提供一重要的指標；依該規定，不屬於勞工的商業代理人（Handelsvertreter）、其獨立性正是表現在：對於其營業活動及工作時間擁有重大廣泛的決定權限者。就其更具體之標準而言，德國聯邦勞動法院主要是以：納入企業組織、依雇主之指示而服勞務、其工作時、地由雇主決定等因素作為判斷標準，並強調應就個案整體情況判斷其從屬性之程度／多寡，以斷定其是否為勞工之依據。至於學說上之見解，主要的有強調納入企業組織之觀點；有強調勞工之受雇主對於工作時間、地點以及勞務進行之指示的拘束者；惟此類觀點並無法對於邊界案例（如外勤人員、受醫院僱用之醫師、受律師事務所僱用之律師、某程度上固定地為同一企業提供勞務之自由業者）提供一明確可靠的區別標準，因此現今通說上認為「勞工」此一觀念，並非是一概念（Begriff）、而是類型（Typus），其範圍無法一次、抽象地加以界定者。前述見解所提諸特徵，固然皆有其參考價值；惟並非每個特徵，皆不可或缺，而欠缺其中一個或數個特徵，仍

1 勞動契約之特徵「從屬性」 13

有可能被認定為勞工；是否為勞工，最終仍應就個案事實、衡量各相關特徵之程度而整體判斷之。在最近數個判決中，針對勞動關係之特徵，聯邦勞動法院亦強調應以勞動者之人格從屬性的程度（Grad der persönlichen Abhängigkeit）為斷；並無一放諸四海皆準的標準；而判斷的對象則應以勞動契約之實際上真正的進行情況為準。

近來包括受到主張以企業經營危險作為區分標準之影響，聯邦勞動法院也以有無獨立營業之可能性作為判斷之參考，此於勞動／承攬契約之區分上甚為重要，茲舉數例加以說明：

自行擁有一輛卡車、並辦理營業登記之司機，替運輸公司代為運送貨物。其所擁有之卡車須漆上後者公司之標誌、顏色，穿著後者公司之制服，後者檢查其車內清潔、裝備等、運送之貨物，並規定其車輛何時應加油、維修等事項。且須依後者所定之時間內裝運及送達貨物；以至於其於早上6點到下午4、5點之間，須處於準備提出勞務的狀態；若扣除休息時間之後；該名司機實際上幾乎不可能在為其他客戶運送貨物；且依當事人間之約定，該名司機亦不得於為運輸公司載運貨物之同時、私自為其個人之客戶載運貨物。該運輸公司以上所為之限制，既已超出法律或保險法上之要求，嚴重限制到該司機提出勞務時之裁量空間，自應認定該司機為該該運輸公司之勞工[26]。

反之，若實際上僅為一家運輸公司代為運送貨物之司機，但其每日工作時間之長短、何時開始工作，得自行決定；且其也有實際上之可能、為自己的客戶運送貨物，則該司機並非該運輸公司之勞工，至於其實際上有無為自己的客戶運送貨物，則非重點[27]。

---

[26] BAG Urteil vom 19. 11. 1997, AP Nr. 90 zu § 611 BGB Abhängigkeit，引自www. beck.de 網站上之資料。

[27] BAG Urteil vom 30. 9. 1998, AP Nr. 103 zu § 611 BGB Abhängigkeit，引自www.

對此，聯邦最高法院也採取相同的判斷標準。

　　為運輸公司代為運送貨物之司機，其本身另行擁有一運輸行；除該卡車之外，尚擁有一輛卡車和一輛運輸車輛的卡車；該司機並另行僱用一名司機駕駛車輛運輸卡車。雖為該運輸公司運送之卡車須漆上後者公司之標誌、顏色，後者並抽查車況，惟該自行擁有運輸行之司機只需於8天前事先報備，即可以該車另行為自己的客戶運送貨物，且該司機於為運輸公司代為運送貨物之前，即擁有一運輸行，因此其並非只是在理論上擁有經營裁量之空間而已；並非運輸公司之勞工[28]。

　　對於向冷凍食品公司租車、並為其販賣冷凍食品者，若就其販賣行為須依冷凍食品公司所制定之手冊為之，該販賣者若要從事其他營業活動、須得後者之同意。就契約條件整體觀察，該販賣者事實上並幾乎不可能於從事其他營業活動；並且該販賣者僅僱用其妻子、於自家內輔助辦公。由於該販賣者事實上並無其他收入來源，因此至少可認為其與勞工具有相同的保護之必要、為準勞工[29]。

六、本文見解

　　在討論到「勞工」概念的界定，吾人首先應注意到：界定典型的勞工之特徵的目的何在？本文認為這一方面作為一方法論上所謂的先理解（Vorverständnis），提供吾人正確理解法律規定涵義的可能；二方面在無其他特別考慮或要求的情況下，個別法規所指稱之勞工即應／得以該典型之勞工加以理解，這將維持法律關係之安定性與明確

---

beck.de 網站上之資料。

[28] BGH Beschlub vom 21. 10. 1998, DB 1999, 151 f.

[29] BGH Beschlub vom 26. 5. 1998, DB 1999, 153 f.

性，而有助於法律之適用。

（一）「勞工」的界定：以存在一契約關係為前提

　　勞動法上勞工的觀念，乃是一功能性的觀念，其目的在於作為勞動法規適用的前提要件；勞動關係之成立係以契約關係為前提，並在此前提下，將勞工依照一般民法契約關係所原先應承擔之風險、歸諸其契約相對人——雇主承擔；是以勞工之界定並非以社會上既有、特定的某些現象（如身分Status或是階級）為準。因此，吾人在決定勞工的範圍時，若是首先或是主要是從經濟學上或社會學上的觀點、或是政治上的所謂的左派、右派（或是新中間路線？）或其他如意識型態的標準著手；則不僅將勞工的界定視為是一個身分的問題（將勞工法由契約關係退化到身分關係），並且顯然無法滿足憲法第80條的法官依法——而非依特定的／受歡迎的某派經濟、社會學說、或是意識型態——審判的要求。何況離開法規之解釋與適用上應參考的因素、企圖能對「勞工」的範圍加以界定，將有難以使之順利納入法律體系。最後，這種觀察方式，也隱含著混淆被評價對象與作為評價標準的危險，對於「勞工」觀念的釐清顯無助益。又甚至有主張應從所謂臺灣本土實況著手、以界定勞工的觀點，它除了同樣具有上述相同的疑慮之外，於面臨法制方面國際化的衝擊下，是否是一個正確的思考方向，也同樣是令人質疑的。

　　例如：某勞務提供者，若在具有下述之從屬性標準下提供勞務，則縱然其家產數億，然而至少例如就工時、請假、休假、職業災害、平等待遇、因從屬性所衍生的人格權保護等方面的問題，亦有和典型勞工作相同處理的必要。反之，若勞務提供者並非在從屬性底下工作（例如根本未得工廠負責人之同意、甚或違反其意願而潛入工廠工作（無契約關係）；騎乘三輪車、流動地修理紗窗、紗門或是擺地攤的小販），則縱然其身無分文、上有老母、下有妻小、嗷嗷待哺，又於勞動時發生意外。若吾人僅僅因其具有所謂的保護之必要性而認定其為勞工，承認其得例如向相對人請求職業災害之補償（勞基法第59

條）以及其後結束「勞動關係」所生之退休金之權利（勞基法第54條第1項第4款、第55條）；則不僅有悖常情亦欠缺現行法上任何的依據。

（二）「勞工」的界定：一個契約類型歸類的問題

承上論述，勞動關係既係因契約關係而產生，則「勞工」之界定基本上亦將是一契約關係界定與歸類的問題。就此以言，「勞工」之界定與民法上一般契約類型上歸類問題並無不同。而民法上之有名契約之形成與區別，既是採用類型的方法，則在此意義下將勞動契約亦認為是一種類型，並無不當；當然，吾人若欲避免陷入方法論上對概念——類型的爭論中，則稱之為不確定法律概念，亦無不妥。惟無論如何，特別是當吾人對法律所規範的社會事實無法成熟地加以掌握，或法律需更有彈性地因應社會事實之變動時，採取類型的思考模式，實有其必要。

準此，前述德國學說上主張以是否「自願承擔營業風險」作為區分標準之見解，在作為一種契約類型區分上之參考，即有其價值；然而「自願承擔營業風險」之具體判斷標準如何？其正當性又如何？如何和上述民法契約類型歸類之相關理論相結合？又其最終究竟和傳統之以從屬性作為區分之見解有何不同？都尚待進一步的探討。又我國法上最近主張應區分上／下位標準與形式標準之見解，在作為一種對勞動契約之歸類上的努力，值得肯定。惟上下位標準間的關係如何？尚待說明。又依該見解應先從較具體之下位標準開始檢驗，然後才是較抽象的上位標準，並輔以形式標準；然而較具體之標準若尚不能適當地區分，則訴諸更抽象的上位標準對問題是否有所助益？值得再思。類似的問題也發生在當吾人（正如我國法上與德國法上一致的情形）認定從屬性具有多數個特徵時，不同特徵間之影響力如何、其彼此間關係如何？依本文見解，這可以在契約類型歸類的觀點下，獲得較佳的解決。

（三）勞動契約類型之歸類：以民法僱傭契約爲其上位類型

　　民法上就契約類型歸類方法，原則上是以契約之主要義務爲標準。準此，吾人應可認定勞動契約係民法上僱傭契約的下位契約類型。理由如下：首先勞基法第2條第1款定義勞工：「謂受雇主**僱用**從事工作獲致工資者」、第2款定義雇主「謂**僱用**勞工之事業主……」，從文義言，顯與民法上之僱傭契約相近——從而該規定第6款所謂：「勞動契約：謂約定勞雇關係之契約」，亦應做相同的理解——認定勞基法所稱之勞動契約爲民法上之僱傭契約的一種，應無不妥。至於民法債編修正後、於**僱傭**一節的第483條之1和第487條之1增加了僱用人危害預防之義務以及補償受僱人損害之義務，係以僱傭契約法尤其有加以社會化之需要、從而亦較可能是以僱傭契約作爲勞動契約之上位類型爲出發點[30]。最後，從後述有關從屬性的具體標準看來，若暫不論混合／非典型契約的問題，基本上也僅是當某一契約關係構成僱傭契約時，才有可能符合從屬性的標準。

　　至於認定勞動契約之上位契約類型爲僱傭契約之實益在於：若某一問題並無勞動法規定時，應以何種民法上契約類型之規定作爲判斷之依據；吾人既認爲其上位契約類型爲僱傭契約，自應以僱傭契約之相關規定作爲依據。是以例如當最高法院於86年度台上字第3333號判

---

[30] 民法第483條之1規定：「受僱人服勞務，其生命、身體、健康有受危害之虞者，僱用人應按其情形爲必要之預防。」其草案說明爲：「（二）民法第四八三條之一的規定，係仿德國民法第六一五條之規定。」可參閱行政院、司法院草案條文說明：「二、基於社會政策之理由，德國及瑞士各國（參考德國民法第618條、瑞士債務法第339條）多設有使僱用人對於受僱人負保護義務之規定。而在民生主義立法政策之我國民法，獨付闕如。爲了受僱人周全之保障，尤有增訂必要，爰增訂本條規定。本條所謂『服勞務』，除指勞務本身外，尚包括工作場所、設備、工具等有使受僱人受危害之虞之情形。」（引自民法債編、民法債編施行法修定資料彙編，1999年，五南圖書，第112頁）；此以可爲佐證此次修法時，立法者之基本出發點，當較接近於德國法的情況。

決中肯定除勞基法上有關勞動契約終止之規定外，雇主得以勞工違反勞務提供之專屬性（民法第484條）作爲解僱事由時，實以勞動契約爲僱傭契約——而非例如承攬契約之下位類型爲其出發點[31]。又例如最高法院於前述89年度台上字第1301號判決中，一方面認爲：勞動契約非僅限於僱傭契約，關於勞務給付之契約，其具有從屬性勞動性質者，縱兼有承攬委任等性質，自應屬勞動契約；另一方面又主張：勞動契約爲具有身分性質之契約，其勞務給付之義務，原則上係專屬於受僱勞工之義務，但經雇主同意，或習慣上允許他人代爲勞動，或一勞動之性質，由他人代爲勞動並無差異者，受僱勞工得使第三人代服勞務；此二見解顯不一致，蓋從其第二見解，有關勞務提供之專屬性的說法，基本上與承攬契約之性質不符，反而原則上應當是僅能由僱傭契約的特性（民法第484條）得之。

（四）勞動契約與承攬契約之區別

　　承上論述，勞動契約之上位契約類型既爲僱傭契約，則學說上與內政部之採取區分勞動契約和承攬契約、以及對其區分標準所採之見解，即爲正確。蓋勞動契約以勞務之提供，承攬契約以工作之完成爲對象，係以現行法之區分爲出發點（民法第482、490條）。而以具有從屬性或獨立性爲區分者，則與通說相符。至於雙方爲繼續性債之關係或是是向公眾提供勞務，前者與一般對勞動契約之具有繼續性債之關係之性質的見解相符，後者則涉及承攬契約的承攬人作爲獨立營業人的整體形象，足以作爲一契約歸類之輔助的參考標準（詳見本文後述）。

　　至於在承攬契約，定作人縱有某程度的指示——誠如前述我國學說（二）所明白指出者，也並不表示承攬人即具有和一般勞工的人格從屬性；蓋於此情形，法律原則上僅就瑕疵擔保以及報酬的危險負擔

31　關於本判決之評論，參閱作者，以勞務給付專屬性之違反作爲解僱事由（本書第十四篇論文）。

上做了調整（民法第496、509條），承攬人之作為一獨立營業人的情形基本上仍有所改變；承攬人依約所負之責，仍是工作之完成，並非勞務之提供而已；基本上仍無須親自服勞務、而得以他人代服勞務，及仍得參與市場競爭、獲取利益以及自行承擔風險。是以於此情形，承攬人仍非當然具有和一般勞工一樣的保護必要性。又就勞基法關於勞工的保護規定（如工資、工時、休息休假、定期勞動契約之限制、資遣、退休等等），基本上應以當事人間是僱傭關係為前提；認為這類規定原則上對於承攬關係中承攬人亦有適用，顯然將過度扭曲當事人間之權益。最後勞基法第62條以下就承攬關係中所生職業災害，特別規定最原始的事業單位主應連帶負補償之責，然亦得轉向其承攬人求償（第62條第2項）；第63條第1項原事業單位應督促（再）承攬人對其所僱用勞工之勞動條件符合法令；皆以承攬人為獨立營業人、而非定作人之勞工；雙方間之承攬契約非勞動關係為前提。

準此，最高法院於本案判決中認為：勞動契約具有指揮從屬、未以僱傭契約為限、以及前述司法院第一廳就經理契約所表示之見解；這種觀點僅僅於混合契約的情形下——對此，詳如後述，才可能是正確；反之，作為一種契約類型的說明與出發點，則是錯誤的。蓋依此見解，例如勞工依勞動契約的主要給付義務，將可能一方面是提供勞務本身而已（僱傭性質的勞動契約，民法第482條），另一方面又可能是勞動的成果（承攬性質的勞動契約，民法第490條）；勞工可能無須（民法第487條）、也可能必須負擔營業之危險（民法第490、505條）、勞工可能無須（僱傭性質的勞動契約）、也可能必須負瑕疵擔保責任（民法第492條以下），類似的問題也發生在勞工是否須親自服勞務（民法第484條）、雇主職災預防義務與補償損害責任上（民法第483-1、487-1條）。對於如此的法律狀態，在欠缺立法明文之情形，對此歸類為一個契約類型，是否妥當，甚有疑問。何況，在具有所謂指揮從屬的承攬關係時，若一概認定此為勞動契約，而不顧其不同的契約要素之間是否可分、從屬性的程度之多寡、在整個契約的比重等等混合／非典型契約之歸類標準（詳如本文後述），將無法

妥當地處理當事人間的法律關係。

　　至於委任契約，在我國法上並不以無償者為限，因此僅援引德國法上的見解、以有償／無償作為勞動／委任契約之區別，立論尚嫌不足。惟我民法第529條規定：「關於勞務給付之契約，不屬於法律所定其他契約之種類者，適用關於委任之規定」；準此，委任契約之相關規定在適用上應當具有所謂的補充性；而勞動契約既然可歸類僱傭契約底下，在法律之適用上，已有僱傭契約之相關規定可資依循，並無歸入委任契約之必要。

（五）「從屬性」之具體認定標準

　　「勞動關係」之界定基本上係契約歸類的問題，因此其特徵「從屬性」之標準即或多或少具有不確定的因素。因此前述學說見解中有認為：在決定是否為勞工時，應就契約情況整體觀察；或是強調應就「從屬性」之程度（而非只是從屬性之有無而已）加以決定者，即屬正確。惟另一方面，為顧及法律之安定性，吾人應尋找「從屬性」的一些類型上關鍵性的特徵／要素，以利法律之適用。於此，參照我國法與德國法上相關見解，**在當事人間之法律關係是僱傭契約的前提下**（亦即：提供勞務者係以勞務提供本身、而非達成一定之成果為其義務），下述特徵有可能被認為是「從屬性」的進一步要素。惟應注意者：「從屬性」之標準涉及到「類型」，因此當勞務提供者同時具備下列1.至3.的特徵，基本上可認定其為勞工；反之，則除非就各該勞工法規之目的以及所涉法律關係之整體觀察，認為該類勞務提供者之從屬性程度仍甚為強烈，而有與典型勞工相同處理之正當事由者外，基本上即應否定其為勞工（當然，在此與一般契約類型歸類相同的問題——同時會涉及是否為混合／非典型之勞務契約的問題，對此，下文將另段分述）。

1. 指示權

　　雇主對勞工之工作時間、地點、所應提供之勞務的具體種類，具

有單方決定權限。蓋於此情形，勞工處於雇主廣泛地單方決定勞動條件的權限下，爲適當地保障其人格上、身心安全健康、經濟上的利益，將此類勞務提供者納入勞工範圍之內，應屬妥當。最高法院於本案判決中所採的從屬性的第一特徵「人格從屬性」中的「服從雇主權威」，或可作如此地理解。

2. 懲戒權

雇主關於勞務提供，若對提供勞務者擁有超過一般契約當事人間單純的違約處罰的懲戒權限（勞基法第70條第6、7款參照）；則和指示權的情況相比，該提供勞務者更具有、或至少擁有相同程度的從屬性。最高法院於本案判決中所採的從屬性的第一特徵「人格從屬性」中的「並有接受懲戒或制裁之義務」，應可贊同。

3. 勞務提供之專屬性

參照民法第848條之規定，吾人應可得此結論。蓋提供勞務者若在契約法上根本無須自行提供勞務、得另行聘用他人代服勞務，則顯然其得藉此減少其直接受到相對人所可能行使之指示權的拘束，而欠缺從屬性。最高法院於本案判決中所採的從屬性的第二特徵「親自履行，不得使用代理人」，應可贊同。

4. 為該他人之目的、而非自己的營業而勞動（勞務之利他性）

最高法院於本案判決中所採的從屬性的第三特徵「（三）經濟上從屬性，即受僱人並不是爲自己之營業勞動，而是從屬於他人，爲該他人之目的而勞動」。在此姑且不論冠上「經濟上從屬性」的名詞妥當與否，若從勞務之提供係勞工／勞務提供者的之契約上義務的觀點看來，所謂爲他人而勞動，似難理解。若其意味著：不直接投入市場競爭，而是僅獲得固定薪資，其勞動成果歸由雇主，而由後者投入市場、經營獲利；在此意義下，這固然可能影響到勞動義務之內容（勞工之主要義務爲勞務提供、而非特定的勞動成果）、或是雇方受領遲延、應續付工資等等問題之判斷，然而因爲此等標準正是典型的勞動

契約的內容相符合（參照其上位契約類型——僱傭契約之相關規定：民法第482條（勞動義務之內容在於勞務之提供）、第487條（雇方受領遲延的問題））；是以在此意義下（亦即在其反映僱傭契約之特徵的前提下），本項特徵值得贊同；但若直接以上述僱傭契約上相關規定作為區分標準，則更明確。

5. 納入企業生產組織？

至於以是否納入企業生產組織之內的作為標準？(1)首先吾人對之若僅從空間上加以理解，則例如，外勤人員將一律被排除在勞工範圍之外，甚為不妥，無待深論。(2)其次，若這意指雇主之「指示權」，則無另外單獨列項之必要。(3)若這意指：勞工就其勞務成果全歸由雇主、僅獲得固定薪資；由後者投入市場、經營獲利，則與前述「為該他人之目的、而非自己的營業而勞動」之特徵的情況相同，這也無非反映僱傭契約之特徵而已，宜直接以各該相關標準為界定。(4)惟吾人對此之理解，若超過以上所述勞動契約的內容，更進而涵蓋到例如所謂的經濟生活上對於相對人的依賴（經濟上從屬性）、企業經營風險之承擔等等的觀點；則因為已非直接涉及契約內容，基本上僅於作為一種社會通念（社會上對此類勞務提供者的一般的評價、肯定其是否為勞工），有其參考的價值（詳如本文後述7.）。

6. 與同僚基於分工合作的狀態？

類似的問題也發生在所謂「與同僚基於分工合作的狀態」的標準上。若該標準係反映雇主指示權，則並無單獨列項之必要。又此若表示勞務提供者必須彈性調整、以便配合事業單位生產經營的需求，則此無非是在市場經濟考慮下、企業經營策略的問題，法律上並無立即以勞動法令介入之必要；頂多於例外的情況（包括考慮後述社會保護性、經濟上從屬性、或是實際上喪失獨立營業之可能），則法律上才有可能就個案對之和勞工為相同處理之必要（詳如後述7.）。

7. 其他可能的標準

　　至於生產工具之所有權屬誰、有無代爲扣繳勞健保費、有無身著制服、一定的標章等等形式因素，多只能作爲輔助的參考，當無疑義。另外，特別是在德國法上有主張，所謂的「自願承擔企業經營風險」、「社會保護必要性」、「經濟上從屬性」（提供勞務者之經濟生活大部分來源，係由契約之他方當事人所提供）等等觀點[32]。對於「自願承擔企業經營風險」的標準，其標準不甚明確（例如何謂「自願」？）；本文認爲這基本上也只能在契約歸類的觀點下才能適當地加以掌握（基本上承攬契約的承攬人才「承擔企業經營風險」，僱傭契約之受僱人則否）；至於出於自願？亦或一方面雖承擔企業風險、另一方面卻處於與勞工相當的受指揮監督的情形？基本上只在契約類型選擇之控制的問題討論才有意義（詳如下述），因此「承擔企業經營風險」基本上也只是作爲一種輔助的、反映社會一般觀念的參考。至於「社會保護必要性」、「經濟上從屬性」（經濟生活的來源大部分來自他方當事人）的觀點，若提供勞務者之具有「社會保護必要性」、「經濟上從屬性」，其原因若並非直接或間接出於契約約款拘束之結果，首先當由其他法律（例如社會保險法）加以適當解決，而非一味地將之轉嫁勞務受領人負擔。頂多是就個案情形，爲貫徹相關勞動法規之保護目的，才可能對之和典型的勞工爲相同的處理。

　　是以，設若某加盟店店主，就其自身之工作時間、地點、是否僱用其他雇員、人數多寡；擁有廣泛自行決定權限；對所販售商品之價額有某程度內的決定權限；惟其所販賣者，必須爲其所加盟之事業主所提供者，不得向其他公司進貨。因該加盟店店主欠缺人格從屬性，而且大致上也自行承擔企業經營之風險，因此原則上應認爲該加盟店店主並非加盟之事業主之勞工。蓋於此情形，勞務提供者就其生活上

---

[32] 對此，參閱林更盛，德國法上近來對勞工概念之討論與立法，勞動法裁判選輯（三），第1頁以下。

或市場上變化所帶來的衝擊，得自行因應，並無適用勞工法規定，將此轉歸其契約相對人承擔之餘地。至於其所具有之經濟上從屬性，例如進貨商品及其價格之限定似乎僅得由公平交易法等相關法規加以處理。

再以臺北地方法院88年度訴字第112號判決[33]說明之：本案例中加盟店於自有或租用營業場所開設門市部經營洗衣業務，而由加盟總部授權加盟店使用總部之商標招牌、標誌、圖案、傳票等；加盟店經營門市業務應依據「營業店舖手冊」為之；總部則提供加盟店經營門市必須之常識、辦理職前訓練、指示加盟店業務管理之方式等服務。加盟店將其使用總部之商標所招攬之洗衣業務交由總部燙洗，並約定一定利潤之分配。審理法院認為：本案無勞動基準法之適用。系爭加盟店契約，加盟店雖使用加盟總部之商標，仍是以自己之名義向客戶收取衣物，復將衣物交由總部洗滌整理，加盟店係以自己名義為自己計算從事營業；而由合約附件記載關於兩造各應負責之部分，可知關於門市店內軟硬體之維修費用、門市租金、門市人員薪資、門市人員管銷、耗材費用等均由加盟店支出，店內之基本裝潢設備，如天花板、玻璃門、地板、電燈及室內粉刷，亦均由加盟店負責；加盟店取得由每月之按營業額所得一定乘數之利潤，加盟總部對於加盟店並無支付基本薪資之義務，顯見加盟店乃自行承擔企業風險並享有獲取利潤之機會，欠缺受僱人「經濟上從屬性」。加盟店對總部亦無「身分上之從屬性」。系爭加盟店之開設，係由加盟店以自我或租用之房屋為營業場所，並非由總部指示加盟店工作地點、總部亦無限制加盟店之工作時間；是兩造所簽定之「委任營業門市合約」，其法律性質上不宜解為具有僱傭契約或勞動契約之性質。兩造契約既無僱傭契約或勞動契約之性質，加盟店亦非勞工，自無所稱勞動基準法之適用（理由乙 四）。

---

[33] 引自司法院網站，網址：www.judicial.gov.tw。

（六）以混合契約／非典型之歸類方法爲輔助方法

在欠缺明確的勞工特徵的情形，或是勞務供給契約可能含有僱傭契約以外之其他契約因素時，吾人可藉助民法上關於混合／非典型契約在法律類型上之歸類方法作爲輔助界定之方法。特別是當非典型、新型態勞務提供契約之出現，如何對此加以歸類、賦予法律效果，援用民法上之相關歸類方式，益形重要。

至於最高法院於83年度台上字第1018號判決[34]中認爲：委任與僱傭兩者之內容及當事人間之權利義務均不相同，性質不同，無可兼而有之；此項見解顯然忽略契約自由原則下所可能產生混合／非典型契約之現象，無法妥當地處理該類契約的法律適用問題。

大抵而言，在契約類型之歸類，吾人應注意[35]：

1. 契約類型之歸類，以契約之實際進行、而非以當事人所賦與之名稱爲準。

2. 原則上應以其給付義務之著重點——尤其是主給付義務所在，決定其應適用之契約類型；從而，與典型契約爲微不足道的偏離（Abwandlung eines Typus von ganz untergeordneter Bedeutung），並不影響到契約類型之歸類。

3. 若個案所涉及之契約，含有不同契約類型之重要因素，其法律適用之方法，可能是：(1)合併適用法（Kombinationsmethode），亦即認爲原則上應區分契約不同部分、分別適用各該契約類型的相關法律規定。(2)吸收法（Absorptionsmethode），僅適用此混合契約中最重要因素有關之法律。(3)類推適用最接近的法規[36]。

---

[34] 83年度台上字第1018號判決（裁判要旨），最高法院民事裁判書彙編，第16期，第370頁以下。

[35] Larenz/Canaris, Schuldrecht, II 2, 13. Aufl, 1994, S. 41 ff; Medicus, Schuldrecht II, 4. Aufl, 1990, S. 263 ff. 中文文獻，請參考，王澤鑑，債編總論，第1卷，1988年，第94頁以下。

[36] 參照王澤鑑，前揭書，第97頁。

　　就上述方法，吾人原則上應優先採合併適用法：1.對於類型結合（Typenkombination）契約（亦即一方當事人所負數個給付義務屬於不同類型、且各給付義務居於同值者）、雙重典型（Doppeltypischer Vertrag）契約（即當事人雙方互負之給付，各屬不同的契約類型），類型融合（Typenverschmelzung）契約（亦即一個契約所包含之給付義務同時屬於不同契約類型）[37]，應就個別義務部分，分別適用所屬類型之相關法律。2.例外地，若基於實際上需要、當事人特殊的利益狀態、相關法規之目的的要求，或是若所具備之另一契約類型之要素較不具重要性，以至於不適用該相關規定，並不影響其目的之實現者，則得僅適用他法律（採用吸收法）。例如在典型契約附其他種類之從給付義務（Typischer Vertrag mit andersartiger Nebenleistung）的情形。3.若為純粹非典型（typenfremde Verträge），原則上得適用較接近其類型之法規、或與有待解決問題接近之相關法規；惟法官亦可能造法、以另行發展出現行法未規定之解決辦法。

　　參照以上論述，於認定是否為勞動契約時：

　　1. 原則上應取決於勞務提供者其給付義務之著重點。因此，勞務提供者雖於某程度內必須接受勞務受領者之指示；惟從其他觀點而言，與一般獨立營業者並無差別，則仍得認定其為承攬人；此與民法第509條承認承攬人有受定作人指示之情形，正相符合。而委任契約的情形，委任人對於受任人亦有指示權，惟此並非當然使得該委任契約轉為勞動契約（民法第535條參照）。

　　2. 若勞務提供者其實際上給付義務之著重點具有從屬性，原則上不論其名稱如何、或縱有微不足道的偏離，仍不影響到其為勞動契約之認定。

　　3. 又勞務提供者其給付義務若包含相同比重的從屬性和獨立性勞務，且若事實上無法分別適用個別的相關法規、而有將該勞務提供

37　就類型融合契約，Larenz/Canaris, Schuldrecht, II 2, 13. Aufl, 1994, S. 45，認為原則上應採吸收法。

者和典型的勞工作相同處理之理由（當然，包括考慮到雇主經濟上負擔之可能性），則基本上應適用勞工法規（吸收法）之外；否則原則上應區分具有從屬性和獨立性勞務之部分，僅對於前者適用勞工法規（合併適用法）。

（七）以契約類型選擇之控制爲輔助方法

若依客觀情形，某一勞務契約得以勞動契約或其他如承攬、委任契約訂定之，當事人原則上固然得約定選擇何種契約類型作爲其法律關係之基礎。惟例如選擇承攬契約，將排除勞動法上相關規定之適用，因此對於當事人約定選擇承攬契約，吾人即不能全任當事人之約定、而需進一步地審查其合法性。依德國聯邦勞動法院[38]之見解，在此情形，若當事人約定締結承攬契約，必需具有客觀／正當事由（sachlicher Grund），否則將因規避勞動法上保護勞工之規定，構成契約自由之濫用而無效。對此，吾人似應細分：

1. 提供勞務者於締約時，若其原先與受領勞務者之間並無勞動關係，則當事人約定（就類似的勞務）締結承攬契約，嚴格言之，並不發生以締結承攬契約逃避勞動法規之適用的問題。因此對於其約定締結承攬契約之審查，不應過於嚴格。特別當選擇締結承攬契約、縱然非出於勞工之「自願」，惟其「非自願」之程度若與民法上一般當事人締約時所處情形並無重大差異，則爲尊重契約自由（特別是因爲在此涉及締約自由），吾人並無否認其效力的必要。

2. 反之，「勞方」係因「雇方」之重大壓力、只得選擇締結「承攬契約」、否則將根本喪失工作機會。在此，依其情形，首先應以適當的契約歸類方法——特別是針對其契約之實際進行情形，嘗試是否能直接歸類爲勞動契約。若然，則並無輾轉藉用契約自由濫用理

---

[38] BAG 14. 2. 1974, AP Nr 12 zu §611 BGB Abhängigkeit; BAG 3. 10. 1975, AP Nr 16 zu §611 BGB Abhängigkeit, 引自 MünchArbR/Richardi, 1992, §23, RdNr 55.

論之必要[39]。反之，則應優先考慮就具體個別法律問題，作和相關勞動法規之規定為相同處理的理由；若屬可能，則可藉法律漏洞補充之方法或制定法外之法官造法的方式加以解決之。若不然，最後才是考慮是否構成契約自由濫用的問題，而全盤否定該契約類型之選擇的效力。前述德國聯邦勞動法院之見解，對此情形，應屬妥當。

準此，前述司法院法律問題研討中關於送報生／牛奶配送員之案例；設若該送報生／牛奶配送員須每早於固定時間取貨，客戶與工作區域亦係由公司加以決定，則得認定該送報生／牛奶配送員具有人格從屬性（公司對於工作時間、地點有指示權）。就報紙／牛奶之價格，並無決定權限，只得賺取定額的差價；並且得將未賣出之貨品退回公司，亦未承擔營業風險。因此認定送報生／牛奶配送員為勞工，或許是較妥當的。又在前述勞動條件不變的情形下，設若公司嗣後甚至更改約定、另訂承攬契約，要求由該送報生／牛奶配送員應負擔全部的經營風險、未賣出之貨品不得退回；則後者將一方面與勞工相同地處於人格從屬性下、無法享有企業經營所可能帶來之利潤，另一方面卻又將承擔營業風險；則上述承攬契約之締結可能被認定為構成契約自由原則之濫用而無效，當事人間之法律關係可能仍將被認定為勞動契約。

（八）本案判決檢討

最高法院於本案判決中對於如何界定勞工，提出了三個理論上的重要觀點：1.界定勞工之標準為從屬性，其具體特徵為：(1)服從指示、懲戒。(2)勞務之專屬性。(3)為該他人之目的而勞動。(4)納入雇方生產組織體系，並與同僚間居於分工合作狀態。2.為保護勞工，只要有上述部分特徵即可認定為勞工。3.勞基法所規定之勞動契約，不以典型之僱傭契約為限；具有從屬性的承攬契約亦屬勞動契約。

---

[39] 關於此觀點，參照MünchArbR/Richardi, 1992, §23 RdNr 55。

　　本文對此採取部分不同見解。爲說理之便，首先檢討第三個觀點。就認定「勞工」的前提，應以存在一契約關係爲前提；而與一般契約關係同，界定「勞工」基本上也是契約類型歸類的問題。參照勞基法第2條第1款定義勞工：「謂受雇主僱用……」、第2款定義雇主「謂僱用勞工之事業主……」之文義、勞基法第62條以下特別就承攬關係中所生職業災害之規定、民法債編修訂於僱傭一節新增保護受僱人之規定（第483條之1、第487條之1）當亦係以僱傭契約作爲勞動契約之上位類型爲出發點。縱受定作人某程度上的指示，承攬人作爲獨立營業人的情形基本上仍不改變（承攬人之義務仍是工作之完成，並非勞務之提供而已；基本上仍無須親自服勞務、而得以他人代服勞務；仍得參與市場競爭、獲取利益以及承擔風險）。因此承攬人並非當然因而具有和一般勞工一樣的保護必要性；要求對之必須適用勞基法（如工資、工時、休息休假、定期勞動契約之限制、資遣、退休等等規定），反而將過度扭曲當事人間之權益。因此本文認爲僱傭契約是勞動契約的上位概念，除非在混合／非典型契約的情形，否則基本上僅當某一契約關係構成僱傭契約時，才可能認定其符合從屬性標準、爲勞動契約。不顧其契約關係是否可分、從屬性的程度多寡、在整個契約的比重等等混合／非典型契約之歸類標準，勢將無法妥當地處理當事人間的法律關係。

　　其次，就最高法院所採第二論點而言（爲保護勞工，只要有上述部分特徵即可認定爲勞工）。對此結論，本文從「勞工」／「從屬性」是一「類型」、「不確定法律概念」的觀點予以贊同。至於最高法院於此所持理由（「基於保護勞工之立場」），則甚有疑問；蓋吾人若尚未能肯定提供勞務者爲勞工時，即以保護勞工爲由，認定其爲勞工，恐有循環論證之嫌。

　　最後，就最高法院所採第一論點關於「從屬性」之具體特徵，吾人認爲在此既然涉及契約歸類的問題、是一「類型」、「不確定法律概念」的問題，因此最高法院所列的四個特徵即非列舉的、亦非終局的。至於爲確保法律適用之明確性與安定性，吾人應進一步地在「勞

工」的指導形象、指導性的價值判斷觀點下、尋求「從屬性」的一些類型上關鍵性的特徵／要素，以便較易明確、妥當地掌握其特徵。本文整理分析相關討論，認為在僱傭契約的前提下，受僱人對於提供勞務者之工作時間、地點、具體種類所具有單方決定權限（指示權）、擁有懲戒權限、勞務提供具有專屬性等的特徵；應可屬於勞工概念之核心範圍。於此程度內，最高法院之見解值得贊同。至於所謂的「納入企業生產組織之內，與同僚基於分工合作的狀態」若非意指上述的標準，則基本上可和德國學說上之「承擔企業經營風險」、「社會保護必要性」、「經濟上從屬性」或其他相關的形式標準（如有無代扣繳勞健保費）下，作為輔助的參考標準。

2

勞基法對工資之定義

——評最高法院78年度台上字第682號判決

壹、案例事實與判決理由[1]

一、案例事實

　　被上訴人（勞工）受僱於上訴人客運公司所屬汽車修理廠，擔任技工一職，嗣後為上訴人強制退休。對於作為退休金計算基礎之工資範圍，是否包括所謂的績效獎金、勤務加給、全勤獎金、伙食津貼，雙方有爭論。第一審法院判決勞方敗訴（其判決理由為何，於最高法院判決內，吾人無法清楚得知）；第二審法院則以：就系爭獎金、津貼，雇主既均列有支給準則，按月給付，應屬經常性之給付，與薪資及年終獎金，均屬於工資範圍。最高法院則廢棄第二審法院之判決，理由如下。

二、判決理由

　　「所謂工資，乃指勞工因工作而獲得之報酬。勞動基準法第2條第3款定有明文。是工資係勞工之勞力所得，為其勞動之對價，且工資須為經常性給與，始足當之。倘雇主為改善勞工之生活所為之給與，或雇主為其個人之目的，具有勉勵，恩惠性質之給與，即非經常性給與，此與工資為契約上經常性之給與，自不相同，應不得列入工資範圍之內。」（裁判要旨）上訴人在第二審抗辯：系爭給付，依勞基法施行細則第10條規定，均非勞動基準法第2條第3款之經常性給付，其非法定工資，不得列入工資範圍之內，「原審就各該給付項目之本質是否為勞力所得之經常性給與，未予調查審認，徒以上訴人各該給與列有支給準則，按月給付云云，即認為應納入計算退休金工資

之範圍，已嫌疏略……」[2]

本件法律關係，涉及勞基法第2條第3款對工資所爲之立法定義，尤其是「經常性給與」在認定工資時應有的角色，應如何理解。以下本文首先整理實務、學說上相關意見，並嘗試由法律解釋的觀點上，提出見解。

貳、相關見解

一、最高法院其餘判決

最高法院於其他判決[3]基本上是採取和前述判決相同見解，傾向於以有無給付之經常性、並依照勞動基準法施行細則第10條規定，判斷工資之範圍；認爲凡該規定所列給付，即不屬經常性給與，即非勞基法第2條第3款所定之工資。

二、行政法院

相反地，行政法院於其判決中有傾向於以給付之有無對價性質，作爲判斷其是否爲勞基法上工資之標準。例如行政法院[4]認爲：「……各項津貼獎金，係每月給付，例如交通津貼、伙食津貼等，雖搭乘交通車或伙食團不發給，然其（作者按：即勞工）仍應享有交通伙食之利益，其管銷獎金縱每月金額不固定，均爲工作之報酬，自

---

[2] 同註1，第264頁。

[3] 如最高法院75年度台上字第469號判決，最高法院民刑事裁判選輯，第7卷第1期，第357頁以下；最高法院79年度台上字第242號判決，最高法院民刑事裁判選輯，第11卷第1期，第193頁以下。

[4] 78年度判字第2552號，行政法院裁判要旨彙編，第9輯，第1260頁以下。

應包括在工資範圍內。況依該交通及伙食津貼之性質，係對每一從事工作之勞工給與便利工作之報酬，亦應視為其提供勞務所得之薪資⋯⋯」又但亦有僅以全勤獎金、生產獎金係雇主按月給付而認定其為經常性給與、為工資者[5]。

三、司法院第一廳

　　司法院第一廳則和最高法院看法相同，傾向於以給付之經常性、並參照勞基法施行細則第10條之規定，作為認定工資之標準。例如司法院第一廳明白表示：[6]「特別休假日出勤加給之工資，亦屬勞工因工作而獲得之報酬，仍屬工資。惟其加給之工資，係以犧牲休假為前提，且雇主於休假日是否需勞工工作，為不確定之事，故於特別休假日出勤所給與之加倍工資，不能認係經常性給與⋯⋯」

四、勞委會

　　行政院勞委會傾向於以強調「勞工因工作而獲得之報酬」作為判斷是否為工資之標準。例如勞委會認定延長工時工資[7]、特別假日工作所得之加倍工資[8]雖非經常性給予，亦為工資。全勤獎金[9]、週獎

---

[5]　78年度判字第2138號，行政法院裁判要旨彙編，第9輯，第1250頁以下。

[6]　民事法律專題研究（六），第364頁以下、第366頁；相同見解，民事法律專題研究（六），第229頁以下、第232頁。

[7]　78.9.26台（78）勞動二字第23730號函，引自林辰彥等主編，最新綜合六法審判實務，勞工類法規，第1冊，第864-15頁。

[8]　82.5.19台（82）勞動二字第25828號函，第864-20頁以下。

[9]　77.7.15台（77）勞動二字第14007號函，同前註，第864-12頁以下。

金[10]、保持獎金、增銷獎金、報費繳納獎金[11]、生產效率獎金[12]如確係勞工提供勞務所獲得之報酬，雖每月領取數額不固定，該給付仍為工資。

五、學說

（一）學說中有認為[13]依勞基法第2條第3款對工資所為之立法定義，工資應具備「經常性給與」之性質，而這種看法似乎是以該規定之文義作為依據；例如其中劉志鵬[14]即明白表示：將我國勞基法與日本勞基法第11條：「本法所稱工資，不論其為工資、薪金、津貼、獎金及其他任何名稱之給與，凡是雇主付給勞工而為其勞動之對價者均屬之」對照，可以發現我國勞基法有關工資之定義稍與日本不同，申言之，限於「經常性給與」，方屬勞基法所指之工資。

至於何謂經常性給與，吳啓賓認為[15]：所謂「經常性給與」，意義非常籠統。當然經常與時間有關係，要判斷一種給付是否屬於經常的，須以單位時間作為標準，此時間究要多長，關係甚為重要……理論上「在一相當時間內，於一般情況，所可得到之給與」，即所謂經常性之給與。因此年終獎金、獎賞、禮金、災害補償金，乃雇主對勞工的一種恩惠給與、身分上給與、任意性給與，自不具經常性。準

---

[10] 77.10.24台（77）勞動二字第2477號函，同前註，第864-14頁以下。

[11] 78.12.19台（78）勞動二字第30640號函，同前註，第864-16頁。

[12] 82.5.11（82）勞動二字第24899號函，同前註，第864-20頁。

[13] 除下述劉志鵬、吳啓賓外，尚包括：林振賢，勞動基準法釋論，1994年，第74頁以下。黃劍青，勞動基準法詳解，1995年，第71頁。

[14] 談勞法上的「經常性給與」，月旦法學雜誌，第8期，第79頁。

[15] 勞動準法上有關工資問題之研究，民事法律專題研究（六），第39頁以下、第43頁。

此，特殊績效獎金並非工資[16]。「生產績效獎金，須視勞工工作情形物料節約情形而發給，並非每個勞工均有生產效率獎金，也非同一勞工每一個時期或每一個月都能拿到獎金，故非經常性給與。」[17]「加給及加班費能否看成工資，須從其是否在一個相當時間內，一般情況下經常可以得到而定，若在一般情況下經常可以得到，即可認為屬於工資之一部。」[18]劉志鵬[19]則認為「判斷給與是否具有經常性時，宜從『制度上』（例如勞動契約、工作規則、企業內勞動習慣、團體協約）是否已規定雇主有給與勞工之義務？再加上給與之「時間上」、「次數上」是否經常性而為綜合判斷；而有鑑於勞基法所定計算平均工資之方法，係以計算事由發生之當日前『六個月內』所得工資總額除以該期間之總日數所得之金額（第2條第4款），固若每次給與之時間有六個月以上之間隔者，似可解釋成因欠缺『時間上』之經常性，而不予認定係經常性給與。」準此，例如加班與否乃偶發，因加班所領取之加班費亦為偶發性給與，故加班費無「制度上」之經常性可言[20]，又加班係勞工非固定為之，故亦無「發生上」之經常性[21]。至於客運司機之載客（績效）獎金固不排除有獎勵、恩給性格，但若雇主將之「制度化」[22]；司機每次出勤，必能搭載乘客、或計算里程，有「發生上」之經常性，且通常按月結算，有「次數上」之經常

---

[16] 同前註，第51頁。

[17] 同前註，第52頁。

[18] 同前註，第53頁。

[19] 權利事項勞資爭議與法官造法機能，以最高法院判決為檢討對象，月旦法學雜誌，第14期，第11頁以下、第13頁；談勞基法上的「經常性給與」，月旦法學雜誌，第8期，第79頁以下、第81頁。

[20] 同註14，第81頁。

[21] 劉志鵬，權利事項勞資爭議與法官造法機能，以最高法院判決為檢討對象，月旦法學雜誌，第14期，第11頁以下、第13頁。

[22] 同註14，第82頁。

性[23]，故為工資。

（二）學說上另有以雇主之給付是否構成勞工勞務之對價為標準。其中有以工資之法律本質出發，認為[24]「由勞動契約之法理言之，只要是勞工因提供勞務而由雇主所獲得之對價，本即均應認定為工資，此觀之勞動基準法第2條第1款『從事工作獲致工資』以及民法第482條關於僱傭契約之定義規定提及『一方為他方服勞務，他方給付報酬』之條文文義可知，此係給付與對待給付之當然結論。」最高法院的見解不但昧於企業現實，而且強調「經常性」之結果，可能造成企業脫法的動機、或者無法以藉此等非經常性給付對勞動效率及品質作為一有效的考核手段[25]。

	至於何種給付構成勞務之對價，王惠玲認為原則上應以給付之性質作為出發點[26]；蘇達志則將此對價性和「雇主對該給付之支出是否受到相關規範（勞動契約約定，團體協約或工作規則，勞動基準法）之拘束」的問題等同視之[27]。

	依此見解，勞基法第2條第3款之「經常性給與」規定之作用在於：僅當其他名義之給付，無法判定其是否為工資時，則依是否為經常性給付作判斷[28]。對於為何將具有經常性的給付與典型的工資為相同處理，蘇達志認為[29]：雇主對於勞工所提供之勞務為財務給付，有些是基於企業經營管理目的或觀點而決定給付內容，並非規範性給付，因而不具對價性，但其中有些給付屬於經常性之給與，因在一段

---

[23] 同註21，第13、14頁。

[24] 黃程貫，勞動法，第401頁。

[25] 王惠玲，工資涵義之探討，月旦法學雜誌，第13期，第24頁以下、第28頁。

[26] 同前註，第27頁。

[27] 蘇達志，勞動基準法關工作時間與工資之研究，司法研究年報，第13輯（下冊），第311頁以下、第323頁。

[28] 黃程貫，勞動法，第401頁；王惠玲，同註25，第28頁。

[29] 蘇達志，同註27，第323頁。

時間內觀察，常伴隨工資之發給（有對價性者）而連續給付，勞工已將之視爲工作所得報酬，爲保障勞工權益兼爲防止雇主巧立名目以減低資遣費，延時工資、退休金等給付，立法特別將之規定爲工資之一部分，此不具對價性之經常性給與，乃擬制工資。至於上開非規範性，具非對價性之財務給付，其中屬於非經常性給與者，雇主爲給付大抵爲臨時性斷續性的。勞工之受領此等給付，主觀上認係雇主額外給付，均不列入工資範疇。至於給與之經常性，有認爲包括下述給付：1.雇主所爲給付，只要勞工按月均能受領，不論是否終爲固定金額，均屬經常性給與。2.附停止條件之給與，其條件之成就並非係基於勞工之特殊努力，只要做雇主指示、作業方法或管理措施正常工作，即能符合雇主之要求而使停止條件成就，按月可領取之給付。

　　在實際認定某給付是否爲工資時，王惠玲認爲[30]：雇主之給付除恩惠性給與以及實報實銷之費用償還外，原則上除本薪外其他獎金、津貼均應認係工資。運輸公司給司機之票證加給，爲取代原隨車服務員工作之加給，係職務加給之性質；假日加班之工資或津貼，係爲鼓勵或吸引員工樂於加班，里程獎金與載客獎金爲明顯具有計件性質的績效獎金；伙食津貼與晚間末班車加給，如非類似誤餐費之支出往返性質，而係類似夜班津貼，皆屬工資。蘇達志[31]則認爲：「非經常性給與，雇主之給付大抵爲臨時性斷續性的，其所以願爲給付，乃因勞工方面有特定情事發生，或特殊經驗表現（因研究發明所得獎金、因參加競賽入選之獎金、因特殊貢獻之獎金、表揚爲雇主工作達一定年度之久任獎金），或雇主所設定給付停止條件成就（例如：因雇主營業年度盈餘而發給紅利或年終獎金）。勞工受領此等給付，主觀上認係雇主額外給付……（故）均不列入工資之範疇。」

30　王惠玲，同註25，第20、39頁。

31　同註20，第323頁。

參、評釋

本文認為：決定某給付是否為勞基法第2條第3款之工資，應以該給付是否構成勞務之對價決定之：僅當該給付之對價性不明時，吾人方以其是否具有經常性判斷。理由如下：

一、文義

吾人首先可認為：由勞基法第2條第3款之文義觀之，立法者並非企圖以給付之經常性，作為承認工資之必備要件。該規定之內容為：「工資：謂勞工因工作而獲得之報酬，包括工資、薪金及按計時、計日、計月、計件以現金或實物等方式給付之獎金、津貼及其他任何名義經常性給與均屬之。」首先立法者乃是以「謂勞工因工作而獲得之報酬」一語，肯定工資之性質乃作為勞務的對價。至於法律接下來規定「包括工資、薪金……及其他任何名義經常性給與均用之」之部分，應只是對何謂「勞工因工作而獲得之報酬」以實際上常見事例加以進一步說明；亦即該部分僅具有例示規定的功能，此由該規定以「包括」一語起首可知。故立法者並非企圖以所列給付型態窮盡地涵蓋所有可能的工資型態。因此，基於「包括工資、薪金……及其他任何名義經常性給與均屬」之部分的例示規定性質，判斷某種給付是否為勞基法第2條第3款之工資，最終仍應回到其是否為「勞工因工作而獲得之報酬」為斷。

又吾人亦不能由：勞基法第2條第3款之規定工資「包括工資、薪金……及其他任何名義經常性給與均屬之」，認為因所列各種工資型態皆有「經常性給與」之特徵，從而推論到：「勞工因工作而獲得之報酬」亦以必須具有「經常性給與」為前提。蓋就法規例示的各種給付，經常性給與只是諸多工資給付型態的一種。若所有工資給付型態皆需具備經常性，則較可能的法規定用語應為「包括工資、薪金及

按計時、計日、計月、計件以現金或實物等方式給付之獎金、津貼及其他任何名義經常性給與」；但現行法乃是規定「包括工資、薪金及按計時、計日、計月、計件以現金或實物等方式給付之獎金、津貼及其他任何名義經常性給與均屬之」；則較可能的理解乃是：「及其他任何名義經常性給與均屬之」為例示情形中的一個獨立的工資給付型態，立法者係以此一概括規定的形式，總括其餘可能的工資型態。準此，原先法律所例示之其他工資型態，並不必以具有經常性者為限。

若採相反見解，以工資必有經常性為限，則某項給付是否為工資，將取決於吾人對經常性如何理解（對此問題，詳見下文），恐與吾人一向對工資之為勞務對價的理解有所不符（黃程貫見解）。例如在一僅持續一個月的臨時性勞動關係，勞工因勞務所得者，皆為一次性給與。若吾人僅依給與之經常性來界定其所受給付是否為工資，恐難有合理的結論。特別是當所謂的經常性若僅意味著發生上一次數上的經常性，而勞工之勞務所得，將因僅欠缺發生上一次數上之經常性而不被認定為工資時，則雇主大可藉由給付次數之變更，逃避勞基法有關工資規定之適用，其結果顯有不當；而這種見解，也與立法機關在立法過程中所賦與該規定的立法目的有所違背。

二、立法過程

在立法過程中，對勞基法第2條第3款規定中的「經常性給與」應否刪除或保留，一直有爭議。認為應予刪除者，其理由無非是以其概念不明、易滋疑義[32]或是以工資應包含所有雇主之給付、不以有經常性者為限[33]。持保留意見者，無非是基於：內政部於當時已以「經常性給與」，擴張原先狹義工資的概念：又若擴張工資應包含所有雇主

---

[32] 參見立法院，勞動基準法案（上冊），第99、255、261、324以下、329頁之相關發言記錄。

[33] 同前註，（下冊），第879頁之發言記錄。

之給付，則恐雇主反不願為某些給付，反而不利勞工，故將僅具有臨時性、鼓勵性者，排除於工資概念之外[34]；至於何種給付欠缺經常性，依代表內政部的湯蘭瑞司長之解釋，年終獎金、特別性給與者無經常性[35]；依於一讀通過前最後發言贊成的謝深山立委[36]之發言，則除年終獎金、不休假獎金外，雇主之給與皆為工資；惟其具體內容，則委由行政機關於施行細則中詳加規定。由以上相關的立法過程，吾人可認為：不論贊成或反對在勞基法第2條第3款中加入「經常性給與」的意見，皆以保護勞工、擴張原先狹義工資的範圍為其出發點，只是對於擴張狹義工資的程度有不同的看法。因此顯然地立法機關並不是要藉「經常性給與」之規定，將一些向來被認為明顯地與勞工所提供勞務構成對價的給付，僅以其欠缺「經常性」而排除於工資的範圍之外。這種立法機關所賦與某一特定規定的基本目的、方向，對司法者應有其拘束力[37]。準此，吾人並無法由立法過程得出；立法機關認為一切雇主給與皆需具有「經常性」，方為工資。反而應認為：只當某給付之作為勞務的對價性質不明時，吾人方得以其有無「經常性給與」作為判斷其是否為工資的標準。

三、給付之作為勞務的對價性

至於在判斷給付之作為勞務的對價性質[38]，吾人固然應參照一般

---

[34] 同前註，（上冊），第260頁以下、第320頁。（下冊），第880頁。

[35] 同前註，（下冊），第260頁。

[36] 同前註，（上冊），第320頁。

[37] 至於立法機關或參與立法的其他機關對某特定規定的更具啟、詳細的可能適用情形、對現行法律以事實狀態的判斷，固然有其參考地位，惟並無拘束力；參照Larenz, Methodenlehre der Rechhtswissenschaft, 6. Aufl, 1991, S. 329; Bydlinski, Juristische Methodenlehre, 2. Aufl, 1991, S. 433。基於立法權、司法權的區分以及維持審判的正當與妥當性，這種看法，原則上值得贊同。

[38] Standinger/Richardi (1999), §611 RdNr 553.

交易觀念以決之。應注意者，給付之名義如何，並非具有決定性之標準，因此像勞基法第2條第3款以及施行細則第10條之例示工資欠缺經常性給與之給付型態，或多或少地皆以給付名義爲作爲區分的標準，即欠周詳。蓋法律性質相同的給付，事實上其給付的名義可能有所不同。以給付的名義作爲區分標準，既無法窮盡現有的給付型態，對將來可能有新的給付型態、名義，更無法爲任何規範。其結果僅是讓雇主有更多規避工資規定適用的空間。因而較恰當的標準，似應以該給付的性質（王惠玲見解）爲斷，尤其是應以表現於該給付的支付前提要件的給付目的爲出發點，藉此吾人較能妥當理解該給付的法律性質，適當地防止雇主規避相關規定的適用。

　　至於在判斷給付之爲勞務的對價性格，吾人首先可認爲：若某給付純粹只有損害賠償、補償或償還勞工代墊款項之目的，應排除於工資之外（王惠玲見解）。又當某一給付構成勞務之對價時，從契約法觀點言，應可與勞務之提出處於同時履行的關係，因此雇主得否以勞工未提供勞務而拒絕某一給付、或當雇主不爲某一給付、勞工得否拒絕勞務之提供，即不失爲判斷該給付是否爲工資之參考。惟勞基法爲強化對勞工的保護，對此同時履行的關係頗多調整與修正，而且目前法學上對繼續性債之關係上同時履行的問題欠缺深入研究，因此如何藉助這項參考標準以澄清工資的範圍，尚待進一步的探討。

　　至於從一般交易觀念言，向來的工資計算基礎，多以工時（計時）或工作成果（計件）爲準。因此當一給付係以此爲其計算標準時，其作爲勞務之對價性質甚爲明顯，應得認其爲工資。準此：

（一）績效獎金

　　若雇主之給付係以勞工之一定工作成果爲支付前提（即所謂的「績效獎金」），應係以勞工提供之勞務在質或量上之結果作爲報酬的對象，本質上與典型的計件工資應無不同，列入工資範圍，應屬妥當。

（二）全勤獎金

又當某一給付係以勞工在一定期間內無遲到、早退或缺勤之情形為要件者（所謂的「全勤獎金」）；從工作時間的角度言，一個為無遲到、早退或缺勤的勞工，和一個有上述情形的勞工相比，其所提供勞務（至少）從量的方面言，應當是更多的。在此意義下，此項給付實為勞工所提勞務的對價，屬於工資的範圍。

（三）職／勤務加給

當給付係以與勞務提出密切相關的工作條件（例如工作時間：大夜班、工作地點：偏遠地區）為前提，依一般觀念可認為是為酬傭／彌補其提供勞務的特殊辛勞與負擔，因此是直接對勞工所提出的勞務、附加地作更進一步的報償，亦應可肯認其為工資。

至於當決定某給付是否為勞基法第2條第3款之工資時，若依向來對勞務之對價性之理解，該給付之對價性不明時，吾人則應更進一步以其是否具有經常性為判斷。

四、經常性給與

勞基法第2條第3款所定的「經常性給與」涵義如何，由其文義言，吾人似乎可將之理解為次數上發生上的經常性。由此概念的產生過程觀之，內政部在勞基法立法前的相關函釋中似亦採此見解[39]；此項認為工資包含經常性給與之見解，原則上亦為最高法院[40]所採用。

又內政部並曾表示[41]：「工資應包括各種經常性給與，前經本部

---

[39] 相關函釋請參閱附錄。

[40] 此項見解亦為最高法院72年度台上字第3696號判決所肯認，最高法院民刑事裁判彙編，第4卷第3期，第324頁以下。

[41] 64.7.31台內勞字第74071號函，附錄。

迭次解釋在案，效率獎金亦為勞工因工作而獲之報酬，雖非固定性但屬經常性給與，故應併入工資計算。」內政部並依據同樣理由，認為「職務加給、特支費等亦屬同樣性質自應一併視為工資之一部分。」[42]由此二函釋，吾人似又可由所謂的「非固定性但屬經常性」一語，認為「經常性」應與給付之於一定期間內必然發生有所區別；而給付數額之多寡，似乎亦不必然影響其「經常性」之成立。

　　至於這種對「經常性」的看法是否（或在何種程度內）能對勞基法第2條第3款的規定為妥當的說明，最終將取決於：以給付之「經常性」作為將雇主之其他給付納入和典型的工資為相同處理之標準的正當性何在。蓋藉此，吾人不僅將更容易理解現行規定，並可較妥當地界定「經常性給與」其範圍。依本文見解，將「經常性給與」列入工資之內，其正當性乃在於：某給付既有經常性，從而對勞資雙方言，對該給付之支付即有一定的可預見性。對勞工言，勞工自得依此以調整其經濟生活水準[43]。在雇主方面言，雇主自應可適當籌劃。因此，該給付對勞工經濟生活之維持，與其他對價性給付之因勞工持續地提供勞務即可經常地獲得相比，並無重大差別。對雇方言，該負擔（給付之支付）既可預見，則某程度內即有期待之可能。故法律上對該等給付和其他對價性給付為相同處理，應屬妥當。準此，對於所謂「經常性給與」，吾人可認為：（一）若某給付雖依向來對價的理解，和勞務並無明顯對價關係；但於一定條件下對該給付勞工有請求權、雇主有給付義務。則該給付之給與既有規範上依據，吾人應可認為該給付有經常性、與典型的工資相同處理。至於其是否同時有次數／時間之經常性，則不必再論。（二）若某給付和勞務並無對價關係，並且對該給付勞工無請求權、雇主無給付義務，則參照經常性之

---

[42]　71.7.3台內勞字第95873號函，附錄。

[43]　此項觀點於將該給與列入平均工資、作為資遣費、退休金之計算基礎時，尤為重要。蓋此二項給付之主要功能，無非在於維持勞工於解僱／退休後之經濟生活，和解僱／退休前相比，能維持一定的比例。

文義與立法前吾人對之所爲之理解，應進一步以其是否有次數／時間之經常性、決定其是否爲勞基法所稱之「經常性給與」（以上見解部分與前述學說中劉志鵬、蘇達志觀點相當）。至於決定次數／時間之經常性之標準，本文傾向採取前述學說中吳啓賓之觀點。參照前述關於經常性給與之正當性，吾人原則上應注意到：是否因爲給付的時間／次數，已引起勞工對該給付的之繼續獲得、產生正當的信賴，並且吾人在法律上亦可期待雇主對該給付繼續支出（即與信賴責任相類似的觀點）；若然，則該給付即具有經常性。至於六個月的期間，雖然可能作爲給付之次數上經常性的一個參考點（劉志鵬觀點）[44]，但至少當一個勞動關係未超過六個月時，吾人即必須另外尋找可供參考標準。當然，依本文觀點，其他應注意到的更具體標準爲何，仍有待探討。至於勞基法第2條第3款在其所例示工資時，將計時工資涵蓋按計月給與者，則至少認爲按計月給與者有次數／時間之經常性，應屬妥當。

五、伙食津貼

　　準此，本件最高法院判決所涉及雇主按計月給與的伙食津貼，若由其數額言，與勞工因工作，有在家庭或公司／工廠之外用膳之需，所增加的飲食方面的支出相較，若仍在一妥當的比例／範圍內，依社會一般通念，原則上應可認爲其性質僅爲補償與勞工爲提供勞務所增加的費用／支出，故與之不構成對價關係，並非工資。惟若已明顯超出一般合理妥當的範圍之外，則認定其爲對勞工所提供勞務的一種附加地報酬、與之構成對價關係，應爲妥當。

　　至於其是否構成勞工提供勞務之對價不清楚時，則吾人尚應區

---

[44] 於立法過程中，內政部代表湯蘭瑞司長對「經常性」的說明，亦是以六個月爲上限，參見立法院，勞動基準法案（上冊），第323頁。

分：（一）例如雇主依作規則，於特定要件下，對勞工有給付義務，而相對地勞工亦有請求權，則該伙食津貼應有經常性（即規範性或制度上經常性），為勞基法第2條第3款之工資。（二）若雇主僅依其公司內部規定而給與伙食津貼，而該規定（例如因未公開揭示）並不具工作規則之性質、且相關事實亦未構成企業習慣，則吾人可認為：該給與並無規範性或制度上經常性。惟參照勞基法第2條第3款之將按計月給與者例示為工資者，則本件津貼既係按月給付，認定為具有次數／時間之經常性，應屬妥當。

附　錄

內政部64年5月6日台內勞字第632802號函：工資乃勞工因工作而獲致之報酬，不論其工作天數若干，均應發給應得之工資。

內政部72年4月11日台內勞字第149317號函：查工資內涵包括因工作而獲得之各種報酬，不因雇主自訂之名義如何而影響給付計算之標準，此係我國向來解釋原則，亦為各國通例。至臺灣省工廠工人退休規則生效日期已有明文規定，行政院71年12月1日台內字第20371號函之核准解釋，僅為個案爭執引起之處理問題，並非於該規則原規定工資之外另有增益，此於同案核可裕隆公司退休工人准依退休金包括伙食補助費計算並予補發一節，至為明顯，自不應視為另訂計算生效日期，免滋糾紛。

最高法院72年台上字第272號判決：工廠法所稱工資，係指工人因工作而獲得之報酬，不論以工資、薪金、津貼、獎金，或其他任何名義按計時、計日、計月、計件給與者均屬之，工廠法施行明細第4條定有明文，查該施行細則，為內政部基於法律授權所訂定（參見工廠法第76條及其施行細則第1條規定），自有法的效力，上訴人提出之臺灣省政府建設廳函及行政院函件，均屬機關發布之命令，其效力

自不若工廠法施行細則之有法的效力。

內政部64年8月1日台內勞字第645558號函：工人工資應包括各種經常性給與，前經本部迭次解釋在案，生產獎金應屬經常性給與，仍應併入計算，不得巧立名目，致有違有給休假之立法精神。

內政部64年7月31日台內勞字第639993號函：工資應包括各種經常性給與，前經本部迭次解釋在案，效率獎金為勞工因工作而獲之報酬，雖非固定性但屬經常性給與，故應併入工資計算。至長期僱用之計件工及定期契約工亦宜酌情發給效率獎金。

內政部66年6月23日台內勞字第740717號函：工廠按日發給工人之交通、伙食補助費及按期發給工人之全勤獎金均屬工廠法所稱之工資。

內政部70年8月20日台內勞字第39061號函：唐榮鐵工廠股份有限公司工人之日薪、工作獎金、獎工獎金（績效獎金）及工地勤務費如係按月或按日經常性給與者，自屬「廠礦工人受僱解僱辦法」第4條第2項規定之工資範圍，於資遣工人發給資遣費時計入。查行政院49年12月30日49台內字第7389號令訂「廠礦工人受僱解僱辦法」係依據「國家總動員法」第11條規定所訂，具有與法律相同效力。該辦法適用於公、民營廠場。

內政部71年7月3日71台內勞字第97517號函：工資為工人因工作而獲得之報酬，雖雇方所立名義繁多，要其屬經常性報酬給與均屬工資之範圍。（一）加班費應屬工資範圍，內政部70年3月26日台內勞字第12782號函：「工人每天加班時數不一，或一個月內加班天數及時數不一，其加班費如係按計時、計日、計月、計件給與者，均屬於工廠法施行細則第四條所稱工資……」已予解釋。（二）因員工出勤、到工而給予之點心費，為經常性給與，應視為工資範圍。

內政部71年7月3日71台內勞字第95873號函：工廠法施行細則第4條對工資之定義規定包括各種給付名義及計算方式，內政部並就其性質補充解釋：「工資應包括各種經常性給與……效率獎金為勞工因工作而獲之報酬，雖非固定性但屬經常性給與，故應併入工資計算。」

職務加給、特支費等亦屬同樣性質，自應一併視爲工資之一部分。至眷屬交通費一項，因其含義不明，末便解釋，但如符合上述認定標準，自亦應視爲工資。

　　內政部64年2月25日台內勞字第619062號函：亞航公司所定基本生活津貼如屬經常性給與性質構成整個報酬者，於計算延長工時、工資、資遣費、退休金等時，自應計入。

3

工資的迷思：「恩惠性給與」
——評最高法院88年台上字第1638號判決

壹、案例事實

　　本案系爭年節獎金，原係公司於每年年終結算公司獲利盈虧後，將公司當年度之盈餘比例分配予員工。民國56年4月間員工以公司盈餘之分配必須遲至次年股東會後始能發給，緩不濟急；經公司產業工會要求，比照公務員端午、中秋、年節加發若干月薪成例，乃提前於當年度4月、7月、10月及12月各發放一次，以調解員工之收入。嗣後更名為效率獎金，發放方式亦有所改變。76年間修正公司同仁服務規則第33條再更名為年節獎金。對該項給與，勞工於退休後，主張該項給與為工資，應納入作為退休金計算基礎之平均工資範圍。雇主則主張該項給與係由公司盈餘中按一定比例分派給勞工，係為感念及勉勵勞工之辛勞；其後發放時間、方式與名稱雖有改變，仍不影響其具有恩惠之性質，其非屬經常性給與，不屬工資範圍。

貳、判決理由

　　對此，最高法院88年度台上字第1638號判決[1]中認定其非屬工資，其理由為：「系爭獎金既屬於公司盈餘而抽取部分分配予員工，自與經常性給與有殊，故不論其名稱為效率獎金或年節獎金，亦不論其發放方式為按節或按月先行借支，均不影響其屬於恩惠性、獎勵性之給與，與勞工之工作核無對價關係，尚不得計入工資之範圍。又工廠法施行細則第四條規定之工資固包括各種獎金津貼在內，但既係工資仍應以該項給與屬經常性給與，因工作而獲得之報酬為範圍……」（裁判要旨）

---

[1]　最高法院民事裁判書彙編，第37期，第548頁以下。

參、評釋

對於勞基法上所稱之工資[2]，最高法院從早期的判決中一開始、也是到目前為止，在最多數的判決中所表示之意見，乃是：「所謂工資，乃指勞工因工作而獲得之報酬。勞動基準法第二條第三款定有明文。是工資係勞工之勞力所得，為其勞動之對價，且工資須為經常性給與，始足當之。倘雇主為改善勞工之生活所為之給與，或雇主為其個人之目的，具有勉勵、恩惠性質之給與，即非經常性給與，此與工資為契約上經常性之給與，自不相同，應不得列入工資範圍之內。」而這種以恩惠性給與作為排除某項雇主給付為工資的論證方式，於前述判決中，更是推論到極致。分析其理由，可歸納為以下幾個重點：基於公司盈餘之分配所為之給付，係恩惠性給與，故非經常性給與、不具勞務之對價性，不屬工資之範疇；不論嗣後其給付方式、名稱有無更動，皆不影響其在法律性質上之認定。

一、學說概況

對於所謂的恩惠性給與，學說上目前尚乏詳細論述。惟就可蒐集的見解，約可歸納如下：（一）有僅列述何為恩惠性給與、並否認其具有工資之性質者。例如有[3]認為：恩惠性給付包括勞工因婚喪喜慶生育而由雇主贈送之賀禮生育補助金、慰問金或奠儀等，依職業災害依法領得之補償費。（二）有主張恩惠性給與欠缺經常性，故非工

2　對此，另參閱作者，論勞基法上之工資，政大法學評論，第58期，第325頁以下。

3　蘇達志，勞動基準法有關工作時間與工資之研究，司法研究年報，第13輯，下冊，第311頁以下、第320頁。

資。例如有[4]認為：理論上「在一相當時間內，於一般情況，所可得到之給與，即所謂經常性之給與」。因此年終獎金、節賞、禮金、災害補償金，乃雇主對勞工的一種恩惠給與，身分上給與，任意性給與，自不具經常性。勞基法施行細則第10條第2、3、4、6、7款，列舉規定非經常性給與，有其理論基礎。（三）另有主張雇主恩惠性給付為任意性，故欠缺勞務之對價性，不是工資；但此性質之認定有其彈性與變動之可能。例如有[5]認為：雇主的恩惠性支付，如結婚賀儀、死亡喪儀、災害慰問金都不是勞動對價的工資。但是這類給與如果明確規定於工作規則，雇主就有支付的義務、勞工也有請求支付的權利，則應做工資解釋。（四）有對恩惠性給與未詳細說明，僅主張其於認定上有變動之可能者。例如有[6]認為：載客（績效）獎金固不排除有獎勵、恩惠性格，但若雇主將之「制度化」，凡勞工滿足此制度，雇主即有支付獎金之義務，此際司機之載客（績效）獎金已「制度化」、「權利化」，因此，即具有「經常性給與」之性質。（五）有以恩惠性給與作為否定該給付之作為勞務對價之性質，但同時主張該性質之認定有變動之可能。例如有[7]認為：工資既為勞動者給付勞務所獲得之報酬，則具有對價性，惟對價性之有無難以判斷，我國及日本學者多同意雇主恩惠性的任意給付，如婚喪喜慶之賀禮、慰問金或奠儀等，不屬於工資範圍。惟是否屬於恩惠性任意給付，並不以雇主主觀意思為準，而應基於客觀之判斷，如於勞動契約或團體協約明定給付條件，則成為契約上義務，而喪失其恩給性質。

　綜合上述學說見解，吾人或可推論所謂的恩惠性給與或係援用日

[4] 吳啟賓，勞動基準法有關工資問題之研究，民事法律專題研究（六），第39頁以下、第43頁。

[5] 林振賢，新版勞動基準法釋論，1995年，第76頁。

[6] 劉志鵬，談勞基法上的「經常性給與」，月旦法學雜誌，第8期，第79頁以下、第82頁。

[7] 王惠玲，工資義涵之探討，月旦法學雜誌，第13期，第24頁以下、第27頁。

本法上之概念；採此類見解者係嘗試藉此以否認該給付之作爲勞務之對價性、經常性，否認其工資之性質。至於其實際內容，則多指涉法外空間（前引學說（一）（二）（三）（五）之認爲因婚喪喜慶生育而由雇主贈送之金錢）、或係指依職業災害補償費（如學說（一）至（三））或司機之載客（績效）獎金（學說（四））。又與上述判決見解不同者；學說中並無主張恩惠性給與之性質係一成不變的。在明確討論到此問題的學說中，一致地認爲此恩惠性給與之性質，並非一成不變，而是可因其規定於團體協約、勞動契約或工作規則中，喪失其任意性而有轉變成爲工資之可能（學說（三）（四）（五））。

二、本文見解

在法律的適用上，吾人可以外國學說可作爲法理的展現而加以參考，似無疑問。惟對此，吾人並非一概加以接受，而是應審視：該外國學說所呈現的法理究竟與我國現行法相容與否？是否在某程度上因現行法已採取其他標準而應加以修正甚或揚棄？依本文見解，上述學說與實務所援引恩惠性給與的概念，頂多在以此指涉某給付屬於法外空間時可能有其正確性；惟其：1.在文義上模糊不精確、容易淪爲掩飾法院恣意判斷之工具，2.並且是出於對勞動契約性質之誤認，而又蘊含濃厚的封建色彩；因此創造／援用此一概念並無必要。尤其3.最高法院認爲某給付之恩惠性的認定是不可變更的，不僅與學說見解相違背、亦與勞基法第2條第3款的基本設計不符。

（一）涵義模糊的「恩惠性給與」

首先值得注意者：部分學說與最高法院（曾）提出「恩惠性給與」的界定之標準，並不夠明確，在法律適用的安定性上顯然不足。姑不論：此企業經營上之目的並不當然意味著該項給與在法律上之應作如何之評價——包括並不當然排除其爲工資之外。其所謂的「雇主

爲其個人之目的」所爲之給與，若從企業經營者之角度而言，因雇主所給與者無不構成其成本、工資的一部分，故從此觀點而言，吾人並無法得知恩惠性給與和其他給與間之區別。至於所謂「具有勉勵性質之給與」的標準，亦然。蓋常理上任何雇主之給付若不是直接或間接「勉勵」勞工努力工作，豈非徒然、豈非於企業經營上甚爲不智；而在此所謂的勉勵的性質下，傳統所認定直接構成對價的工資，亦非亦相同地具有「勉勵」的性質？是以此項特徵並不足以適當地作爲區分「恩惠性給與」的標準。

就本件判決與前述學說對恩惠性給與所指涉的具體給付項目，其中有可歸類爲屬於法外空間、而非法律所應干涉者（如雇主因婚喪喜慶生育所贈送之金錢）；惟亦有藉以指涉職業災害補償費、司機之載客（績效）獎金、或如本件判決之分一年四次給付之「年終獎金」；因爲此類給付顯然已有相對應的規範作爲依據、不屬法外空間。若吾人僅僅以之指涉法外空間、並以之作爲否認雇主給付之對價性／經常性；從結論上而言、或許尙可同意。當然，該用語適當與否係另一問題；例如在不涉及勞資雙方、其他基於人情與社交禮節所致贈婚喪喜慶之賀禮的情形，是否可以適當地稱爲是恩惠性給與，不無疑問。然而同一概念竟可包含如此在法律上具有重大差異的給付，顯示該概念之涵義實在過於模糊而不適當。若依現今學說與最高法院對恩惠性給與的用法，適法者大可將其個人主觀不認定爲工資者、一概歸入所謂的恩惠性給與，不僅可逕行迴避勞基法第2條第3款對工資所設的界定標準、又可免於任何說理及他人的審查與檢驗。是以恩惠性給與在概念的設定上顯然不當，適足以作爲掩飾適法者恣意的工具。何況該概念係出於對勞動契約性質之誤認，又蘊含濃厚的封建色彩；因此縱然在以之指涉法外空間的情形，另創此一令人迷惑的概念、用以說明一旣已廣被接受的概念，顯非法學上之進步，誠屬多餘。

（二）誤認勞動關係本質的「恩惠性給與」

所謂的恩惠性給與，就其文義而言，似含有過多的上對下的憐

憫、恩惠、施捨的意涵。學說實務上之所以肯認「恩惠性給與」的概念，或許一部分的原因係出於對勞動關係本質、認定其爲一屬人法上的共同體關係的想法；前述學說（二）將其與身分上給與視爲同義語，或可爲佐證；而此或係最高法院說到該給付係「雇主爲改善勞工之生活所爲之給與」所企圖表達的思想背景。

1. 關於勞動契約的本質，我國法上多仍承認其性質爲一屬人法上的共同體關係。近來對此最有系統的論述與批判，當屬黃程貫氏所撰「勞動法中關於勞動關係本質的理論」一文[8]。氏認爲：勞動法中勞動關係本質的理論必定有其目的；勞雇間所可能產生爭議的解決，例如勞動關係中附隨義務範圍（如勞工之守密義務、不得破壞雇主物品）之界定，多取決於勞動關係之本質而定。氏批評德國法上原先盛行的人格法上共同關係理論，其背後所隱藏之共同體理念與自由民主社會之強調人的人格自由發展不符、蘊含對勞工自由侵害之可能性、容易流爲擴充勞工義務範圍之藉口。對於現今德國法上盛行的回歸債法給付交換關係理論，氏認爲該理論所產生之實際結果與前說並無不同，只是爲現行勞動關係中支配統治提出更易爲人所接受之標籤而已。在批判幾個相關理論之後，氏從勞務契約之具有給付交換關係及憲法上之承認同盟自由／勞動三權作爲依據，主張應採所謂的「衝突對立之勞動關係」理論；認爲勞資關係當事人之間的利害關係乃是相互衝突對立，此一「不對等的衝突對立之必然性才是用以確定當事人權利義務範圍之重要判斷標準；現行法上事實上也認知並承認此一存在於社會現實中的利益衝突對立，民法僱傭契約之定義即如同其他給付交換契約一樣（買賣、租賃、承攬等）係以二方相對立的利益爲出發點。

而勞工同盟自由基本權或所謂的勞工之勞動三權原則上也是在根本前提上承認資本與勞動二者間之對立衝突，因此使賦予勞工有組成

---

8 政大法學評論，第59期，第227頁以下。

結社同盟，並進行協商、爭議等行動來維護並提升勞工之勞動與經濟條件，簡言之，勞工之參與及組織工會的權利、團體協商權、勞動爭議權等均是承認勞資雙方間之不對等的對立衝突，爲要使勞工得以對抗雇主之強勢而賦予勞工的權利。可知整個現行法秩序基本上係以勞資雙方之不可避免的利益衝突對立爲前提、出發點，亦即勞動關係應是一衝突對立之勞動關係，故若在論及勞動關係之本質時強調勞工與雇主負有一廣泛的維護對方利益之義務，則只是造成角色之混淆與衝突而已……依作者之見，因爲憲法位階最高，其價值判斷不容違反，在承認憲法保障勞工之同盟自由基本權或所謂勞動三權之前提下，本於集體勞動法（及勞工同盟自由或所謂勞動三權之法律上的具體化）高於個別勞動法之基本原則，肯定勞動關係之衝突對立本質而否定所謂的共同關係」。

2. 對此問題，在此無法詳論[9]；惟至少下述觀點，值得注意：

(1)本質論證方式之說服力，主要取決於各該法律社會上有無相關的確信的存在；若對所主張之本質，法律社會的成員對之能保持一定的共識共信──甚或已經達到所謂的一般交易觀念或社會通念的地步，則本質的論證方式應當具有作爲一種替代或簡化說理的功用。反之，若特定法律現象因爲尚有爭論或因爲較爲新穎等等原因，以至於法律社會成員對之尚無共識時，則援引本質作爲論證的說服力，即將受到削弱；甚或使得相關價值判斷隱晦不明、難以檢證，則爲其缺點。

(2)對於德國法上原先盛行的人格法上共同關係理論，學說多認爲該理論並不能證明勞動關係和其他法律上或社會現象上公認之共同體關係（如合夥、婚姻或親子關係）間有何相同之處，以至於吾人在法律上應對之和其他雙務契約類型做不同處理。尤其是人格法上共同關係理論所導出勞資雙方之忠誠／照顧義務之具體內容，多已經制定

9　參閱林更盛，勞動法之回顧與展望，收錄即將出版之民法七十年之回顧與展望紀念論文集（二），元照。

法明文化；或是因民法學上對誠信原則的研究的進步，已能適當地納入民法學體系之內加以說明及正當化；繼續採取該理論的理由即不復存在。

(3)相形之下，現今德國通說所採之回歸債法給付交換關係理論，其優點在於從制定法的觀點出發，重新回到契約法上的觀點檢驗勞動契約關係。蓋無可否認的是：一般的契約法上的原理／原則對於勞動關係基本上仍有適用。尤其是該說將忠誠／照顧義務視爲是民法誠信原則在勞動契約上的一種表現，使得吾人可以藉此重新檢驗勞資雙方之照顧與忠誠義務之範圍，可認爲是一項進步。惟誠如黃程貫氏之批評見解所言，該說雖從現行法加以著手，卻忽略了對於勞動關係的影響、尚有契約法以外的其他法律因素：亦即集體勞動法上的團體協約及勞資爭議行爲。與其他一般契約關係不同者，勞動關係在形成上及進行上受到團體協約的約定以及作爲其協商之手段的爭議行爲，例如罷工的影響；團體協約的約定當然成爲團體協約之關係人間之勞動條件（團體協約法第16條第1項）；合法的罷工則有暫停勞動契約當事人間主要義務之效力。法律上容許團體協約之當事人於磋商時可採取之施壓方式，例如罷工或鎖廠，無非是藉由造成其談判對手在經濟上之損失（無法繼續正常營業或獲得工資）的壓力、影響對方締約之抉擇、迫使對方談判；與民法上一般契約之締結與內容之形成截然不同，可謂深具對立衝突型態。若由此以觀，則德國法上現今通說之僅以個別契約作爲立論之基礎，顯然無法合理的說明以上現象、是過於片面而有所不足。

(4)惟這並非意味著勞動關係主要爲／或是僅僅爲一對立衝突關係。勞動關係本質的課題，應當在於如何掌握以上勞動關係之同時具有一般契約和衝突對立的特性、尤其是如何說明此二者間之關聯。蓋勞動關係之產生以及其存續的正當性，仍然是基於勞動契約之締結與維持。勞動關係之進行（例如有無債務不履行、或該問題應如何處理）基本上仍未能脫離契約關係的處理模式。至於契約當事人之間利害關係雖有對立衝突，惟此若僅侷限於一般有償、雙務契約關係的範

圍內，則仍不足以作爲認定勞動關係是對立衝突關係的理由，否則豈非所有有償、雙務契約關係皆爲對立衝突關係。又憲法之承認同盟自由／勞動三權爲基本權，並不能導致勞動關係僅是一種衝突對立型態的結論。蓋憲法也並未因此放棄以勞動契約之締結作爲勞動關係之基礎、而對勞動關係之運作完全改採契約以外的模式；反而是在承認勞動關係乃是以契約作爲其基礎的前提下，允許勞資間另可以有限度的使用對立衝突的方式、以決定其勞動關係之內容。在現行制度上，以勞動契約作爲其基礎之勞動關係、雖然是向上述集體勞動法的因素是開放的，然而在制度上後者並非是用來取代、而是補充前者。準此，吾人若綜合上述個別勞動契約與集體勞動法上的特徵一併於觀察，或許可認爲勞動關係乃是一種特殊的契約關係類型；而其特殊性即在於：與一般有償雙務契約有別者，法律上除承認勞資雙方利害處於互相交換、得透過傳統締約方式決定其勞動條件外，更有限度的允許其透過勞資雙方利害對立衝突的方式決定其勞動條件；以補充、而非取代勞資間之以契約作爲其基礎之法律關係。

(5)綜上論述，對於勞動關係採取所謂的屬人法上共同體關係的見解，在德國法上已被揚棄，並且就實質內容言亦不妥當；吾人若對勞動關係之本質不採此見解，則當無援用「恩惠性給與」的概念作爲否定工資之必要。

又吾人縱然對勞動關係之本質採取屬人法上共同體關係的見解，亦未必能用以作爲援用「恩惠性給與」概念的正當性。蓋於其他通常被列入共同體的法律關係中，當事人間之財物上給與，乃是以權利——義務的型態加以處理；並未曾有發現和「恩惠性給與」類似的想法。

例如在被認定爲共同體關係的合夥關係中，當事人間之財物上給與，並未曾聽聞有所謂的恩惠性給與。在婚約關係中，當事人爲將來結婚所爲之財務上給與，在法律上即被歸類爲贈與——而非恩惠性給與；若嗣後未能結婚，則依不當得利之法律關係處理之。在婚姻關係中夫妻間之財產關係則由法律明定；例如於聯合財產制，夫妻仍各自

負擔其債務（民法第1023條以下）、並有財產補償請求權；於聯合財產關係結束時、並有分割、分配之規定（民法第1030條以下）。家庭生活費用之負擔亦由法律明文以權利——義務的型態加以規定（民法第1027條）。此於父母子女的關係中，基本上亦復如此：民法第1084條第1項雖規定子女應孝敬父母，但第2項緊接著則規定：父母對於未成年子女有保護及教養之權利與義務，民法第1089條第1項規定對於未成年子女之權利義務，由父母共同行使。民法第1114條以下有關扶養的情形、也是以權利義務的型態加以規定。是以，相較於其他所謂的共同體法律關係之以權利——義務的型態處理之，勞動關係中之強調恩惠性給與的概念，與現行法上的價值判斷顯有不符。

（三）屹立不搖、永恆不變的「恩惠性給與」？

最高法院認為某給付之屬於恩惠性的認定，將不會因其嗣後給付方式與名稱之更動而受到影響；此項見解不僅與前述所提的學說見解相違背，更與勞基法第2條第3款的規定不符。

吾人若詳細審視勞基法第2條第3款對工資定義[10]；可認為：從文義（「工資：謂勞工因工作而獲得之報酬，包括……及其他任何名義之經常性給與均屬之」）而言，本規定係以勞務之對價性作為工資認定之主要標準，並以經常性作為輔助認定之標準。前者與吾人之對於一般處於對價／交換關係之有償契約的觀念相符；而某項給付若係以工作時間之多寡或工作成果為前提、要件，基本上即可認定其與勞務構成交換、對價的關係。至於立法者之所以以經常性作為工資認定的輔助標準，係因在勞基法立法前，內政部為保護勞工，已以「經常性給與」擴張原來狹義工資的範圍；然而若擴張工資範圍到包含所有雇主之給付，則又恐雇主反不願為某些給付，反而不利勞工，故將僅具有臨時性、鼓勵性者，排除於工資概念之外。至於以經常性作為輔助

---

[10] 同註2。

界定工資之標準的合理性，應當在於勞資雙方對該給付之可預期／信賴之特性；以致於資方可預為籌措、勞方可信賴並進而調整其經濟生活。

準此，吾人於判定給付之是否為工資時，即應以其有無對價性質為主要判斷標準；於不明時，則以經常性作為輔助標準。本件最高法院於此直接越過立法者透過勞基法第2條第3款所設定的對價性判斷標準，已有可議。此外，最高法院否認系爭獎金之經常性的論點之一：「系爭獎金既屬於公司盈餘而抽取部分分配予員工，自與經常性給與有殊」，說理上並不充分；在虧本生意無人做的前提下，雇主所有的給付，最終無非源出自其現有或將來可預期之企業經營的盈餘。又最高法院的論點二：源自公司盈餘分配之給與，不論其發放次數如何——以及依本件事實推論，亦包括：不論是否納入工作規則之中，皆不影響其作為恩惠性給與之性質；此項見解更是直接以恩惠性否定立法者所設定之經常性之標準的效力；而最高法院對於其所採取的結論，此或許足以和刑事訴訟法上有關證據採認的毒樹毒果理論相輝映？卻顯然未以足夠地說明。蓋不論吾人對於給付之經常性採取何種見解（制度／信賴／次數上的經常性）；對於雇主依工作規則每三個月發給一次的獎金，其已非一般一年一次、於年度終結時所發給之年終獎金可以比擬；對於前者，吾人絕難以否認其具有經常性。尤其應注意者：參照勞基法立法前之法律狀態、並由目前對經常性之各種說法觀之，經常性絕不等同於給付數額之固定性；因此公司之盈餘——以至於本件系爭年終獎金之具體金額縱非固定，此項因素亦不足以作為否認其具有經常性之理由。

（四）結論

就目前學說與實務對於「恩惠性給與」概念的運用情形而言，頂多在以此指涉某給付屬於法外空間時、其結論可能有正確性；惟其在文義上模糊不精確、兼指法外空間與其他非法外空間之雇主所為之給與，顯示該概念之設定、就法律適用安定性的要求上，顯有欠缺。又

該概念係出於將勞動關係之本質誤認爲所謂的屬人法上的共同體關係爲其出發點，亦有不當。而且吾人縱然對勞動關係之本質採取屬人法上共同體關係的見解，亦未必能用以作爲援用「恩惠性給與」概念的正當性；蓋於其他通常被列入共同體的法律關係中，法律上對於當事人間之財物上給與，乃是以權利——義務的型態、而非以類似於「恩惠性給與」這種型態加以處理。最後，最高法院認爲某給付之具有恩惠性給與的認定、將不會因其嗣後給付方式與是否規定於工作規則中的變更而受到影響；此項見解不僅與學說見解相違背，更與勞基法第2條第3款之以經常性作爲界定工資的輔助標準的設計不符。綜上論述，援用「恩惠性給與」作爲判斷工資與否的標準，不僅於現行法上欠缺依據，並且無助於法學問題的澄清，反而徒增困擾、容易淪爲作爲司法者掩飾恣意判斷的工具；又以之作爲法外空間的替代說明，亦無必要；因此概念的設定上係屬多餘，應予放棄。

4

就勞請求權

——評最高法院89年台上字第2267號判決

壹、案例事實與判決理由

一、案例事實與判決經過

　　本案勞工自民國63年起受僱於雇主之飯店服務。自68年間起擔任稽核室副理期間，因為時有員工向其申訴飯店內疏失，故於其個人電話分機內加裝錄音機，作為員工申訴存證之用。此事經雇主得知，認其利用職務私自安裝錄音設備，暗自竊聽飯店內其他員工之電話，並予錄音，除超出其稽核之職務範圍外，更嚴重侵犯員工之隱私權，造成飯店內員工惶恐不安，影響飯店之正常營運。此事並經飯店523名員工陳情及連署簽名，要求將該勞工解僱。雇主遂以此為由，主張本案勞工不能勝任工作，予以資遣。本案勞工除請求確認兩造間僱傭關係繼續存在、並請求命雇主容許其進入工作場所以繼續執行其原職務。本案第一、二審判決勞工勝訴；就涉及允許勞工進入原雇主場所部分，第一、二審判決認為「又工作權為憲法保障之基本權利，工作權之內容不僅使勞工有工作之機會，且由於勞動契約之社會化，勞工經由勞務之提供，得以發展職業能力，建立群體生活，實踐工作價值及保持人格尊嚴，故勞務提供亦屬工作權之重要內容，基此意義，勞務之提供既為勞工之權利，自得向雇主為受領其勞務之請求。本件上訴人之資遣既屬違法，則兩造間之僱傭關係即屬存在，而依據僱傭契約，被上訴人自需至原服務場所，始得為勞務之給付，雇主自不得任意拒絕，是被上訴人基於兩造之僱傭關係既屬存在，而請求上訴人應容許其進入上訴人所屬位於臺北市○○路○○段○○號○○大飯店內之工作場所，為執行其稽核室副理職務之行為，於法有據，應併予准許」[1]。雇主不服，提起上訴。

---

[1]　臺灣臺北地方法院86年勞訴字第82號之判決理由六、臺灣高等法院於87年勞上字第34號之判決事實及理由六，引自司法院網站，網址：www.judicial.gov.tw。

二、最高法院判決

　　就涉及允許勞工進入原雇主場所之部分，最高法院廢棄原判決，認為「按債權人有受領給付之權利，除法律有如民法第367條、第512條第2項等特別規定，契約有特別訂定外，不負受領給付之義務。故債權人對於已提出之給付拒絕受領者，通常祇負遲延責任，債務人不得強制其受領給付（本院29年上字第965號判例參照）。僱傭契約依民法第482條之規定，係以約定受僱人於一定或不定之期限內為僱用人服勞務，僱用人給與報酬為其成立要件。就此項成立要件言之，僱傭契約在受僱人一方，僅止於約定為僱用人供給一定之勞務，即除供給一定勞務之外，並無其他目的，在僱用人一方，亦僅約定對於受僱人一定勞務之供給而與以報酬，縱使受僱人供給之勞務不生預期之結果，仍應負給與報酬之義務；同法第487條亦規定，僱用人受領勞務遲延者，受僱人無補服勞務之義務，仍得請求報酬；是僱用人僅負給付報酬之義務，並無受領勞務給付之義務」[2]。

貳、相關見解

　　就本文所涉及的問題：雇主有無受領勞工勞務之義務、勞工有無相對地請求雇主受領其勞務之權利，中文勞動法文獻上多於勞工「就勞請求權」的概念底下加以討論，姑不論該用語在中文文義上或許不盡恰當，為使溝通明確、避免另創不必要的概念，本文以下即以此稱之。

---

[2]　最高法院89年台上字第2267號判決，引自司法院網站，網址：www.judicial.gov.tw。

一、我國

（一）實務

　　本案相關判決所持不同見解與理由，已大略反映了判決上採取肯定及否定見解及其理由。司法院第一廳亦採否定見解；對於下述法律問題「雇主非法終止與勞工之勞動契約，並阻止勞工赴工作場所工作，勞工可否向法院起訴請求判決雇主應容許其繼續工作」？司法院第一廳於研究意見中表示「雇主甲不具法定終止契約之事由，非法終止與勞工乙間之勞動關係，於法應屬無效，則其阻止乙赴其工作場所工作，是為對於乙依債務本旨提出之勞務給付，拒絕受領。依民法第234條規定，雖負受領遲延責任，但依同法第487條規定，乙僅得主張無補服勞務之義務，並得請求報酬。並不能強行要求甲受領其勞務⋯⋯」[3]。另司法實務上有採限制肯定說，認為「⋯⋯一般債之關係，債權人有受領給付之權利，除法律或契約另有規定外，債權人不負受領給付之義務，故債權人對於已提出之給付拒絕受領者，通常只負遲延責任，債務人不得強制受領給付（最高法院29年上字第965號判例參照），惟此種以個人為本位之法律結構所導致之結論，是否當然適用於有社會法性質之勞動契約，固有不同之見解，惟無論如何，勞工之工作權與雇主之財產權，同為憲法所保障之基本權利，如何調適工作權與財產權，本是勞動法學上之重要課題⋯⋯本於法之安定性，本院認為就勞請求權之存否，不宜無限制的承認（即完全肯定說），而宜採限制的肯定說，即如不就勞，致勞工之職業技術水準無法維持時⋯⋯始承認勞工就勞請求權之存在」[4]。

---

[3]　民事法律問題研究（六），第252（253）頁。

[4]　臺北地方法院79年度勞訴字第25號判決，引自劉志鵬，就勞請求權——勞工工作尊嚴之反省，收錄於氏著，勞動法理論與判決研究，2000年，第94頁以下。

（二）相關文獻

1. 有採肯定見解，認為：[5]否定勞工就勞請求權之見解未能考慮勞動關係中人格信賴之因素，亦未考慮勞動者之勞動是否與其保有和促進專業技能、發展人格、增加社會評價有關，似不具說服力。相對地，（限制或全面）肯定說跳脫出僱傭契約之框框，而自勞動契約中勞動者之工作權、生存權來思考問題，似乎較為妥當。吾人認為就勞請求權既名為「請求權」，則不應再將之歸類為由雇主保護義務所導出，否則，既只為雇主之附隨義務，則勞動者能否訴請履行可能會有問題。就勞請求權應是立基於勞動者人性尊嚴即人格之發展，而透過民法第219條誠信原則加以落實的。除非雇主有一特別值得保護之利益，否則應肯定勞動者有就勞請求權。有認為「在以保障生存權為指導理念之勞工法中，需對於就業狀態予以有效保障，始能使勞工完成其勞動人格，而避免勞工因拒絕就業所導致之精神上痛苦及名譽上損害」[6]。承此，有認為肯定說「從工作權之意義切入，乃將就勞請求權建立於工作權之上」，其認為以個人思想為基礎之民法架構未必能引為勞動契約之解釋，此為我國實務界之一大進展。雖說能否以憲法上之工作權直接為請求權之基礎，尚有疑問，但此判決之見解仍極具價值[7]。

2. 有採限制肯定說，認為[8]一般雇主有請求勞動給付之權利，但無使受僱人實行勞動之義務。然在特別情形下，則認為有此義務；惟並未進一步說明其理由。類似地，有認為「債權人應認識其債權之社

5　楊通軒，勞動契約之內容，發表於1997年4月，勞委會、司法院、法務部主辦，中興大學法律系承辦之「勞工法規研討會」，參考資料第4-11頁。

6　林武順，勞工法上解僱問題之研究，1984年政大法研所碩士論文，第232頁；間接引自劉志鵬，前揭文（註3），第92頁。

7　陳彥良，由德國之解僱制度論勞工之保護，法律評論，第58卷第10期，第17（25）頁以下。

8　史尚寬，勞動法原論，1978年重刊，第46頁。

會性，依誠信原則及其他不妨害社會秩序及公共秩序之方法，協力債務人實行給付，以實現債之內容；其結果，債權人負有受領債務人依債之本旨所提出之給付（即行使債權）之法律上義務；如違反該義務者，即為權利之濫用……」[9]依此推論，該說或將以權利濫用理論作為勞工就勞請求權之依據。因此依循此思考方式，學說上有認為其依據應當在民法第148條權利濫用之禁止的規定，雇主受領勞務固為其權利，然其權利之行使（即拒絕勞工就勞）如於自己無利益（或利益甚小），造成遭拒絕之勞工利益重大傷害時，解釋上應認為雇主濫用其受領勞務之權；且事實上，從公共利益、經濟用途之角度來觀察，雇主無故拒絕就勞時，仍須依民法第487條規定給付不就勞勞工之工資，形成勞工不工作而只領「乾薪」之不正常現象，此舉無疑是違反社會目的或毫無目的之不合理行為，亦應屬權利之濫用[10]。

二、日本

　　參照劉志鵬所著「就勞請求權——勞工工作尊嚴之反省」[11]一文所呈現之日本法上見解，可略分為：實務上採否定說者之理由係將勞動契約等同於以商品交換為本質之一般的雙務契約，因此勞工提供勞務係其義務而非權利。肯定說之理由則基於：勞工被納入雇主企業體、勞動關係是人格的繼續性債之關係，因此根據誠信原則，當事人（雇主）有誠實協助他方（勞工）實現給付之義務。另有以強調勞工之就勞實益（勞工人格實現、技藝養成）為理由者。其實務上之主流則採取例外肯定說，基本上採取與否定說相同之出發點，認為僅僅當勞工有特別利益時，才例外地享有就勞請求權。至於日本學說上否定

---

[9]　洪遜欣，中國民法總則，1976年，第650頁。

[10]　劉志鵬，前揭文（註3），第98、99頁。

[11]　收錄於氏著，勞動法理論與判決研究，2000年，第77頁以下，尤其是第81-87頁。

說與例外肯定說所採理由大致上與實務相同。學說上肯定說有強調勞資間之屬人共同體關係，從而衍生出雇主之照顧義務；另有包括參考憲法上勞動權、人性尊嚴等等規定，於可認為勞動對勞工具有重要性（涉及勞動者人格、人性尊嚴、勞工之自我實現）時，承認勞工之就勞請求權。

三、德國[12]

依德國民法僱傭契約篇原來之設計，當雇主實際上不受領勞工之勞務，對勞工之保護僅止乎工資之繼續支付（§615 BGB），因此於1911年之前，實務上並不承認勞工有權利請求雇主受領勞務。惟於1911年，帝國法院首次於判決中承認[13]：依契約之特性——而這特別指的是演員契約，可認定勞工有就勞請求權。其後則發展成為：若勞工對於勞務之提供具有特殊之利益，而雇主於締約時對此明知或可得而知者，則透過契約解釋，可承認勞工擁有就勞請求權[14]。二次戰後聯邦勞動法院首先於1955年的判決中承認勞工之就勞請求權，而其理由包括[15]：勞動關係之具有屬人共同體關係、雇主之照顧義務、基本法所保障之人格權（於此：勞工之尊嚴、其職業活動之確保及發展）等等觀點。惟人格權闕為其重點，蓋「勞動關係存續中，鑑於基本法第1、2條關於人格權保護之規定，原則上應對勞工實際上為僱用。未得勞工之同意而繼續支付工資、免除其勞務之給付，僅得暫時為之，例如於預告解僱至期間期滿或雇主有特殊、值得保護之利益時，而

---

[12] 以下德國法上相關見解之演變，主要係參考MünchArbH/Blomeyer, 1992, §93 RdNr 2 ff.

[13] RG JW 1911, 39, zit nach MünchArbH/Blomeyer, 1992, §93 RdNr 2 bei FN 9.

[14] zit nach MünchArbH/Blomeyer, 1992, §93 RdNr 2 bei FN 11.

[15] BAG Urteil vom 10. 11. 1955, AP Nr 2 zu §611 BGB Beschäftigungspflicht, in AP Kurzausgabe 1954-1961, S. 242.

對此等事由之存否，應審愼認定之。」（Grundsätzlich ist der Arbeit-nehemer während des Bestehens des Arbeitevertrags im Hinblick auf den Persönlichkeitsschutz der Art. 1, 2 GG auch zu beschäftigen. Eine Freistel-lung von der Arbeit unter Fortzahlung des Entgelts ist ohne Zustimmung des Arbeitnehmers nur vorübergehend, etwa nach Kündigung bis zum Ablauf des Vertrages, oder bei besonderem, schutzwürdigem Interesse des Arbeitgebers, dessen Vorliegen sorgfältig zu prüfen ist, zulässig.[16]）蓋雇主支付工資而不受領勞務，形同強制勞工坐領乾薪，與勞工作爲企業與社會上完全的成員的形象不符、使勞工遭受負面評價。又勞工不能透過職業活動維持與提升其職業能力，亦將影響其人格之發展。是以原先認爲例外的情況現今則轉變成爲原則的情況：僅當具有特殊事由時（例如於預告終止期間），雇主才能不實際受領勞務。至於就勞請求權之界限應在於衡量勞資雙方之利益狀態後加以確定。此後德國實務上即繼續以勞工人格權之保護作爲主要之理由[17]。1985年聯邦勞動法院關於解僱之預告期間結束後、繼續僱用勞工之問題的判決，可稱得上是對此問題的討論，暫時畫下一句點。於該判決中，聯邦勞動法院[18]則更進一步地強調以雇主照顧義務以及德國民法誠信原則作爲就勞請求權之依據。聯邦勞動法院一方面雖然承認德國民法僱傭契約篇相關規定並不承認受僱人有就勞請求權（C I 1a der Gründe），然而聯邦勞動法院另一方面則認爲德國民法僱傭契約篇對於勞動契約法也並未窮盡地加以規定。從屬性勞動關係的特色（勞工本身被納入生產組織、他主勞動）是嗣後才被漸漸地意識到的，而導致司法——特別是透過擴張雇主之照顧義務——從事補充性的法律續造。當然，對此法

---

[16] AaO, 2. LS .

[17] MünchArbH/Blomeyer, 1992, § 93 RdNr 4.

[18] BAG Urteil vom 27. 2. 1985, AP Nr 14 zu § 611 BGB Beschäftigungspflicht, in AP Systematische Sammlung der wichtigsten Entscheidungen des BAG bis 1989, S. 966 ff.

院並不得恣意、而是應依實踐理性之標準以及法律社群一般正義概念
為之。又法官於此所擁有的判斷空間，將隨著法律制定與案例事實在
時間上之差距而益形增加。法院於本案例中承認勞工就勞請求權之正
當性在於：民法僱傭契約篇對於就勞請求權未明白承認，惟從嗣後法
律的發展觀之，此係屬闕漏而有待補充與續造。蓋基本法第1、2條將
人性尊嚴以及人格自由發展之權利提升為憲法的中心價值。雖然以上
規定並不足以直接作為雇主有積極促進勞工人格發展之義務；但雇主
既然亦應遵守誠信原則，而誠信原則之內容亦應參酌基本權利背後所
蘊含之價值判斷加以定之，是以憲法上對人格權保障之規定對於勞動
關係中雙方之權利義務即有重要之意義。勞動關係中勞工勞力之提供
並非僅僅是一商品，而是勞工人格之反映。是以從基本法及其透過第
1、2條所顯示之價值判斷觀之，民法僱傭契約篇對此未為規定，是為
漏洞，應透過承認勞工就勞請求權加以補充（C I 2b der Gründe）。

　　以上承認勞工原則上有就勞請求權之理由與結論，獲得多數學說
所贊同[19]。近來另有以勞工就勞請求權作為終止保護制度之補充為理
由者，認為[20]：勞工就勞請求權原先未獲承認，蓋勞工若有超過單純
受領工資以外之利益而雇主卻不為僱用，盡可以終止勞動契約。但勞
工行使此終止權，僅當其事實上尚能另覓他職為前提，方有其意義。
惟勞工另覓他職實際上既多有限制，因此就勞請求權之承認，正好可
作為終止保護制度之補充。另有補充聯邦勞動法院之理由，認為[21]：
立法者對此問題，於立法之初未加考慮，惟於德國民法實施迄今，法
律狀態以及於此相對應之法規目的已然改變。依吾人對於雇主義務的
觀點的改變，雇主之照顧義務應當是勞工就勞請求權之依據。蓋依現
今之理解，雇主之照顧與保護之義務，受到勞工人格法益保護思想的

---

[19] Zöllner/Loritz, Arbeitsrecht, 4. Aufl, 1992, §16 II 1; Kassler Handbuch/Künzel, 2, Aufl, 2000, 2.1 RdNr 787; ErfK/Preis, 1998, §611 BGB RdNr 825 f.

[20] Staudinger/Richardi (1999), §611 BGB RdNr 815 ff.

[21] MünchArbH/Blomeyer, 1992, §93 RdNr 5 f.

影響；勞工於勞動關係中不僅應提供勞務、而是連帶地將其人格提出
於勞動關係與雇主企業中。因此其人格法益應受承認與保護。惟因雇
主受領勞務之義務並非勞工提供勞務之對待給付，因此基本上只是雇
主之附隨義務而已。

參、本文見解

　　綜合上述相關見解，否定勞工就勞請求權之主要理由，在於民法
對於雇主受領遲延僅要求雇主應繼續支付工資，並未明定勞工之就勞
請求權（民法第487條）。反之，採肯定見解有（主要）基於特定的
理念（勞務非商品、勞動法具有所謂社會法的性格）、基於憲法上基
本權之考慮（勞工工作權、人格權之保障）、勞動關係之特徵（繼續
性債之關係、屬人的共同體關係）、民法上之一般原則（誠信原則、
權利濫用之禁止）或作為終止保護的必要輔助制度等等觀點。對此，
本文以為：

一、民法對於勞動契約已經窮盡地加以規定？

　　依據近來Weiß[22]對德國民法立法史的研究，德國民法學最初固然
是將勞動契約從勞務租賃的角度加以理解，以至於將二者等同處理。
然而在民法第一草案的起草過程中（1874至1888年），德國已公布了
疾病保險法（1873）、意外事故保險法（1884）等社會法規，並有印
書工人的團體協約（Buchdruckertarifvertrag）（1873），社會民主勞
工黨（sozialdemokratische Arbeiterpartei）（1869）等團體成立，社會

---

[22] Weiß, Die Entwicklung des Arbeitsvertragsrechts und das BGB, 1991, S. 63 f; 70; 73 f; 75 ff; 82 f; 90; 93; 97 ff.

經濟條件已經開始變化。惟無視於上述勞動／社會法領域上的情形，其起草委員會（其成員主要是法學家）的基本出發點卻仍然是：確保個人自由人格發展，以及賦予其一定的活動空間，使個人於該範圍內得自由地實現其道德上之自主並兼顧他人之自由，並未對勞動關係另外適當地調整其規定。而這特別是第一草案遭受抨擊的原因之一；其中常被引用的當是Otto von Gireke的見解：「吾人應以社會化的潤滑油滋潤我們的民法。」（in unser Privaterecht muß ein Tropfen sozi-alisiechen Öles durchsickern.）至於民法第二次草案之起草委員會（其成員主要是實務界人士、公務員，甚至其中有非法學出身者），其主要工作則是在於：對於第一次草案的批評意見（如契約自由原則之限制、僱用人之保護義務）加以整理並納入新修正的條文中。惟基於時間的限制以及政治上可能的影響，勞動契約的特徵雖已被意識到，但並未於債各篇中獨立地加以規定。而這也反映於國會立法討論過程中。特別是社會民主黨的議員主張應將僱傭契約、僱用人、受僱人更名為勞動契約、雇主、勞工——其目的包括藉此突顯第二次草案相關規定對勞工保護之不足，雖然該項提議未獲通過，但卻使吾人可以確定下列的事實：立法機關顯然也已經知悉勞工及其在法律上的特殊處境，惟基於勞工法規散諸各個法規、尚難統一，加以時間上限制，因此民法僱傭契約篇僅是作為對於勞動關係一種在過度期間的暫時規定，並未、亦無意透過當時的民法對於勞動契約窮盡地加以規定，後者應當另行儘速地予以同一的規定。

　　當然上述立法過程之描述係直接針對德國民法，雖未必適用於我國民法，惟仍值得參考。因為上述說法若係正確，德國民法的立法者已意識到勞動關係的特殊性，惟未能於民法中窮盡地加以規定，而是另外企圖另立他法加以規範；則作為繼受國之我國民法或許亦有類似的現象。即便不是，上述最高法院判決及否定說之一律以現有民法條文、否認勞工就勞請求權之見解，其說服力仍待補強。蓋因為時間之經過，立法當初與現今社會經濟關係之已然改變，加以法律上價值判斷之演進——而這尤其是反映於憲法上基本權利及其實踐上，現今之

司法者即不應拘泥於原先立法機關所賦予該法規範之目的，而是應以該法規範在客觀上應有之目的與功能出發，以之作爲判斷之依據[23]。否則吾人將陷於阻礙法律之進步的危險，並以法律條文、造成法律在價值判斷上之齟齬。準此，現行民法法條對此問題未明文規定，並非當然足爲否定勞工就勞請求權之理；否定說的見解，未能檢視例如憲法上勞工工作權、人格權之保護的價值判斷，顯有不足。

另一與此相對立的觀點是——同時也是勞動法上一個常見的論證方式：「民法係針對市民社會、以當事人間締約地位平等而加以規範，因此民法規定**並不適用**於（具有社會法性格的）勞工法領域」，亦非完全正確。蓋例如**民法僱傭**一節之雇主照顧義務（民法第483-1條）顯係以勞務提供者和勞務受領者間**締約地位不平等**爲其前提。其次從該論證之前提所可得之結論應當是：「……因此某一民法規定**並不一定適用**於勞工法領域」，至於在個案上能否、或於何程度內可以適用（例如行爲能力、意思表示瑕疵、債務不履行之規定、契約自由原則，仍然可全部或部分地適用在勞工法領域），另須更進一步參考其他標準，例如已規定之事實與個案勞動關係間之類似性、有無或於何程度內作相同處理等等之理由加以決之。因此部分或全面肯定說之論點，有對於現行法上僱用人受領遲延之規定（民法第487條）未予檢討者，亦有不當。

二、勞工特殊的利益狀態

依現行民法，除非法律另有明文，否則債權人並無受領債務人給付之義務（民法第234條），債權人受領遲延時、僅債務人之注意義務因而減輕（民法第237條）而已，並參酌本件最高法院判決所援引之29年上字第965號判例。又於其他涉及**勞務**之契約如承攬（民法第

---

[23] Vgl. Larenz, Methodenlehre der Rechtswissenschaft, 6. Aufl., 1991, S. 318, 350 ff.

490條以下）、委任（民法第528條以下）等，法律上並不賦予承攬人、受任人有請求其相對人受領其給付之權利；因此吾人若賦予勞工有就勞請求權，則其理由必當求諸勞動關係所涉及到的勞工特殊之利益狀態。

然以上見解可資贊同，則對於前述見解中以「勞務非商品」作爲肯定勞工就勞請求權者；吾人可認爲：除非其所謂勞務僅指勞工於勞動關係中所應提供之勞務而言，否則因爲在其他如受任人、承攬人之情形亦同時涉及勞務之提供，卻欠缺與勞工就勞請求權相當之權利，因此該理念並不適當作爲支持肯定說之理由。此於採取以「繼續性債之關係」作爲理由者，亦同。蓋顯然地並非所有的繼續性債之關係的債權人皆負有受領對方給付之義務。至於採取以「屬人的共同體關係」作爲理由者，由於該理論並不能證明勞動關係和其他法律上或社會現象上公認之共同體關係（如合夥、婚姻或親子關係）間有何相同之處、以至於吾人在法律上應對之和其他雙務契約類型做不同處理，因此現今德國通說已改採回歸債法之給付交換關係的理論[24]，是以該見解並不適當作爲肯定說之理由。依本文見解，勞動契約基本上係以提供勞務者之從屬性、而有別於其他勞務供給契約[25]，是以肯定就勞請求權即不應忽略此項特徵。申言之，與其他涉及勞務之契約、其提供勞務者得自主地決定其勞務者有別，勞工所應提供勞務之時間、地點、種類既應取決雇主之指示（指示權），而勞務之提供又和提供勞務者本身密不可分，特別是在憲法保障人格權的觀點下，吾人可認

---

[24] 對勞動關係本質的詳細檢討，參閱黃程貫，勞動法中關於勞動關係本質的理論，政大法學評論，第59期，第227頁以下（對此，黃氏採所謂的「衝突對立之勞動關係」見解）。另請參閱林更盛，勞動法之回顧與展望，將刊登於元照出版之民法七十年之回顧與展望（二）。

[25] 對此問題，參閱邱駿彥，勞動基準法上勞工之定義，勞動法裁判選輯（二），第93頁以下。魏千峰；勞動基準法上之勞工，勞動法裁判選輯（一），第333頁以下。林更盛，德國法上近來對勞工概念之討論與立法，勞動法裁判選輯（三），第1頁以下。

爲勞務同時涉及勞工人格之發展（如專業能力、社會評價）。因此這將意味著：吾人對於勞務，即不應只保留於經濟層面，而是更應擴及於人格權益方面加以觀察和評價。勞工之人格權益既然處於隨時受雇主——特別是其指示權之行使（與否）影響的狀態，則法律上一方面雖然允許雇主對勞工之人格法益擁有如此廣泛的影響權限，但另一方面，與其他涉及勞務給付之契約相比，法律上自有更加強化勞工人格權保護之必要。亦即雇主上述權限不能毫無限制，反而是因而相對地在某程度上、依個案情況有義務實際受領勞工之勞務。在此意義下，前述強調憲法上保護人格權之見解，可資贊同。至於前述肯定見解中援引工作權保障者，若吾人認爲：工作權之保障同時包含適當、合宜之契約內容，對此，容有疑議，當另文述之，則同時援用工作權保障之觀點，尚無不當。至於德國法上認爲近來之主張「以就勞請求權作爲終止保護制度之補充」的見解，與工作權保障之觀點頗相類似，惟該說似不足採。蓋其忽略了：德國終止保護法並非適用於全部勞動關係、而是以勞工受僱超過六個月以上爲前提（§1 KSchG）；而相反地，德國法上就勞請求權基本上卻是賦予所有的勞工。而在我國法上援引類似見解亦將面對相同問題。蓋我國保障解僱的規定基本上僅限於勞動基準法適用的範圍；惟對於未適用勞動基準法之勞動關係的勞工，吾人並不應因此一概否認其享有就勞請求權之可能。又與工作權保障之見解相比，援引生存權之見解者則顯然過度地擴大了生存權保障之範圍（依其所持理由加以推論，大概沒有什麼基本權利不會同時涉及生存權之保障），是否適當、有無必要，令人質疑。

三、以誠信原則作爲承認就勞請求權之依據

以上所述憲法上保障人格權（或加上工作權）之觀點，依現今多數對基本權所採之間接第三人效力之觀點，基本上必須透過私法上的原理原則、不確定法律概念才能影響私人間之法律關係。準此，承認勞工就勞請求權之可能的依據即是誠實信用原則，或是誠信原則

的下位原則：禁止權利濫用之原則。惟與誠信原則之基本上在於追求當事人間利害關係之**適當的平衡**有別（詳如後述），禁止權利濫用之目的僅僅在於避免當事人間利害關係**過度的不平衡**。蓋所謂權利濫用之禁止的原則，依民法第148條之定義，係指行使權利不得以損害他人為主要目的，而是否以損害他人為主要目的，應就權利人因權利之行使所能獲得之利益，與他人及國家社會因其權利行使所受之損失，比較衡量以定之。倘其權利之行使，自己所得利益極少而他人及國家社會所受之損失甚大者，非不得視為以損害他人為主要目的[26]。惟若當事人行使權利，雖足使他人喪失利益，而苟非以損害他人為之主要目的，即不在該條所定範圍之內。因此若當事人之行為僅為圖利己，並非當然可認定為以損害他人為主要目的[27]。依此標準，雇主無正當事由、拒絕受領勞務時，由於雇主仍有支付工資之義務（民法第487條），因此恐怕只於例外情形、方才構成權利濫用；而吾人若以此作為肯定勞工就勞請求權之依據，則勞工基本上將只能於例外情形才擁有就勞請求權，恐將過度限制勞工上述權利，而與否定說相距不遠矣。相對地，誠信原則或者是較妥當的依據。蓋誠信原則係一具倫理價值的法律原則[28]，其意指每人應對其所為之承諾信守。誠信原則是所有人類關係不可或缺的信賴基礎，在「善良思考之行為人間，相對人依公平方式所可以期待之行為」[29]。亦即：「所謂誠實信用之原則，係在具體的權利義務之關係，依正義公平之方法，確定並實現權利之內容，避免當事人間犧牲他方利益以圖利自己，自應以權利人及

---

[26] 71年台上字第737號判例、83年台上字第2701號判例，引自法源法學資料查詢系統。

[27] 45年台上字第105號判例，收錄於最高法院判例要旨，第71頁。

[28] 王澤鑑，民法總則，2000年，第596頁；Larenz, Schuldrecht I, 14. Aufl, 1987, S. 125.

[29] 黃立，民法總則，1999第二版，第490頁；Larenz, Schuldrecht I, 14. Aufl, S. 126.

義務人雙方利益爲衡量依據，並應考察權利義務之社會上作用，於具體事實妥善運用之方法。」[30]因此誠信原則基本上在於追求當事人間利害關係之適當地平衡[31]，其對於當事人間之權利義務，不僅具有補充（進一步形成法律關係之主給付義務的內容）、更具有調整（因情事變更而調整其法律效果）、限制及內容控制（作爲權利內在限制、控制權利行使之準則）等功能[32]。因此於當事人間具有法律上特別關聯時，依具體情況可衍生當事人間通知、保護、守密、交付相關證件等等從給付義務或附隨義務；若從時間上觀察，即不僅影響契約進行中之當事人權利義務、更擴及締約前之先契約義務與契約終了後之契約後義務[33]。又勞動關係基本上既以提供勞務者之從屬性爲其特徵，亦即：勞工之人格權益既然隨時處於受雇主指示權影響的狀態，爲適當平衡勞資雙方利害關係，自應透過誠信原則以強化勞工人格權之保護。從而與依據誠信原則所產生之通知、保護、守密、交付相關證件等等義務，以保障相對人之身體、財產法益的情況相比較，依據誠信原則以衍生出勞工之就勞請求權，應當是適當的。至於勞動法上一向慣用的雇主照顧義務，亦無非是民法上誠信原則於勞動關係上的一種強化的表現型態[34]。因此無論吾人以誠信原則或雇主照顧義務名之，或多或少只是名稱用語的問題而已；稱之爲雇主照顧義務，或許是勞

---

[30] 最高法院86年度台再字第64號判決，引自司法院網站，網址：www.judicial. gov.tw。

[31] 因此例如與善良風俗之作爲人類共同生活之基本要求相比，誠信原則要求更高，而以雙方基本的信賴，當事人間隨時準備爲忠誠地互爲協力爲其前提，Larenz, Schuldrecht I, 14. Aufl, S. 128。基本上相同見解，MünchArbH/Blomeyer, 1992, §92 RdNr 11 ff.

[32] 王澤鑑，民法總則，2000年，第597頁；黃立，民法總則，1999年第二版，第489頁以下。

[33] 王澤鑑，民法債篇總論第一冊，基本理論債之發生，1993年第七版，第27頁以下。

[34] Larenz, Schuldrecht II/1, 13. Aufl, 1986, S. 323.

動法上較習慣的說法，稱之爲誠信原則，則較易促使吾人注意援用誠信原則發展出來的相關研究成果[35]。

四、就勞請求權：原則肯定或個案決定？

按誠信原則既要求吾人應斟酌個案具體事實，衡量當事人間之利害關係，而補充、調整、限制或控制其權利義務。又吾人雖能認爲：與其他契約類型不同者、勞動關係中勞工人格權益一般地受到雇主廣泛的影響。然而一般人格權之保護範圍，並非自始固定、而是應於和其他相關法益衡量比較後定之[36]。是以，除非吾人能認爲：鑑於勞動契約中勞資雙方的利益狀態，足以一般地認定應優先保護勞工人格利益、賦予其就勞請求權（全面肯定說），否則應採部分肯定說，方能與民法上人格權之理論相呼應。何況勞工提供勞務之型態不一（例如程式設計師、演藝人員、清潔工、模板工、搬運工等等），採取全面肯定說，至少就現階段言，似與社會通念不盡相符；加以新的勞動型態不斷出現，採取全面肯定說，恐有不當。因此，至少就現階段言，採取部分肯定說應當是較妥當的。若然，則於決定勞工是否有就勞請求權時，應比較個案所涉及之勞資雙方的利害關係，參酌社會觀念定之。因此，勞工究竟有無就勞請求權，某程度上將處於不確定的狀態；我國判決上有以法律安定性爲由而捨全面肯定說、採限制肯定說，其理由似待斟酌。於此，就勞方之利害關係而言，特別是其所擔任職務之種類最值得注意。而雇方若有優越而值得保護之利益時，吾人可否定勞工之就勞請求權。例如於：勞工與上司爭吵、雇主停業、

---

[35] 若然，則雇主之照顧義務雖名爲義務，實爲一法律原則，因此並非如Blomeyer, in MünchArbH/Blomeyer, 1992, §93 RdNr 6所言，僅僅是雇主之附隨義務而已。

[36] 王澤鑑，民法總則，2000年，第140頁；Larenz/Wolf, Allgemeiner Teil des Bürglichen Rechts, 1997, §8 RdNr 26.

訂單減少，雙方信賴基礎之喪失，勞工有洩漏營業祕密之虞、已為解僱後至預告生效期間（解僱之預告期間）或雇主其他經濟上不可期待之情事時[37]，德國法上於此類案例否認勞工之就勞請求權，或許值得參考。

五、就勞請求權／受領勞務：雇主之從給付義務

至於勞工就勞請求權／雇主受領勞務義務之承認，其法律性質，德國法上有認為[38]：因為雇主上述義務是與勞工主給付義務：勞務之提供相對應的，因此可認為是對於雇主之主給付義務的具體化，不然至少也可認為是與雇主之主給付義務有重要關聯之的附隨義務。惟主給付義務為決定債之關係之類型的標準，其內容為自始確定，於雙務契約時構成對待給付之內容，於債務不履行時基本上構成解除契約之事由[39]，因此吾人若認為雇主並非一般地，而僅僅是於個案衡量雙方利益後、方具受領勞工勞務之義務，則稱之為雇主之主要義務，恐有不妥；或許較恰當的是認定此為雇主之從給付義務。

肆、評釋

勞務之提供為勞動契約中勞工之義務，依現行民法之規定，雇主

---

[37] Zöllner/Loritz, Arbeitsrecht, 4. Aufl, 1992, S. 186；BAG Urteil vom 27. 2. 1985, AP Nr 14 zu §611 BGB Beschäftigungspflicht, in AP Systematische Sammlung der wichtigsten Entscheidungen des BAG bis 1989, S. 966 ff。作者，應預告而未預告之解僱之效力（本書第十三篇論文）。

[38] ErfK/Preis, 1998, §611 BGB RdNr 826.

[39] 王澤鑑，民法債篇總論第一冊，基本理論　債之發生，1993年第七版，第30頁。

於受領遲延時，無權要求勞工補服勞務、卻有繼續支付工資之義務（民法第487條）。然而雇主是否更進一步地負有受領勞務之義務、勞工有無要求雇主受領勞務之權利（就勞請求權），現行法上欠缺明文。對此，最高法院認為應回歸民法債編上一般原理而採否定見解。而審理本案之下級審法院則從憲法上人格權、工作權之保障著手而採取肯定見解。本文認為承認就勞請求權之理由在於勞動關係所涉及勞工的特殊利益狀態；特別是在憲法保障人格權的觀點下，吾人可認為勞務同時涉及勞工人格之發展（如專業能力、社會評價）。由於勞工之人格權益處於隨時受雇主——特別是其指示權之行使（與否）影響的狀態；因此與其他涉及勞務之契約相比，自有更加強化其人格權保護之必要、而肯認其就勞請求權。至於其依據，即在於民法上的誠信原則。然而一般人格權之保護範圍，並非自始固定、而是應於和其他相關法益衡量比較後定之，何況勞工提供勞務之型態不一，新的勞動型態不斷出現，是以至少就現階段言，採取部分肯定說應當是較妥當的，並較能與社會通念相符合。亦即於衡量個案利害關係後，除雇主另有優越而值得保護之利益外，雇主有義務實際受領勞工之勞務。當然，勞工就勞請求權的承認，基本上可認為是法院對法律之續造的結果。最高法院一味地將民法上一般原理原則適用於勞動關係，對於下級審法院所提憲法上工作權、人格權保障的觀點根本未加辯駁，不僅於說理上有所欠缺，並且有陷於以法律條文造成法律價值判斷之齟齬、阻礙法律進步的危險。

5
勞動法上的一般平等待遇原則
——評臺灣臺北地方法院87年勞簡上字第16號判決

壹、案例事實與判決理由

　　本案原告勞工受僱於被告雇主某海運公司，並擔任工會職務；於85年公司民營化後繼續留任。依據公司所定「案勤從業人員待遇辦法」之第9條規定，公司之人力資源部應於每年6月底前，參照物價指數比較前一年度同期之變動幅度及公司盈餘、市場薪資水準、人事費用預算等因素，研擬績效調薪作業等準則，呈總經理核准後實施。勞工主張依上述規定及公司向來於6月底調薪之慣例；雇主應調升其薪資卻未為調薪，係因勞工擔任工會職務及檢舉公司之不當行為，構成歧視，應補發積欠之薪資。雇主則主張依前述待遇辦法之規定，公司是否調薪，除物價指數外尚須參酌其他因素；且公司依該辦法定有各職等人員之薪資上下限，原告勞工之薪資已逾其職等之上限，故不再調薪，並非出於歧視。原告勞工向臺北市政府勞工局陳情，經臺北市政府就業歧視評議委員會評議就業歧視不成立，遂起訴主張其請求。

　　臺灣臺北地方法院於87年勞簡上字第16號判決[1]中除表示公司依上述待遇辦法，並無於6月底調整原告勞工薪資之義務（判決理由三），而且原勞工又無法證明：公司於每年6月底調薪已使員工產生信賴，何況於民營化之後公司又有上開待遇辦法之訂定，是以並不足以證明公司有勞工所主張之調薪的慣例（判決理由四）。至於勞工所主張就業歧視的問題，業經臺北市政府就業歧視評議委員會評議就業歧視不成立。且與原告勞工同職等之27名員工中，未獲調薪者非僅原告勞工1人。除原告勞工外，85年7月另有7人僅獲象徵性調薪或未調薪；至於調薪者當中，有高達百分之二十三、有低至不足百分之一。依公司待遇辦法之規定，採職務給與制，由公司核定職等而依此決定其薪資之上下限，在於此範圍內決定個別員工之薪資；已逾其薪資上限者，則至遲於86年不再調薪；原告勞工薪資既已逾上限，雇主未予

1　本判決引自司法院網站，網址：www.judicial.gov.tw。

調薪，並不構成就業歧視（判決理由五）。

貳、評釋

　　勞動法上一般平等待遇原則所涉及的（理論及實務上的）問題非常繁複；詳細地對於勞動法上一般平等待遇原則所涉及的問題作一完整的陳述與批判，並非作為一個判決評論的任務，亦將超出其篇幅；是以這些問題僅僅在與本案判決有重要之關聯時，本文將一併加以討論。

一、我國法現況與相關討論

　　我國現行勞動法並未對所謂的一般平等待遇原則[2]明白加以規定。目前可見的僅是在不同法規中，基於不同的角度，禁止雇主對勞工為不平等待遇而已。例如在具有強烈公法色彩的就業服務法，其第5條規定：「為保障國民就業機會平等，雇主對求職人或所僱用員工，不得以種族、階級、語言、思想、宗教、黨派、籍貫、性別、容貌、五官、殘障或以往工會會員身分為由予以歧視。」對此，於涉及

---

[2]　本文所討論之「勞動法上的一般平等待遇原則」，並非僅僅基於特定觀點（如種族、語言等）所為之禁止歧視，並且以作用於勞動契約法領域者為限。至於吾人對於團體協約、甚或是德國法上雇主與職工代表會（Betriebsrat）依職場組織條例（BetrVG 1972）所為之職場協議（Betriebsvereinaberung），要求其應遵守平等原則，其原因最終是否是因憲法上平等原則的要求，則不在本文討論之列。對此簡要論述，參閱Zöllner/Loritz, Arbeitsrecht (4. Aufl.), S.201. 又本文以下之討論，係針對平等待遇原則的一般問題，並不特別針對當法律禁止基於某一特殊觀點（例如性別）所為之不平等待遇，對此問題，可參閱林更盛，性別歧視與母性歧視之禁止（本書第六篇論文）。

男女平等時；有認為[3]該條僅規定為保障國民「就業機會」，是否得擴張解釋解為涵蓋各種勞動條件之待遇均等，則採消極見解。另有認為[4]該規定雖屬公法上規定，但不妨構成「公序良俗」之內容，於雇主違反平等待遇時，同時構成民法第184條第1項後段之「故意以背於善良風俗之方法加損害於他人」之情形，女性求職者雖不得請求雇主僱用之；惟參考德國民法第611條第2項之規定，女性求職者得請求信賴利益之賠償。

　　至於在較多私法色彩的法律方面，勞基法第25條規定：「雇主對於勞工不得因性別而有差別之待遇。工作相同、效率相同者，給付同等之工資。」對此，有認為[5]違反該規定的法律效果，只是應依第79條之規定，接受2,000元以上、2萬元以下之罰鍰。有認為[6]該規定之前段係男女平等待遇原則、後段係同工同酬原則；其立意甚佳，但實行上有其困難；應是指男女工資計算標準是否相同，而非實際所得工資是否相同。差別待遇禁止，乃是指在欠缺實質理由的情形下，而施以差別待遇。又為保護擔任工會職務之勞工，工會法不僅於第36條規定：「雇主或其代理人對於工人，不得以不任工會職務作為僱用條件。」並且於第35條第1項禁止雇主以該事由對勞工為差別待遇：「雇主或其代理人不得因工人擔任工會職務，拒絕僱用或解僱及為其他不利之待遇。」

　　參照以上所引之法條與文獻，對於我國勞動契約法上應否承認一個一般的平等待遇原則？若採肯定見解，則該原則之內容又應如何？

3　邱駿彥，從女性勞工特別保護至兩性工作平等立法，刊於勞委會「談女性勞工」，第71頁；轉引自俞慧君，男女工作平等及女性之保護，刊於1997年4月，勞委會等主辦、中興大學法律系承辦之「勞工法規研討會」參考資料，第10-3頁。

4　俞慧君，前揭文。

5　黃劍青，勞動基準法詳解，1995年，第217頁；林振賢，勞動基準法釋論，1995年，第155頁。

6　黃程貫，勞動法，1996年，第405頁。

其實際上運作之情形又可能爲如何？此等問題皆有待吾人進一步加以檢討。

二、承認勞動法上一般平等待遇原則之依據

（一）德國法上之相關見解與討論

1. 有以憲法作爲依據者

又可分爲：

(1)基本法第3條（與我國憲法第7條相當）之平等原則

基於勞動法上平等待遇原則與憲法上之平等原則係源出於同樣的思想，並且勞動法上之平等待遇原則之內容實際上受到憲法第7條之平等原則的影響，學說上有認定憲法上的平等原則即爲勞動法上平等待遇原則之依據[7]。但吾人若如通說之採取基本權間接第三人效力，則仍應認爲：憲法第7條之平等原則直接拘束的對象是國家，而勞動法上之平等待遇原則是直接拘束的卻是雇主，因此前者並不能直接作爲後者在法律上之依據。

(2)基本法第20條之社會國原則（Das Sozialstaatsprinzip）

爲使勞動法上之平等待遇原則能於憲法上獲得依據，亦曾有主張從德國基本法第20條第1項之社會國原則導出勞動法上之平等待遇原則之依據[8]。惟基於前述對憲法上平等原則之說明，社會國原則同樣地並無法直接作爲私人（雇主對勞工）間平等待遇之依據。

2. 有從勞動契約法上的觀點出發

主張平等待遇原則之依據爲：

---

[7] Vgl. Egger, Gestaltungsrecht und Gleichbehandlungsgrundsatz im Arbeitsrecht, 1979, S. 15 f; Maute, Gleichbehandlung von Arbeitnehmern, 1993, S. 18 f.

[8] Vgl. Egger, aaO., S. 16 f.

(1)社會國原則下所衍生之社會保護原則（Das soziale Schutz-prinzip）

依主張社會保護原則理論者之見解[9]，法律上為保護勞工，應使其免於因人格上與經濟上從屬於雇主所可能產生之（包括遭受雇主不平等待遇）不利益。惟若依此見解加以推論，其所適用之對象乃是勞工——雇主間之關係、以平均正義（ausgleichende Gerechtigkeit）作為內容，將與勞動法上平等待遇原則之追求分配正義（austeilende Gerechtigkeit）不盡符合[10]。

(2)雇主之照顧義務（Fürsorgepflicht）

在勞動法上極度地援用雇主之照顧義務作為造法之依據的環境下，有主張以雇主之照顧義務作為承認勞動法上之平等待遇原則之依據者[11]；甚至實務方面之見解迄今仍多採此見解[12]。對此，批評者則認為：法律之所以課雇主照顧義務，雖然是以之作為勞工進入勞動關係後、所產生之人格從屬性的一種「補償」；然而雇主之照顧義務乃是以對價關係為其著眼點，與勞動法上之平等待遇原則之以勞工群體為出發點，仍有不同[13]。

(3)衡平原則（德國民法第315條）

依主此說之代表性學者Söllner[14]的見解，雇主對勞工之所以負有平等待遇義務，無非是基於德國民法第315條[15]之衡平原則的要求。

---

[9]　Vgl.Egger, aaO., S. 16 f.

[10]　Vgl Egger, aaO., S. 16.

[11]　Vgl Egger, aaO., S. 17.

[12]　Kassler Handbuch/Künzel, 2. Aufl, 2000, 2.1 Rz 837.

[13]　Egger, aaO. (FN 7), S. 17 f.

[14]　Söllner, Einseitige Leistungsbestimmung im Arbeitsrecht, 1966, S. 136

[15]　德國民法第315條規定（第1項）給付應由契約當事人之一方指定者，於有疑義時，其指定應以衡平裁量為之。（第2項）前項指定應向契約相對人以意思表示為之。（第3項）若給付之指定應以衡平裁量為之，則僅當該給付符合衡平時，方能拘束契約相對人。若該給付不符合衡平時，契約相對人得請求法

惟德國民法第315條之衡平原則所追求者，乃是平均正義，與平等待遇原則之追求分配正義有別，因此此一見解亦未為多數所採。

平等待遇原則係要求雇主對於其企業內相同之勞工為相同之待遇，係以勞工多數為前提，因此下列(4)至(6)之見解即係嘗試從勞工間具有某程度的團體性出發：

(4)企業內事實上具體規範（Die konkrete Ordnung des Betriebes）

帝國勞動法院[16]於早先的判決中即認為：由「雇主之經常給予勞工之特定給付」之事實，可認推定企業內存在著一事實上的具體規範，因此勞工由此一具體規範即可導引出其契約上的權利，亦即要求雇主應給予相同之待遇。對此，批評者[17]則認為：此一企業內事實上具體規範亦不外為一企業習慣，僅能要求雇主應在時間上對於勞工為相同待遇（以前如此，現在亦應如此），與平等待遇原則之要求於同一次的給付上（包括一次性的給付）對勞工為平等待遇，尚屬有間。

(5)作為既有規範之執行（Normvollzug）的平等待遇原則

主此說之代表性學者Böttischer[18]認為：雇主通常都是依照特定的規則來對待勞工，因此平等待遇原則也無非就是：要求雇主應貫徹依照該特定規則，適用於相同的勞工。惟此說並無法說明：為何雇主應受到其所制定之特定規則之拘束？何況平等待遇原則不僅對於該特定規則之執行，而且也要求雇主就該規則本身之擬訂，亦應對相同之勞工為同樣之處理[19]。

(6)作為承認企業共同體（Betriebsgemeinschaft）之應有結果

主此說之代表性學者G. Hueck[20]認為：平等待遇原則乃是普遍適

院以判決指定之；此於指定權人遲延時，亦同。

[16] Vgl Egger, aaO. (FN 7), S. 18 f.

[17] Egger, aaO., S. 18 f.

[18] RdA 1953, S. 163=Gleichbehandlung und Waffengleichheit, S. 53 ff.

[19] Egger, aaO. (FN 7), S. 19 f.

[20] G. Hueck, Der Grundsatz der gleichmässigen Behandlung im Privatrecht, 1958, S.

用於所有人的組合體中的一種法律原則；因此當勞工之進入勞動關係、被納入企業共同體之內，與之相對應的乃是：雇主對於相同的勞工，即應為相等的處遇。惟隨著勞動法上之認為：勞資之間乃是處於利益對立的狀態、並無共同目的可言，所謂的對於「企業共同體」實際上不過是多數勞動關係的總合而已，此項見解亦不被接受[21]。

(7)勞工人格權之保護

依據此說[22]之觀點，平等待遇原則所強調的，乃是使勞工免除遭受歧視（Diskriminierung），因此應勞工之一般人格權之保障為其依據。惟批評者則認為[23]：一般人格權之界限不夠明確，作為平等待遇原則之依據，在法律之適用上已有不妥；而且此說將作為絕對權（德國民法第823條第1項所稱之其他權利，即我國民法第184條第1項前段所稱之權利）之一般人格權轉變成為廣泛的、抽象的一般條款／法律原則（Generalklausel），亦有不當。

(8)作為對具有優越實力（Übermacht）者（即雇主）的控制

主此說者[24]認為：對於一具有優越實力，能將權利、貨品或其他利益分配給其所從屬之團體成員者，由於私法自治原則並無法充分地確保其所為之分配為公正，因此在法律上另以平等待遇原則加以限制。是以當勞工被納入雇主所屬企業，實際上成為被雇主規範之對象時，即應適用平等待遇原則。惟此論點卻可能遭致以下的批評[25]：雇主具有優越實力之事實，乃勞工法上一普遍現象，同時亦為勞工法上其他制度所待處理的問題，單單以此作為平等待遇原則之論據，尚嫌

　　151 ff.

[21]　Egger, aaO. (FN 7), S. 21 f.

[22]　Wiese, ZfA 1971, S. 274; 引自Maute, aaO. (FN 7), S. 35.

[23]　Maute, aaO. (FN 7), S. 36 f.

[24]　Vgl Egger, aaO. aaO. (FN 7) , S. 21 f; Zöllner/Loritz, Arbeitsrecht, 4. Aufl, 1992, S. 194.

[25]　Vgl. Maute, aaO. (FN 7), S. 34.

空泛。

3. 德國學說現狀

德國現今學說多傾向於認爲[26]：到目前爲止，以上任何一種見解都未能對於德國勞動契約法上平等待遇原則作一妥當地說理，惟卻一致地承認其存在；甚至有認爲其在德國法上已具有習慣法[27]之效力。

（二）本文見解

在我國法上，吾人可認爲：

1. 首先應可承認有一勞動法上之平等待遇原則存在

對此，在前述中文文獻上，亦無相反見解。而在此前提下，就業服務法第5條、勞基法第25條、工會法第35條可認爲不過是該一般平等待遇原則之反映。而採此見解之主要理由在於：**實現與貫徹憲法第7條之平等原則所蘊含之價值判斷**。蓋與其他契約類型之當事人通常立於對等地位有別者，勞工與其同事經常處於雇主單方決定勞動條件與環境的前提下；爲實踐與貫徹平等權之價值判斷、節制雇主恣意行使其決定權限，吾人並無理由僅將其——例如——限制於勞基法的領域（勞基法第25條）、或僅限於特定的觀點（勞基法第25條之性別；工會法第35條之擔任工會幹部與否）。未受勞基法保障的勞工與適用勞基法的勞動關係，同樣有受到一般平等待遇原則保護之必要；以擔任工會幹部爲由之不平等待遇，與基於籌組或競選工會幹部或參予政

---

[26] MünchArbRH/Richardi, 1992, §14 RdNr 7 f; Staudinger/Richardi, 1999, §611 BGB RdNr 281; MünchKomm/Müller-Glöge, 3. Aufl, 1997, §611 BGB RdNr 449,; ErfK/Preis, 1998, §611 BGB RdNr 836; Mayer-Maly, AR-Blattei, Gleichbehandlung im Arbeitsrecht I, C V; Marhold/Beckers, AR-Blattei SD, Gleichbehandlung im Arbeitsrecht I, 800.1, RdNr 45 f; Maute, aaO. (FN 7), S. 38.

[27] Vgl. Mayer-Maly, AR-Blattei, Gleichbehandlung im Arbeitsrecht I, C V; MünchKomm/Müller-Glöge, 3. Aufl, 1997, §611 BGB RdNr 449; ErfK/Preis, 1998, §611 BGB RdNr 836.

黨活動所為的不平等待遇，同樣應當予以禁止。而直接遭受歧視之勞工亦應因而享有私法上之保障；違反平等原則之法律效果不應僅僅限於公法上關係（例如就業服務法第5條、第62條）而已。因此，吾人應當承認勞動法上存在著一個一般的、普遍適用於勞動法的平等待遇原則，方符合憲法第7條之平等原則所蘊含之價值判斷。惟現行勞動法制上欠缺對此原則之明文規定，而此現象或許並未違反立法者原先之計畫、並無漏洞——這毋寧說是基於人民的平等意識的增長所致；因此承認勞動法上一般平等待遇原則，實係超越制定法的造法活動。又該造法，不僅因為反映憲法所含之價值判斷，而且與立法者透過既有之勞動法上之規定（就業服務法第5條、勞基法第25條、工會法第35條）所表示之理念相符，因此應為合乎（順向的）制定法之價值判斷的超制定法的造法。又由於此係超制定法的造法，因此在界定其適用要件與法律效果上，吾人尤其應考慮到具體情況所可能涉及之其他法律原理／原則，在斟酌相關的原理／原則的法律位階、個案所牽涉之程度等因素下，在最可能兼顧不同的原理／原則的要求下，界定勞動契約法上一般的平等待遇原則在具體情況的要件與法律效果。

2. 至於承認勞動法上平等待遇原則在法律上之依據

對於德國法上以憲法上之基本權規定（憲法第7條）或其他的原理、原則（如德國基本法上之社會國原則）作為承認勞動法上平等待遇原則之見解；因為我國文獻上——與德國法情形相同——多認為基本權於私人間僅具有間接效力。又憲法上原理、原則亦是針對國家權力而設，因此直接援引為勞動法上平等待遇原則之依據，容有不當。

至於對於一些以勞動契約法上為切入點的見解；其中企業內事實上具體規範說、既有規範之執行說較多是形式上的說明，對於例如為何雇主應遵守其自行訂定的規範？並未能說明。企業共同體說則以平等原則為所有團體內在的、本質上應遵守的原則為出發（例如公司法上亦有所謂的股東平等原則）；此觀點雖無不當，惟對於勞資如何成為一法律上的共同體？則難以說明。特別是我國並無像德國法上勞

工以其代表會參與雇主決定的法律（職場組織條例，Betriebsverfas-sungsgesetz, 1972），因此要承認在個別勞工間有一法律上的共同體關係存在，更有困難。至於社會保護原則、衡平原則、優越實力說、雇主之照顧義務、勞工人格權保護說，則較多是從實質面加以說理，這固然是正確的切入點。惟值得注意的是：社會保護原則、衡平原則、雇主之照顧義務等等說法，若是僅強調對價／補償正義的觀點，則並不能妥當地說明平等原則所要追求的分配正義的目的。至於勞工人格權保護說固然有某程度的說服力，但此說卻可能導致不當地擴大一般人格權概念或誤導一般平等待遇原則的要求。例如勞工因遭受雇主不平等待遇，未能取得其應得之獎金或津貼時，其直接所要爭取者，乃是財產上之利益；一概地將此情形亦認定為侵害勞工人格權，既無必要、亦不適當。又以上從勞動契約著眼的諸觀點，似皆未能解釋以下現象：為何在勞動契約尚未成立、僅處於締結過程中，雇主對於求職者即負有平等待遇之義務。至於優越實力說似乎較具其說服力，理論上亦較有可能適當地解釋平等待遇原則適用於締約時之現象，且其觀點亦某程度上反映於我國制定法上。例如公平交易法第19條第2款禁止事業「無正當理由對他事業給予差別待遇之行為」，實係以該事業某程度上在市場上具有獨占／寡占或與之相類似之情形，亦即優勢的經濟實力為前提[28]。蓋若不然，則被歧視之事業自得輕易地轉與其他市場上其他供給者締結契約；而法律上並無賦予其請求平等待遇之權利的必要。就勞動關係成立後而言，基於勞動契約之特徵：勞工之從屬性，吾人固然可以一般地認為雇主相對地具有優勢的實力。然而雇主於勞動契約的締約過程中、是否亦復如此，理論上應就勞力市場之供需，個案決定。惟吾人原則上得認為大多數勞工須藉由工作以維持其經濟生活；故於此情形，雇主仍普遍地具有優勢的實力，因此仍應遵守平等待遇原則。

---

[28] 對此規定，明白地以事業濫用其優勢經濟力加以理解者，例如廖義男，公平交易法之理論與立法，1995年，第393頁（「濫用其經濟霸力」）。

三、勞動法上的一般平等待遇原則

與平等原則之內容「等者等之，不等者不等之」相呼應，勞動法上一般平等待遇原則要求雇主除有正當事由外，不得對相同之勞工為差別之待遇。關於其要件與法律效果，學說上雖有不同之說明，但總括言之，可分述如下：

（一）構成要件

1. 至少存在著另一相同或相類似之勞工

勞動契約法上平等待遇原則所追求的乃是分配正義；亦即禁止雇主對相同之勞工為差別待遇。因此平等待遇原則之適用，以至少存在著另一相同或相類似之勞工為前提。只有在此前提下，雇主才有可能對相同者為同等或差別待遇；並且亦只有在此前提下，遭受不平等之勞工才可能要求受到（與其相同或類似之勞工的）平等待遇可言。

德國學說有認為：平等待遇原則之適用，應以當事人間存在一法律關係（bestehende Rechtsbeziehung）為前提，而這通常指的是一有效的勞動關係（bestehndes Arbeitsverhältnis）。除退休關係外，勞動法上一般平等待遇原則並不適用於勞動關係開始前或終結後[29]。惟本原則既然於勞動契約締結時亦有其適用（對此，詳如後述）。又於雇主嗣後為加薪或補發津貼之情形，對於於原期間任職工作、現已離職之勞工，仍有依平等待遇原則享有相同加薪或津貼之可能[30]，是以該說法不盡正確。

與此相關者，德國學說多認為：勞動法上一般平等待遇原則的適

---

[29] ErfK/Preis, 1998, §611 BGB RdNr 841.

[30] MünchArbRH/Richardi, 1992, §14 RdNr 28; Staudinger/Richardi, 1999, §611 BGB RdNr 294; Kassler Handbuch/Künzel, 2. Aufl, 2000, 2.1 Rdnr 886; so auch ErfK/Preis, 1998, §611 BGB RdNr 859.

用對象，以雇主之措施係依照一定之抽象[31]、普遍的標準[32]爲前提，亦即該措施必須具有某程度上的集體性[33]。這種見解，就其實質內容言，似亦不外乎本文以上所述之另存在一相同或相類似之勞工。然而這種說法或多或少是受到前述企業共同體學說的影響；並且本文在此所稱者、似較該說法與其所指涉的實質內容間，更具有明確的關聯。因此以下即直接以「存在另一相同或相類似之勞工」作爲標準。

另外尚未能適當解決的問題是：雇主於援用多種不同的、或標準不明確的薪資制度，則受不利待遇者與享受有利待遇者間是否相同或類似？雇主之措施是否具有集體性、是否係依抽象普遍標準爲之？即不明確。有認爲[34]：於受有利待遇者非僅個別勞工時，爲防止雇主藉此以規避平等待遇原則之適用，雇主整體的薪資制度仍有平等待遇原則之適用。然而爲何在此需以「受有利待遇者非僅個別勞工」爲前提，尚待說明。此外，雇主之薪資制度之整體若欠缺一定之規則可循，則受不利待遇者究竟應請求與何人相同之待遇？實際上易生疑議。是以，依本文見解，在此所涉及者，主要是對於雇主所爲、據以對勞工（群體）爲不同待遇所遵循之區分標準（Gruppenbildung）的審查。若然，則是否採行以及採行何種薪資制度，既然是屬於雇主企業經營的自由決定，因此除非能夠確認該目的之設定爲違法、或此不明確或不同種類之薪資制度與雇主所企圖獲致之企業經營目的間欠缺合理的關聯（詳如後述三（一）3），否則仍應承認雇主之相關措施爲合法。

至於二勞工是否相同，只能從特定的角度觀察時，才能作適當地判斷；蓋世上並無絕對完全相同的事物、亦無絕對完全相同的二個勞工。

---

[31] MünchKomm/Müller-Glöge, 3. Aufl, 1997, §611 BGB RdNr 454.

[32] ErfK/Preis, 1998, §611 BGB RdNr 843.

[33] Kassler Handbuch/Künzel, 2. Aufl, 2000, 2.1 Rdnr 841; Zöllner/Loritz, Arbeitsrecht, 4. Aufl, 1992, S.196.

[34] ErfK/Preis, 1998, §611 BGB RdNr 843.

　　（例一）甲為黑人男子，乙為黑人女子，丙為白人男子，丁
為白人女子。設若某國實施種族隔離政策，規定某地區只能由黑
人居住，則丙與丁將被視為相同，而同樣地不能居住於該地區。
反之，某國若實施對男子徵兵政策，則丙與甲——而非與丁——
將被視為相同，同樣地被徵召入伍。

　　（例二）此於勞動法上平等待遇原則之適用上，並無不同。
勞工甲男獨立負擔家計，某月之工作並未達到一特定成果。勞
工乙女亦為獨立負擔家計者，從事和甲男相同性質之工作，於同
月分之工作達到一特定成果。若雇主以勞工有無獨立負擔家計作
為是否發給家庭津貼之標準，則由此標準觀之，甲、乙乃是處於
相同情況之勞工，應受同等待遇。反之，若是雇主以某月分之工
作是否達到一特定成果作為是否發給獎金之標準，則由此標準觀
之，甲、乙並非處於相同情況之勞工，從而並無依平等待遇原則
予以相同處理之理。

　　從上述例二，吾人可一般地推論：據以判定二位勞工相同與否之
標準，尤其應以雇主於該個案、透過對勞工所為之措施所追求之目
的[35]——或是更精確地說：**客觀上的目的**[36]為依據。又於涉及雇主為
特定之給付時，此目的尤其應以反映於雇主所設定之**給付要件**上者為
準。蓋如同前述之例二所顯示者，雇主若得合法地以獨立負擔家計作
為發給家庭津貼、以特定工作成果作為發給獎金之標準，則顯然雇主
對於該給付僅以該特定事項作為區分標準。只要該目的之設定在雇主
企業經營自由的範圍內，吾人並無理由透過平等待遇原則強加限制之
理。然而，另一方面，要求雇主應以該標準作為區分勞工間是否相同
之依據，且結果言，亦不過是等於要求雇主應貫徹其原先自行訂定之

---

[35] Vgl. MünchArbRH/Richardi, 1992, §14 RdNr 25; ErfK/Preis, 1998, §611 BGB RdNr 843.

[36] Maute, aaO. (FN 7), S. 51.

標準，並未（過度地）干涉雇主經營決策，應無不當。

準此，若雇主於設定給付之要件時，並未將某項目的納入規定之中，除非能另行證明其實際上係依該目的而為差別待遇，否則該目的將不能作為差別待遇之正當事由[37]。若然，則適當而明確的薪資結構即甚為重要。例如航空公司對於同一班機上之從事相同工作之不同國籍之空服人員，給與不同之薪資。若該差別待遇係基於各國不同經濟生活水平而有之結果，則雇主宜將該差別薪資另行單獨列項（例如以生活津貼之名義），而非一概納入不同額度的底薪之內；蓋如此一來，雇主能較輕易地證明該不同的底薪係出於因應各國不同之生活水平；二來該不同的薪資、與各國不同經濟水平間之差別是否維持合理的關聯，亦較為明確；否則雇主將有牴觸平等待遇原則之虞。

又對於勞動法上不同的平等待遇原則，德國學說上[38]有更加以進一步區分為所謂的絕對的平等待遇原則（absolute Differenzierungs-verbote = 絕對的差別待遇之禁止）與相對的平等待遇原則（relative Differenzierungsverbote = 相對的差別待遇之禁止）：認為：例如德國職場組織條例第75條第1項之禁止對任何員工以其種族、宗教信仰、國籍、出身、政治或工會活動及其理念予以差別待遇，該規定係憲法上之平等原則的反映，絕對地禁止雇主以其所列事由作為差別待遇依據，係屬於前者。至於勞動法上的平等待遇原則，因為並未禁止雇主以特定的事由為差別待遇、而是僅僅禁止雇主無正當事由時恣意地對勞工為差別待遇，因此屬於所謂的相對的平等待遇原則。在我國法上有無引進此等分類，在此可暫時存而不論。蓋若撇開不同的平等待遇原則中對差別待遇之正當事由的要求程度可能有所不同，對此，最終

---

[37] Kassler Handbuch/Künzel, 2. Aufl, 2000, 2.1 Rdnr 842; MünchKomm/Müller-Glöge, 3. Aufl, 1997, § 611 BGB RdNr 456.

[38] Mayer-Maly, AR-Blattei, Gleichbehandlung im Arbeitsrecht I, E III 1, 3; MünchArbRH/Richardi, 1992, § 14 RdNr 23 ff; Staudinger/Richardi, 1999, § 611 BGB RdNr 293.

似應取決於各國的法制加以決定，其區別似乎是如本文後述所稱之在正當事由認定上之表徵功能的差別而已。蓋絕對的平等待遇原則所禁止之區別事由，法律上亦非絕對地加以禁止，只是雇主原則上無法僅僅以之作為差別待遇之正當事由而已。

司法院釋字第365號解釋於解釋理由書中所採見解，似與本文採取相同結論。「中華民國人民，無分男女、宗教、種族、階級、黨派、在法律上一律平等」，「國家應維護婦女人格之尊嚴，保障婦女之人身安全，消除性別歧視，促進兩性地位之實質平等」，憲法第7條及憲法增修條文第9條第5項，分別定有明文。由一男一女成立之婚姻關係，以及因婚姻而產生之父母子女共同生活之家庭，亦有上述憲法規定之適用。因性別而為之差別規定僅於特殊例外之情形，方為憲法之所許，而此種特殊例外之情形，必須基於男女生理上之差異或因此差異所生之社會功能角色上之不同，始足當之。[39]於此號解釋文中，大法官嚴格地限定國家機關基於性別所為之差別待遇，必須是例外、且僅僅是基於特定事由（生理上或因此衍生之社會功能上的差異）所必須者，才可能不違憲；因此從結論上而言，基於性別所為之不同待遇，仍有可能被正當化。而司法院釋字第452號解釋之解釋文亦認為：「民法第一千零二條規定，妻以夫之住所為住所，贅夫以妻之住所為住所。但約定夫以妻之住所為住所，或妻以贅夫之住所為住所者，從其約定。本條但書規定，雖賦予夫妻雙方約定住所之機會，惟如夫或贅夫之妻拒絕為約定或雙方協議不成時，即須以其一方設定之住所為住所。上開法律未能兼顧他方選擇住所及具體個案之特殊情況，與憲法上平等及比例原則尚有未符……」從結果而言，當亦以若具有特定之正當事由時、即可能通過與憲法上平等原則之審查。若然，則所有型態的差別待遇理論上皆有被正當化之可能，因此吾人若對於憲法第7條明文規定之平等原則稱之為「絕對的平等待遇原

---

[39] 司法院大法官解釋續編（八），第302頁。

則」，恐有誤導之虞。

2. 不平等待遇（差別待遇、歧視）

　　雇主牴觸勞動法上平等待遇原則的行為，以其對相同／類似之勞工構成不平等待遇（或稱為差別待遇，歧視）為前提。至於是否遭受不平等待遇，固然以相同之勞工遭受不相同之待遇為其必要條件。但於此情形，是否即構成不平等待遇，仍應依照社會一般通念、兼顧雇主透過該處遇所追求之目的加以決之。例如雇主對於其每日正常工時八小時之全時間工作者，每月給予底薪4萬元，對於從事相同工作、每日正常工時四小時之部分時間工作者，每月給予底薪2萬元，縱令可認為不相同之待遇，卻非不平等待遇。

　　至於不平等待遇之認定，並不以雇主於主觀上有故意或過失為前提[40]。例如雇主將部分工時工作者一般地排除於其所發給、以獨立負擔家庭生活費之支出為前提之家庭津貼之外，縱無可歸責之事由（例如係出於部分工時工作者未將其獨立負擔家計乙事告知雇主），仍應認為牴觸平等待遇原則，以便使勞工得請求平等待遇。因此，縱然吾人於此稱不平等待遇或差別待遇為「歧視」，仍不表示其係以雇主於主觀上有故意或過失為前提。

　　又為貫徹平等待遇原則之效力，雇主所有可能對勞工權益有所影響的行為，包括例如指示權、解僱權等等形成權之行使[41]，皆可能構成不平等待遇、皆在本原則審查之列。同理，這也包括：雇主不但應貫徹其應遵守之處理勞工權益之規定（例如貫徹其自定之工作規則）（Normenvollzug）、不得對同一群體內之個別勞工為不利之處

[40] Zöllner/Loritz, Arbeitsrecht, 4. Aufl., 1992, S. 200; Kassler Handbuch/Künzel, 2. Aufl, 2000, 2.1 RdNr 842; ErfK/Preis, 1998, §611 BGB RdNr 872.

[41] MünchArbRH/Richardi, 1992, §14 RdNr 14, 17; Staudinger/Richardi, 1999, §611 RdNr 290 f; Kassler Handbuch/Künzel, 2. Aufl, 2000, 2.1 RdNr 880, 900 f; Münch-Komm/Müller-Glöge, 3. Aufl, 1997, §611 BGB RdNr 453; Zöllner/Loritz, Arbeitsrecht, 4. Aufl, 1992, S.197 f. 對此詳細論述，參閱Egger, aaO. (FN 7)。

遇（Schlechtstellung einzelner Arbeitnehmer innerhalb einer Gruppe）；
而且此據以對不同的勞工群體爲差別待遇之區分標準本身（Gruppen-bildung），亦應受平等待遇原則之審查[42]。

3. 正當事由

平等待遇原則之內容，乃是恣意之禁止（Willkürverbot）；因此雇主若對相同／相類似之勞工爲不平等待遇，僅僅於具有正當事由（sachlicher Grund, billigenswerter Grund）的前提下，其行爲方爲合法[43]。蓋在欠缺其他現行法明文規定的前提下，雇主所追求之目的與該不平等待遇對勞工所造成不利益之間，基本上並無另須接受過度禁止（Übermaßverbot）原則（即廣義的比例原則）之審查[44]，否則將有過度干涉雇主企業經營自由之虞。

又雇主對於同一群體內之個別勞工所爲不利之處遇以及據以對不同的勞工群體爲差別待遇之區分標準本身，既然皆應受平等待遇原則之審查；是以雇主對此皆應附具正當事由，否則其措施將有牴觸平等待遇原則之虞。於此，雇主所爲措施所欲實現之目的，實際上扮演重要的角色。基本上只要雇主在追求合法的目的下，且其所爲之對勞工不同待遇之分類標準與該目的之間，保有一定合理的關聯[45]，則其不

---

[42] MünchArbRH/Richardi, 1992, §14 RdNr 8; Staudinger/Richardi, 1999, §611 RdNr 282, 292；Kassler Handbuch/Künzel, 2. Aufl, 2000, 2.1 RdNr 838, 840; MünchKomm/Müller-Glöge, 3. Aufl, 1997, §611 BGB RdNr 450 f; ErfK/Preis, 1998, §611 BGB RdNr 838; Zöllner/Loritz, Arbeitsrecht, 4. Aufl, 1992, S. 196.

[43] MünchArbRH/Richardi, 1992, §14 RdNr 22; Kassler Handbuch/Künzel, 2. Aufl, 2000, 2.1 RdNr 838, 842; Staudinger/Richardi, 1999, §611 RdNr 292; Münch-Komm/Müller-Glöge, 3. Aufl, 1997, §611 BGB RdNr 451; Zöllner/Loritz, Arbeitsrecht, 4. Aufl, 1992, S. 198 f; Maute, aaO., S. 42.

[44] 例如德國民法第611a條第1項第二句規定對於男女平等原則，明白要求尚應以過度禁止原則加以審查。

[45] MünchKomm/Müller-Glöge, 3. Aufl, 1997, §611 BGB RdNr 451; MünchArbRH/Richardi, 1992, §14 RdNr 22; Staudinger/Richardi, 1999, §611 RdNr 293.

平等待遇即爲合法。

當然，對於該措施之目的之設定，以及雇主循此所爲之區分勞工的標準，基本上是屬於雇主企業經營自由的範圍[46]。然而這也並非毫無限制。首先是雇主所設定之目的，必須爲法秩序所容忍，自不待言。例如對於是否給與勞工家庭、職務津貼，係屬雇主之企業經營自由；法律上並無強制雇主必須發給該項津貼之理，然而雇主卻不得藉此達成歧視的結果。至於判定該目的之設定合法與否之標準，主要應從現行法，包括憲法第7條、勞基法第25條、就業服務法第5條、工會法第35條所例示之禁止爲差別待遇之事由著手。若雇主係以該等事由爲差別待遇之依據，原則上應認定該行爲牴觸平等待遇原則（表徵功能）；除非另有正當事由爲依據，否則該行爲違法。反之，雇主若係以其他標準爲差別待遇之依據，並不能當然即推定該行爲牴觸平等待遇原則；而是僅僅當雇主未能證明該事由爲客觀與正當、或無法舉證證明另有正當事由爲依據時，其所爲之差別待遇方爲違法。又雇主據以對不同的勞工群體爲差別待遇之區分標準本身，既應與其所追求之目的間保持一合理關聯。是以設若雇主在區分不同的勞工群體、以作爲不同待遇之標準時，故意對特定勞工僅分配特定工作，以致於其相對於其他勞工根本缺乏升遷之機會（即所謂的「職業隔離」），則該分配工作之行爲，亦應接受平等待遇原則之檢驗，必須具備正當事由，方爲合法。類似地，雇主於僱用勞工與否的決定上，其所提出的條件與勞工將來從事之工作應保有合理的關聯；否則雇主盡可藉由提出和勞工工作上不相干之要求，而實際上達成歧視之結果[47]。例如建設公司於徵招模板工人時，要求原住民之應徵者要會使用電

---

[46] MünchKomm/Müller-Glöge, 3. Aufl, 1997, §611 BGB RdNr 451; MünchArbRH/Richardi, 1992, §14 RdNr 22.

[47] 否則該類行爲將可能構成相當於性別歧視時的間接歧視的情形，而其性質上相當於爲規避平等待遇原則所爲之脫法行爲。對此問題，參閱林更盛，性別歧視與母性歧視之禁止（本書第六篇論文）。

腦、英文、甚至會泰語[48]，因該要求與勞工未來所從事之工作並無合理關聯，除非該公司係以電腦控制之機器架設模板（超高科技的模板工？）；至於語言要求基本上則是（外勞）翻譯人員的工作，除應認定違反就業服務法第5條、應依同法第62條第1項處以罰鍰外；該行為並同時牴觸勞動法上平等待遇原則、構成對求職者之歧視，應對求職者為損害賠償（詳如後述四）。

　　至於平等待遇原則在事物的範圍上，並不必以各別的生產單位＝職場（Betrieb）為限[49]；基本上仍應依雇主之差別待遇所依循之區分標準為準。蓋應遵守平等待遇原則之義務人既為雇主，則該原則之適用範圍並非必然自始以同一生產單位＝職場為限；個別的生產單位＝職場固然可能、卻非必然成為差別待遇之正當事由。例如同一雇主擁有二個位於不同地點之工廠，雇主固然可能依各廠營收情形，對不同工廠內、相類似之工作性質者（例如會計人員）為不同待遇。反之，若雇主對於該不同工廠內之相同工作性質者，並未作區分（例如獎金、津貼），反而（例如）只是針對該工作性質內之不同性別者為差別待遇，吾人對其行為，自應依平等待遇原則加以審查。

（二）法律效果

　　承認勞動上之一般平等待遇原則，係超制定法之造法，已如前述；因此在界定其效力時，吾人亦應兼顧現行法上之相關規定與原理、原則，審慎為之。

　　關於平等待遇原則的效力，大抵而言，可分述如下：

---

[48] 參閱中國時報2001年4月28日第十三版之報導「原住民應徵模板工　被要求打電腦說英文」。

[49] 德國多數學說認為平等待遇原則之適用領域，不以同一職場（Betrieb）為限，Vgl. MünchKomm /Müller-Glöge, 3. Aufl, 1997, §611 BGB RdNr 452; MünchArbRH/Richardi, 1992, §14 RdNr 9; Staudinger/Richardi, 1999, §611 RdNr 283 ff. 相反見解，Kassler Handbuch/Künzel, 2. Aufl, 2000, 2.1 RdNr 841, 844.

1. 雇主牴觸平等待遇原則的行為，該行為雖有可能認定為違反公序良俗、不發生效力（民法第72條）；然而吾人既承認勞動法上存在一平等待遇原則，似以直接認定該行為因牴觸平等待遇原則無效為佳[50]。又為保護（其他未受不平等待遇之）勞工，僅限於雇主行為牴觸平等待遇原則的部分為無效、其他部分（包括雇主所為措施之其他無歧視之部分或是被歧視之勞工之其他勞動條件）仍為有效（民法第111條但書）。

是以雇主僅因勞工籌組工會，而對該勞工為調職，其所為之調職為牴觸平等待遇原則而無效。又眾所周知的女性單身條款、結婚離職條款為無效，受歧視之勞工的其餘勞動條件仍為有效。又如雇主所定之津貼發給辦法，若僅對達一定績效之男性員工發給獎金，卻排除相同績效之女性員工；則就其排除女性員工部分的規定，因牴觸平等原則而無效；惟就其餘發給男性員工獎金之部分，則仍為有效。

2. 又德國法上之通說[51]認為：基本上應賦與被歧視之勞工有請求相同待遇之權。為實現平等原則之要求，此項見解，值得採取。又此權利係請求雇主履行其應盡而未盡之義務，故應為履行（Erfüllungsanspruch）、而非損害賠償請求權（Schadensersatzanspruch）[52]。蓋承前述之例，僅僅宣告雇主對勞工之歧視行為之部分無效，對於遭受不平等待遇之勞工並無多大實益。其他勞工所領得之給付，被歧視之勞工仍無法取得；該不平等之法律狀態實際上亦未因宣告歧視行為無效

---

[50] Zöllner/Loritz, Arbeitsrecht, 4. Aufl, 1992, S. 200；ErfK/Preis, 1998, §611 BGB RdNr 872.

[51] Zöllner/Loritz, Arbeitsrecht, 4. Aufl, 1992, S. 200 f; ErfK/Preis, 1998, §611 BGB RdNr 872 f; Maute, aaO. (FN 7), S. 107 ff.

[52] So zutreffend, Zöllner/Loritz, Arbeitsrecht, 4. Aufl, 1992, S. 200; ErfK/Preis, 1998, §611 BGB RdNr 872；相反見解，Staudinger/Richardi, 1999, §611 BGB RdNr 300; MünchArbRH/Richardi, 1992, §14 RdNr 36. 若貫徹上述見解，則對於勞工於此所衍生之請求權，並無另外訴諸雇主之照顧義務之必要，相反見解，Zöllner/Loritz, Arbeitsrecht, 4. Aufl, 1992, S. 201.

而被排除。因此賦與被歧視之勞工基本上有請求同等待遇之權，最能貫徹平等待遇原則之要求。惟若雇主所為者若係一長期措施，則勞工基本上僅針對過去、雇主已為給付之部分，擁有請求（溯及地）為平等待遇之權；相反地，對於將來，吾人基本上應承認雇主有調整該措施之權[53]。

因此，例如因為被歧視而未能獲得獎金、津貼之勞工，得直接依據勞動法上平等待遇原則請求雇主給付獎金、津貼。惟若雇主之上述措施基於工作規則之規定，則針對雇主已發給其他勞工之獎金、津貼的部分，被歧視之勞工固然擁有請求權；然而另一方面雇主卻可向將來地修改該部分工作規則之規定。

另參照本文後述，當涉及締約與否之自由時，勞工請求相同待遇之權利可能會受到限制；亦即因為被歧視以致不被僱用之勞工，原則上僅得請求因締約不成立所遭受之損失，而無權利要求雇主予以僱用。

3. 又雇主之牴觸勞動法上一般平等待遇原則，依其情形可能另外構成侵權行為；勞工於理論上得依侵權行為相關規定（民法第184條以下）請求損害賠償。惟若僅賦與此效果，對勞工之保護恐欠周詳。因與平等待遇原則有別者，侵權行為係以雇主有可歸責之事由為前提。又勞動法上一般平等待遇原則是否同時為民法第184條第2項所謂的保護他人之法律，德國法上有學說[54]對此相關問題採取否定見解；基於避免過度干涉雇主之營業自由，除非在法律上另就平等待遇原則已為明文規定（如勞基法第25條、工會法第35條）的情形下，否則認為勞動法上一般平等待遇原則非屬民法第184條第2項所謂的保護他人之法律，或許是較妥當的。

---

[53] MünchKomm/Müller-Glöge, 3. Aufl, 1997, §611 RdNr 459; ErfK/Preis, 1998, §611 RdNr 873.

[54] Zöllner/Loritz, Arbeitsrecht, 4. Aufl, 1992, S. 200.

四、勞動法上的一般平等待遇原則與契約自由原則

德國法上通說[55]主張契約自由原則應優先於平等待遇原則。惟吾人若詳細觀察，實應細分為1.雇主締約與否。2.對於契約內容之決定二部分。就前者，有認為：對於雇主締約與否之決定，吾人並不能直接依勞動法上的平等待遇原則加以審查[56]。惟就此見解實際運用之結果言，其僅僅意味著：於此，平等待遇原則在法律效果上應為適度地調整而已[57]。至少就我國法而言，因就業服務法第5條已明文規定雇主不得對求職者為不平等待遇，工會法第35條亦規定雇主或其代理人不得因工人擔任工會職務而拒絕僱用，因此法律上並無理由全面否定勞動法上一般平等待遇原則對於雇主締約決定上之適用。然而對於締約與否之自由的干涉，將嚴重影響雇主之契約自由。這不但是因為締約與否之決定可認為契約自由之核心範圍，而且強制締約基本上也同時必須配合契約內容之干預，否則強制締約的效果將被大打折扣。因此首先在判斷有無牴觸平等待遇原則上，應審慎為之。其次在法律效果上，也應作適度的修正，以兼顧雇主之契約自由。德國民法上有學說認為[58]：除另有符合締約強制之要件（例如於民生基本需求之行業（Daseinvotsorge）、德國不正競業法第26條第2項之市場主導性企業之歧視行為、或依民法第826條構成故意以違背善良風俗之方法加損害於他人者）的情形，否則於民法上類似的情形，基本上並非賦與被歧視者有請求締約之權利，而是僅賦與其損害賠償——包括依其情形

[55] MünchArbRH/Richardi, 1992, §14 RdNr 32 ff; Staudinger/Richardi, 1999, §611 RdNr 296 f; Kassler Handbuch/Künzel, 2. Aufl, 2000, 2.1 RdNr 839; ErfK/Preis, 1998, §611 RdNr 838.

[56] So ausdrücklich Kassler Handbuch/Künzel, 2. Aufl, 2000, 2.1 RdNr 879.

[57] Maute, aaO. (FN), S. 57 f.

[58] S. nur Larenz/Wolf, BGB AT, 8. Aufl, 1997, §34 Rd 30 ff; Larenz, Schuldrecht I, 14. Aufl, 1987, S. 42 Medicus Schuldrecht I, 4. Aufl, 1988, S. 38 ff.

可能構成一般人格權之侵害[59]。參照此見解，在勞動法上，認為受歧視之勞工於此基本上並不得請求僱用、而僅是得請求損害賠償，似乎是妥當的。若然，則勞工基本上僅得請求例如締約費用支出的信賴利益之賠償。又若依其具體情形，雇主之行為可認為構成對勞工人格法益之侵害而且情節重大者，則被歧視之勞工得另依民法第184、195條第1項請求慰撫金。

對於平等待遇原則與契約**內容**自由間之關係，德國法上通說[60]認為：勞動契約之當事人雖然不能約定、全面地排除平等待遇原則之適用；然而當事人若就個案情形（例如關於特定的給付）已另行約定（其數額），則契約自由原則應優先於平等待遇原則予以適用，對此並無再以平等待遇原則加以審查之餘地（契約自由原則優先於平等待遇原則）。本文認為：基於平等待遇原則之對所有雇主所為處遇有其廣泛的適用，其效力又可能造成雇主企業經營上不少的影響，惟其標準（特別是有無正當事由）又可能不盡明確等等之考慮，德國通說之見解固然值得重視。惟吾人尚需注意到：就其實際運作的結果而言，德國通說之見解實不外意味著：所謂的契約自由原則應優先於平等待遇原則之適用的看法，乃是以該契約約款為勞資雙方**個別協商**[61]，且能通過對勞動契約內容之審查[62]（包括以前述所謂的**絕對**的差別待遇之禁止作為標準[63]）為前提。唯有在此前提下，援引德國通說之見解

---

[59] Medicus, Schuldrecht I, 4. Aufl, 1988, S. 41, 42.

[60] MünchArbRH/Richardi, 1992, §14 RdNr 32; Kassler Handbuch/Künzel, 2. Aufl, 2000, 2.1 RdNr 839; MünchKomm/Müller-Glöge, 3. Aufl, 1997, §611 RdNr 451; Staudinger/Richardi, 1999, §611 BGB RdNr 296; ErfK/Preis, 1998, §611 BGB RdNr 838; Maute, aaO. (FN 7), S. 57.

[61] Kassler Handbuch/Künzel, 2. Aufl, 2000, 2.1 RdNr 839; MünchKomm/Müller-Glöge, 3. Aufl, 1997, §611 RdNr 451; Maute, aaO., S. 57. 不同見解Staudinger/Richardi, 1999, §611 BGB RdNr 296.

[62] So zutreffend, Maute, aaO., S. 57 ff.

[63] MünchArbRH/Richardi, 1992, §14 RdNr 33 f; Staudinger/Richardi, 1999, §611 BGB RdNr 297.

方不致於造成實際運作上的偏差。另外，依本文見解，若某一勞動條件係合法的個別協商之結果（例如該勞工係雇方亟需之勞力），則多可同時認為：就該勞動條件，因欠缺另一相同或類似之勞工，是以吾人亦可以此認定此並無平等待遇原則之適用。若然，當勞資雙方以個別協商約定、將該勞工排除於特定的獎金或津貼之給付以外，吾人基本上可承認此係契約自由原則之產物，並不牴觸平等待遇原則。

五、勞動法上的一般平等待遇原則在法律適用上的後補性

　　勞動法上的一般平等待遇原則在法律適用上具有後補性（Subsidiarität）。亦即若根據一法律規定、團體協約約定或工作規則之規定，即已能達成平等待遇原則之要求時，然而雇主卻對上述規定／約定未加遵守。因為勞工既然已經得以逕行援用相關規定／約定，達到平等待遇原則之結果時，吾人即無另行援引勞動法上一般平等待遇原則之必要。當然，於此亦無依照一般平等待遇原則（比如說）審查雇主之行為是否另有一相同之勞工，或有無正當事由之存在之必要。

　　在適用勞基法的前提下，雇主之解僱應具備同法第11、12條第1項之事由。吾人可認為：例如雇主對於共同違反公司規定、處於相同情況之勞工，僅對其中之一勞工，依勞基法第12條第1項第4款之「情節重大」予以解僱，以便「殺雞儆猴」，此解僱行為可能與平等待遇原則不符。惟對此，吾人可同時認為：因為雇主對其他處於相同或類似情形之違規／約的勞工，並不因此而加以解僱，則基本上可認定該違規／約情事並不構成上述法律規定之「情節重大」的解僱事由。雇主僅以該共同違規／約之情事、解僱某一勞工，其解僱應可認為欠缺上述法定解僱事由，為無效。於類似情形，若在法律上並不要求解僱必須具備特定事由時，則對於雇主之終止勞動契約，仍然會有獨立援用勞動法上一般平等待遇原則加以審查之必要。因此上述案例若無勞基法適用時，則仍有認為雇主之解僱行為因牴觸勞動法上一般平等待遇原則而無效之餘地。

六、本案判決檢討

　　本案審理法院承認雇主之調薪行為得作為構成就業歧視的審查對象，為貫徹平等待遇原則，此項結論誠屬正確。至於其對於就業歧視禁止規定之運用的結果，與本文所主張之勞動法上一般平等待遇原則，則頗多相同之處。惟本文認為唯有在理論上承認勞動法上之一般平等待遇原則存在，且其適用之範圍不限於現行法上就業服務法第5條、勞基法第25條、工會法第35條等等明文規定者為限，方能適當地貫徹與實現憲法第7條之平等原則所蘊含之價值判斷。至於本案審理法院在審查雇主行為有無構成就業歧視時，比較與原告勞工同職等人員有無獲得調薪，事實上即相當於比較本文所主張之平等待遇原則的構成要件：「有無存在另一相同或相類似之勞工」，以及與之相較、本案勞工「有無受到不平等待遇」。至於雇主對於同職等之勞工於此有不同之加薪程度，係依雇主自訂辦法內之相關標準；若無藉由欠缺「相同或類似之勞工」之外觀，以規避平等原則之適用，則此亦足以作為支持雇主措施合法性之理由。又審理法院認為本案勞工已逾雇主所採職務給與制所決定之薪資上限，因此不予調薪，基本上可資贊同；而此實際上亦即是審查：若雇主之行為構成不平等待遇，「有無具備正當事由」。由於對於本案中之薪資上限之決定，係屬雇主企業經營自由之決定，而此決定基本上並無不法可言；因此本案雇主因勞工已預期職等薪資上限而不予加薪，應無不法。

6

性別歧視與母性歧視之禁止

——評臺灣高等法院87年勞上易字第1號判決

壹、案例事實與判決理由

一、案例事實

　　原告甲自76年9月1日起受僱於被告雇主公司，擔任會計經理一職；雙方之僱傭契約第6條約定：「試用期滿後，任何一方皆可於一個月前，以書面通知對方終止僱傭契約。」（雇主與其他的公司員工，亦均為相同之約定）；關於僱傭契約之期間則無約定。在勞工第二次生產請產假期間（從85年4月10日起至同年6月2日止）；雇主於同年5月29日發函，預告解僱原告勞工、表明自同年6月3日（即產假期滿後之翌日）起發生終止之效力；並允諾給與一個月之薪資及不休假獎金。原告勞工所留遺缺，嗣後仍由其他女性職員擔任。由於雇主係屬於國際貿易業，故雙方之勞動關係在當時並無勞基法之適用。本件原告勞工主張：雇主之解僱行為係違反就業服務法第5條有關性別歧視之禁止規定，應屬無效。被告公司則聲稱其解僱係合乎僱傭契約第6條之約定，且該類約款係對所有員工，而非僅對女性員工而設；且原告所留遺缺係由其他女性職員擔任，並以較勞基法之預告期間較長期間為預告解僱等情事，主張其未為性別歧視。本案於訴訟前、經臺北市就業歧視評議委員會認定雇主行為構成就業服務法第5條之性別歧視、由臺北市勞工局裁定罰鍰；雇主向行政院勞委會訴願、其訴願遭駁回。本案經勞工向臺北地方法院起訴、被判敗訴，對此，勞工提起上訴。

二、判決理由

　　臺灣高等法院於87年度勞上易字第1號判決[1]維持原判，駁回勞工

---

[1]　引自司法院網站，網址：www.judicial.gov.tw。

之上訴。其主要理由如下：本件當事人間之僱傭契約未定期限。而僱傭契約第6條雙方得以一個月之預告期間終止僱傭契約之約定，既為雙方合意、亦非僅針對女性職員而設，故並無違反就業服務法第5條之性別歧視可言（理由四（二））。又本件雇主雖於勞工請產假期間預告終止僱傭契約，惟其終止之效力既發生於產假期間過後，即不構成產假期間內終止契約的問題。又原告勞工係第二次請產假，其第一次生產並未遭被告雇主解僱；且其所留遺缺嗣後仍由其他女性職員擔任；因此實難僅以雇主於勞工請產假期間預告終止僱傭契約，即認為其違反就業服務法第5條之性別歧視之禁止規定（理由四（三））。至於行政院勞委會認定構成性別歧視之理由，無非課以雇主應就其「無性別歧視」，負舉證責任；由於雇主無法舉證證明其解僱原因，而認定雇主之解僱構成性別歧視。惟本件當事人既約定雇主得隨時預告終止契約，無須具備任何理由，故尚難僅以雇主未能舉證證明解僱之理由，即認定其有性別歧視之行為。何況依民事訴訟法第277條舉證責任分配之規定，應由原告勞工負舉證責任；從而上述臺北市勞工局以及行政院勞委會之訴願決定書，尚難作為有利於原告勞工之認定。

貳、評釋

一、勞動法上一般平等待遇原則

我國現行勞動法制並未明白地加以規定一個一般的、普遍適用於勞動契約中的平等待遇原則；而僅係針對不同觀點、散見於不同規定之中（例如勞基法第25條、就業服務法第5條、工會法第36條）；而該等規定之要件與效力如何，亦人言各殊。對此，本文認為首先應承認勞動法上存在著一個一般的、普遍適用於勞動契約的平等待遇原

則；而在此觀點下，就業服務法第5條、勞基法第25條、工會法第35條可認為不過是該一般平等待遇原則之反映。採此見解之主要理由在於：實現與貫徹憲法第7條之平等原則所蘊含之價值判斷。蓋與其他契約類型之當事人通常立於對等地位有別者，勞工與其同事經常處於雇主單方決定勞動條件與環境的情形下；為實踐與貫徹平等權之價值判斷、節制雇主恣意行使其決定權限，吾人並無理由僅將其，例如，限制於勞基法的領域（勞基法第25條）、或僅限於特定的觀點（勞基法第25條之性別；工會法第35條之擔任工會幹部與否）。未受勞基法保障的勞工與適用勞基法的勞動關係同樣有受到一般平等待遇原則保護之必要；以擔任工會幹部為由之不平等待遇與例如基於籌組或競選工會幹部或參與政黨活動所為的不平等待遇同樣應當予以禁止。因此，吾人應當承認勞動法上存在著一個一般的、普遍適用於勞動法的平等待遇原則，方符合憲法第7條之平等原則所蘊含之價值判斷[2]。從而，雇主對勞工差別待遇之措施，若欠缺正當事由，將被認定為牴觸勞動法上一般的平等待遇原則。

二、勞動法上男女平等原則

（一）承認勞動法上男女平等原則之理由

　　類似地，承認勞動法上存在著一男女平等原則的主要理由，亦無非在於貫徹憲法第7條平等原則之價值判斷於勞動法領域中。蓋一方面在大多數國民的生活社會關係裡，勞動關係毋寧占有極重要的必

---

[2]　至於承認勞動法上一般的平等待遇原則之正當性，德國法上學說迄今仍甚為分歧，其中尤以規範之執行說（雇主應受其自訂之規範之拘束）、企業共同體說（平等原則乃所有共同體關係之內在的、本質上應遵循的原則）、優越實力說（以平等原則作為控制具有優勢實力之雇主的一種手段），最值得注意。對此問題，及該原則在適用上的要件與效果，請另參閱林更盛，勞動法上的一般平等待遇原則（本書第五篇論文）。

重；另一方面隨著國民法律意識的提升、對實現男女平等權的要求益形強化；若對勞動法上男女平等原則的實現，仍僅限於勞基法適用的行業、或僅限於同工同酬的要求；而就業服務法第5條之要求仍僅僅保留於公法的範疇；或僅僅間接透過公序良俗、而使雇主與之相牴觸之行為無效；則對於因性別而遭受歧視者顯然未能提供足夠之保障。最後，特別在一個傳統上對女性採取差別待遇的社會裡[3]，縱然欠缺勞動法明文，為貫徹憲法第7條平等原則中有關男女平等之價值判斷，吾人亦應承認勞動法上存在著一男女平等原則；以完成國家權力依據憲法第7條所應負之實現平等權的保護義務。

若以上見解可資採取，則承認於勞動法上除存在著一個一般平等待遇原則之外，尚存在著一男女平等原則，其意義在於：除明白地禁止性別歧視（強調與警示的功用）外；吾人可參酌男女平等權之理念與社會實況之需要，在構成要件與法律效果上，對此原則作和一般平等待遇原則不同之處理。例如吾人對於作為性別歧視的正當事由，可能較違反一般平等原則時之正當事由，作更嚴格之要求。至於勞動法上的男女平等原則與勞動法上一般平等待遇原則之關係，吾人可認為前者應為後者之特別「規定」；當涉及以性別作為差別待遇時，直接以男女平等原則、而非勞動法上一般平等待遇原則作為審查標準。就勞動法上男女平等原則與勞基法第25條之關係而言，可認為：在有勞基法適用的行業，在法律適用上，應直接適用勞基法第25條之規定；毋庸再輾轉援引男女平等原則，當然，在此，二者之實質的判斷標準並無不同。反之，若無勞基法第25條之適用（例如該勞動關係根本無勞基法之適用），則應當可以直接適用勞動法上男女平等原則。類似地，就勞動法上男女平等原則與就業服務法第5條之關係而言，可認為：就業服務法第5條基本上係出於保障勞工就業機會之公共政策的

---

[3] 此或可由，王如玄，性別就業歧視評議及法律就業歧視，律師雜誌，第219期，第71頁以下，所述有關臺北市就業歧視委員會評議案例中（第79頁以下）得見一斑。

目的（另參同法第1條）、並對違反之雇主課以罰鍰之行政處罰（同
法第62條），因此其所規範者僅限於國家與雇主間之關係；在涉及雇
主與勞工間之私法上之法律關係時，仍應以勞動法上男女平等原則作
為判斷之依據。

（二）構成要件與法律效果

1. 一般問題

　　與一般平等待遇原則相類似，從構成要件言，男女平等原則之適
用，首先以至少存在另一相同或相類似之勞工；又從本原則之作為一
般平等待遇原則的特殊型態而言，其適用上自以該相同或相類似之勞
工為**另一性別之勞工**為前提，方為合理。唯有如此，吾人才可能合理
地認定因性別而遭受歧視者所要求的平等待遇，亦即處於相同或相類
似情況之另一性別之勞工所受之處遇。

　　至於二個以上的勞工是否相同，只能從特定的角度觀察時，才能
加以判斷。而據以判定二勞工相同與否之標準，應以雇主透過對勞工
所為之處遇、所追求之目的——或是更精確地說：**客觀上的目的**為依
據；於涉及雇主為特定之給付時，此目的尤其應以反映於雇主所設定
之**給付要件**上者為準。又不平等待遇之構成，並不以雇主於主觀上有
故意或過失為前提；否則遭受不平等待遇之勞工將可能僅僅因為雇主
之欠缺故意或過失而不能獲得平等處遇之保障。

　　就審查之對象而言，雇主所有可能對勞工權益有所影響的行為，
包括例如指示權、解僱權等等形成權之行使，皆在男女平等原則審
查之列。同理，雇主不但應遵行其自行訂定、處理勞工權益之相關規
定（例如工作規則）（Normenvollzug）；而且此規定本身在區分不
同的勞工群體，以便對勞工為不同的待遇之依據時，該區分標準本身
（Gruppenbildung）亦應受平等待遇原則之審查。準此，設若雇主特
別限定女性僅得於某部門工作或不予升遷（即學說所謂的「職業隔

離」⁴），則該行為也為男女平等原則所禁止者。

　　惟就以下幾個問題，與一般平等待遇原則相比，男女平等原則卻有其特殊問題，值得注意：

2. 直接／間接歧視

　　雇主於為某項約定或為措施時，使之僅僅對於一特定性別者發生效力（亦即直接以性別作為差別待遇之區分標準），吾人固然可輕易地斷定此為性別歧視（亦即所謂的直接歧視）。惟雇主在形式上雖然並非以性別、而是透過其他標準（如要求一定的身高、體重）作為區分依據，以致於形式上男性與女性勞工皆可達到其所定之要求、享有有利的待遇；惟事實上在因該約定或措施而（可能）遭受不利待遇者當中，某一性別的勞工卻顯著地較另一性別更多；而與此相反地，於受到有利待遇的勞工當中，其情形卻是有重大的不同。若導致上述現象，其原因即在於性別或性別角色的不同（亦即所謂的間接歧視）⁵，則雇主上述措施亦應接受男女平等原則之檢驗，以防其藉此規避男女平等原則之拘束。對此問題，學說上⁶有認為是脫法行為；若然，則此等行為是否、或於何種程度內應加禁止，則將取決於吾人對於男女平等原則之解釋與適用。

3. 正當事由與（廣義）比例原則

　　在正當事由的要求上，一般平等待遇原則所禁止者，僅是恣意之禁止（Willkürverbot），亦即若雇主之不平等待遇，具有正當事由

4　郭玲惠，我國婦女勞動法制之探視，律師雜誌，第219期，第53（59）頁以下。

5　Kassler Handbuch/Weber, 2. Aufl, 2000, 3.5 RdNr 19; ErfK/Schlachter, 1998, §611a BGB RdNr 12 f, 20 f.

6　Blomeyer, Anm. Zu BAG Urteil vom 5. 10. 1993, SAE 1994, S. 177, 180. 類似見解，Hanau/Preis, Zur mittelbare Diskriminierung wegen des Geschlechts, ZfA 1988, S. 177, 181.

（sachlicher Grund）時，則該不平等待遇並不違法。惟此於男女平等原則是否亦一同適用，抑或是在此應採更嚴格之標準，不無疑問。

司法院大法官於依據憲法第7條男女平等原則、審查國家公權力之行使時，除要求其應具備正當事由外，且要求其應符合（廣義）比例原則。此於司法院釋字第365號解釋之解釋理由書中，尤為明顯：

「『中華民國人民，無分男女、宗教、種族、階級、黨派、在法律上一律平等』『國家應維護婦女人格之尊嚴，保障婦女之人身安全，消除性別歧視，促進兩性地位之實質平等』，憲法第七條及憲法增修條文第九條第五項，分別定有明文。由一男一女成立之婚姻關係，以及因婚姻而產生之父母子女共同生活之家庭，亦有上述憲法規定之適用。因性別而為之差別規定僅於特殊例外之情形，方為憲法之所許，而此種特殊例外之情形，必須基於男女生理上之差異或因此差異所生之社會功能角色上之不同，始足當之。」[7]於此號解釋文中，大法官嚴格地限定國家機關基於性別所為之差別待遇，必須是例外、且僅僅是基於特定事由（生理上或因此衍生之社會功能上的差異）所必須者，才可能不違憲；顯然是將廣義比例原則納入男女平等原則之中，於依據男女平等原則審查時，必然地將同時以廣義比例原則作為審查標準。又司法院釋字第452號解釋之解釋文亦認為：「民法第一千零二條規定，妻以夫之住所為住所，贅夫以妻之住所為住所。但約定夫以妻之住所為住所，或妻以贅夫之住所為住所者，從其約定。本條但書規定，雖賦予夫妻雙方約定住所之機會，為如夫或贅夫之妻拒絕為約定或雙方協議不成時，即須以其一方設定之住所為住所。上開法律未能兼顧他方選擇住所及具體個案之特殊情況，與憲法上平等及比例原則尚有未符……」

從結果而言，本號解釋文大致上雖與釋字第365號解釋並無不同；惟本號解釋文將平等原則與比例原則並列，似又意味著：平等原

---

[7]　司法院大法官解釋續編（八），第302頁。

則並非必然蘊含著比例原則；依平等原則審查時，並非同時必須以比例原則為標準。因此，此究竟係因大法官有意調整其見解、或純係出於文字修飾上之考慮而已，尚待觀察。

對於上述大法官所採結論，吾人若顧及到：與國家機關不同者，雇主於訂定勞動條件時，同時係踐行其所享有之契約自由／企業經營的基本權；因此，似乎並非必然地應將廣義比例原則，一概納入於勞動法上之男女平等原則之審查標準。然而在另一面，吾人亦不應忽略到：在一個向來對女性歧視的環境下，要求雇主對於性別歧視的正當事由，同時必須能通過廣義比例原則的檢驗，實為糾正此一不平等現象所必須；亦與國家之促進女性在工作上之實質平等的保護義務（憲法第7條、增修條文第9條第5項）相符；並且和近來社會上強調／重視男女平等的觀念相呼應。因此後者或許較為可採。

德國民法第611a條第1項第二句對於男女平等原則，規定「僅當雇主所為之約定或措施係以勞工所應提供之勞務為對象、且某一特定性別係從事該項工作所不可或缺之前提要件時，此項基於性別所為之差別待遇方為合法」（Eine unterschiedliche Behandlung wegen des Geschlechts ist jedoch zulässig, soweit eine Vereinbarung oder eine Maßnahme die Art der vom Arbeitnehmer auszuübende Tätigkeit zum Gegenstand hat und ein bestimmtes Geschlecht unverzichtbare Voraussetzung für diese Tätigkeit ist.），亦明白地加入比例原則作為審查標準。

就法律效果而言，與一般平等待遇原則相同，吾人基本上可認為：雇主牴觸男女平等待遇原則的行為，應可認定為無效。又勞工對此也可能另依侵權行為相關規定（民法第184條以下）請求損害賠償。惟若僅僅如此，對勞工之保護恐欠周詳。為有效地實現勞工之平等權，應認為遭受不平等待遇之勞工得依平等待遇原則、請求雇主給與同等之待遇（例如請求發給應得之津貼獎金等）；此正為承認平等待遇原則之實益所在。

4. 法律效果

　　惟下列現象則特別值得注意：對於在求職中因遭受歧視而未被僱用者，如何實現其平等權，頗有疑問。蓋一方面締約與否之自由嚴重地涉及契約自由原則之核心問題，允許受歧視者得請求被僱用，將造成雇主長期的人事負擔、恐或過當，當然，若強制締約，勞資雙方將來共事亦屬不易。更何況被歧視的求職者本非必然地全部被錄用（例如1,000名男性求職者與1,000名女性求職者應徵100個工作機會，結果雇主僅錄用100名男性；而900名男性求職者因專業考量未被錄取，1,000名女性求職者因性別歧視根本未被列入考量）。因此被歧視之求職者能否請求僱用？頗有疑議。

　　1994年修訂前，依德國民法第611a條第2項之規定，對於因遭受歧視而不被僱用之求職者，雇主應賠償其因信賴勞動契約不致於因性別歧視而不予締約所受之損失（如應徵與面談費用之支出）[8]；以上規定於升遷（Aufstieg）時準用之。然而為給與被歧視者有效的保護，德國法上另有認為：對於求職者之性別歧視，同時構成對其一般人格權之侵害；聯邦勞動法院並認為在此慰撫金數額為相當於一個月之薪資[9]。於1994年第二次男女平權法立法（das zweite Gleicheberechtigungsgesetz vom 24. 6. 1994），德國民法第611a條第2項隨而修訂為：被歧視之求職者得請求相當金額之賠償、其數額以相當於三個月之薪資為上限（eine angemessene Entschädigung in Geld in Höhe von höchstens drei Monatsverdiensten），同條第3項並明定：求職者縱因遭受歧視而未被僱用，仍無權利請求締結勞動契約；以上規定於升遷（Aufstieg）時準用之（第4項）。於1998年7月3日、為符合歐洲法院解釋歐盟相關綱領之要求，德國民法第611a條第2項修正

8　參閱MünchArbR/Buchner, 1992, §37 RdNr 186 ff.

9　參閱MünchArbR/Buchner, 1992, §37 RdNr 191 ff.

爲：被歧視之求職者得請求賠償相當之金額（eine angemessene Entschädigung in Geld），惟其仍無權利請求締結勞動契約；第3項修正爲：僅當被歧視之求職者於縱未受歧視、仍不被僱用時，雇主之賠償金額方以相當於三個月之薪資爲限；以上規定於升遷（Aufstieg）時準用之（第5項）。

爲同時兼顧雇主締約決定與否之權限，德國法上所採否定強制締約的看法，似可採取；若然，則求職者原則上僅得請求信賴利益之損害賠償。然爲提供被歧視者適當地保護、使其免受歧視，應在實踐平等權的價值判斷下，解釋民法第195條之規定，因此上述德國法上認爲性別歧視基本上構成對求職者人格法益之重大侵害、可請求慰撫金之損害賠償，實值得參考。

5. 舉證責任

依民事訴訟法第277條之規定，勞工對於其所主張之雇主行爲構成歧視，應負舉證責任。惟值得注意的是：有無構成歧視的相關事實，多存於雇主一方（如相關的人事規劃與決策）；勞工顯然難以知悉及獲得所須資料。一味地課予勞工舉證責任，將使得其所被賦予之實體法平等權利，透過訴訟法上舉證責任之規定被架空、形同具文。而此與憲法上基本權利（於此：男女平等原則）不僅僅禁止國家過度干涉（Übermaßverbot）、亦禁止其不提供足夠之保障（Untermaßverbot）之要求不符；又憲法第156條之規定：「國家爲奠定民族生存發展之基礎，應保護母性，並實施婦女、兒童福利政策。」因此，現行法律制度對此類特殊情形雖然並未就其舉證問題爲特別之規定；然而基於履行國家機關對於平等權之保護義務觀點、司法者應在實踐平等權之價值判斷於勞動法上，對於民事訴訟法第277條舉證責任的規定應爲適度地調整；準此，依本文見解，在現行規定的前提下，對勞工舉證之程度之要求，應當僅僅要求到釋明的程度，至於勞委會所採之舉證責任倒置的方法，又似乎太過偏離現行法、亦無必要。

爲因應歐盟平等待遇綱領之相關規定，德國法上明文減輕勞工舉

證責任；其民法第611a條第1項第三句規定：於系爭案件，若勞工就足以推定雇主係基於性別而為歧視之相關事實能以釋明時，則雇主負舉證責任，證明該差別待遇非基於性別、或具有正當事由、或特定性別為提供勞務上所不可或缺之前提要件。

　　至於在第一審法院較有爭執的問題：就業歧視評議委員會所為之認定雇主構成歧視之評議是否對於民事法院具有拘束力？對此，應屬判斷權限歸屬的問題；亦即：若雇主行為在私法是否構成歧視，最終應由民事法院加以斷定，則就業歧視評議委員會之評議對於民事法院自無法律上之拘束力。

三、母性（懷孕／生產者）歧視之禁止

　　另外值得探討的是：設若雇主因女性職員之懷孕／生產而予以差別待遇（以下稱為母性歧視），於多數情形係構成性別歧視，被歧視的女性職員得請求和男性職員受到相同的有利待遇，固無疑問。然而設若擔任相同工作之勞工全為女性；或是如本案之情形、接替其職務者仍為女性職員；則是否仍將雇主之行為歸類為性別歧視，則有疑問。問題癥結在於：母性歧視的案例並非當然等於性別歧視中之歧視女性的案例；並且為了法律概念與效果上之明確，將此獨立地歸類為母性歧視，或許是更為妥當的。亦即：雇主在此並非以**男性或女性**、而是以**懷孕／生產與否**作為區分標準；從而被歧視所請求者，並非是和（可能根本不存在的）**男性職員**相同的待遇，而是和其相同／類似的、非懷孕／生產（**亦即可能是男性、但也可能是女性**）的勞工平等待遇。又有鑑於在此多同時涉及性別歧視、以及憲法第156條之規定：「**國家為奠定民族生存發展之基礎，應保護母性，並實施婦女、兒童福利政策。**」對於母性歧視可能的正當化事由，仍應符合廣義比例原則的要求，方屬合法。至於其他有關母性歧視之禁止的構成要件與法律效果（含舉證責任之減輕），原則上應比照性別歧視禁止的情

形加以處理，茲不另贅述。

四、兼論所謂的性騷擾問題

　　至於所謂職場上性騷擾的問題，文獻上有列入男女平等原則加以討論者；惟此是否能適當地掌握該問題，不無疑問。國家基於保護與促進男女在工作領域上的實質上平等，固然有對較易遭受性騷擾之一方加以保護之必要；從而在男女平等之相關法律內對此問題加以規定，固無不當。惟值得注意者：此問題於勞動契約法領域應如何處理，基本上則是屬於勞工人格權／法益之侵害或妨礙的問題，與傳統所稱平等待遇的問題，不論在構成要件上或法律效果上，皆有不同。例如非同性戀或雙性戀的男性雇主，其性騷擾之對象固然為女性，而非男性；惟與平等待遇問題在處理上不同者，在此情形有無處於相同／類似地位的其他勞工存在並不重要，又被騷擾者所請求者、亦非要求和相同／類似的勞工一樣受到相同的待遇（否則，訴之聲明應如何撰寫呢？）；因此將本問題歸類為平等待遇的領域，反而模糊焦點。

　　正確的見解應當是：吾人若將此歸類為人格權／法益之侵害或妨礙的問題，則在法構成要件與效果上皆可援用與之相關的規定，例如民法第18條、第184條、第195條的增修規定；惟有如此，方能適當地解決該問題。又雇主基於其勞動契約上之照顧義務，亦應就性騷擾之問題為適當之預防[10]；而新修正之民法第483條之1規定：「受僱人服勞務，其生命、**身體**、**健康**有受害之虞者，僱用人應按其情形為必要之預防。」在某程度上亦可涵蓋此問題。設若雇主未盡上述義務，以至於其員工遭受性騷擾，受害勞工可以此為由，主張損害賠償，包括慰撫金（民法第227條之1參照），並可依勞基法第14條第1項第6款不經預告終止勞動契約、請求資遣費。如此於現今欠缺特別立法的情況

---

[10]　ErfK/Preis, 1998, §611 BGB RdNr 888.

下，或許可提供勞工一定程度上的保護。

五、本案判決檢討

　　本案判決係以就業服務法第5條作爲男女平等原則之依據，並以之作爲強行規定以及公序良俗之標準，認爲與之相牴觸之行爲無效，從結論而言，肯定就業服務法可能對私法關係產生影響，值得贊同。惟在概念上，吾人若承認此一前提，則本件所涉究係違反強行規定、亦或公序良俗？尚待澄清。本文認爲關於就業歧視的問題，若認爲就業服務法第5條同時在私法關係上、禁止雇主對勞工爲不平等待遇，則因爲既有法律明文，且其判斷標準與法律效果亦已顯示於法規上，或許應直接認定爲牴觸強行規定；輾轉援用公序良俗之標準，似屬多餘。然而吾人若承認勞動法上存在一禁止母性歧視的平等原則，則應認爲雇主上述行爲牴觸該原則而無效；如此，於理論上方爲一致。

　　其次，就本案所可能涉及牴觸平等待遇原則者，應區分爲勞動契約上有關預告終止之約定、以及雇主解僱的行爲。就前者言，其係雇主與全體勞工所爲，且其內容之合法性，在客觀上亦無疑義，並無違反法律強行禁止規定可言；固無疑問。是以雇主之主張其約款係對所有員工、而非僅對女性員工而設，其約定之預告期間亦較勞基法所定者爲長，故並不違法；其主張，並爲法院所採納應屬正確。但這並不表示形式上依該約定所爲之解僱即可一律合法；蓋正如在形式上合乎勞基法規定終止事由之解僱、就具體情形該解僱仍有可能牴觸誠信原則（權利濫用）、或是構成性別歧視；同理，吾人即不能以該解僱在形式上有契約之約定爲依據，一概否認其牴觸平等待遇原則之可能。是以雇主主張其解僱係合乎契約之約定，並非當然足以認定其依約所爲之解僱不構成性別歧視。

　　又本案勞工可能受到的不平等待遇，究係因何（性別亦或是懷孕／生產）而受不平等待遇？依正確之見解，本件較適當的判斷標準

當是母性（懷孕／生產）歧視；又合理地理解勞工之主張，當是要求和其相同／類似之未懷孕／生產之勞工（在此，可為男性、亦可為女性），享有平等待遇。是以本件雇主嗣後將該勞工原有之職務係另交其他女性職員任之，僅得排除該解僱係出於性別歧視之疑慮，但並不足以排除該解僱出於母性歧視之可能。

　　依民事訴訟法第277條之規定，勞工既主張雇主係出於懷孕／生產而被解僱，自應就該事實負舉證責任。惟值得注意的是：姑不論在一般情形，有無構成歧視的相關事實，多存於雇主一方，勞工顯然難以知悉及獲得所須資料。特別是本案並無勞基法之適用，而基於勞資雙方之約定、雇主解僱又無須具備理由；在此情形下，縱然雇主事實上確係出於勞工懷孕／生產而為解僱，惟其外觀上卻可以以其他任何事由作為解僱之藉口，導致在此情況下平等待遇原則幾無實現之可能。如此結果，與憲法上保護母性、實現平等權之之要求恐有不符；因此，為合理的保障無勞基法適用之勞工、免於遭受歧視，或許應對勞工舉證之程度僅要求到釋明，而非如勞工局與勞委會評議所採之舉證責任轉換給雇主的做法。若然，則下列事實值得注意：雇主係於產假期間預告終止勞動契約、而且其終止之效力係發生於勞工請滿產假之隔日。此一事實，或已足以反映該解僱多少係以勞工之生產／懷孕為其主要原因；尤其是當吾人參照勞基法第13條之產假期間禁止解僱之價值判斷，更足以傾向推定本案雇主行為之牴觸禁止母性歧視之平等原則。是以雇主若不能提出合理事實、足以推翻上述之推定，則該解僱應被認為牴觸禁止母性歧視之平等原則而無效。

　　（後記：關於兩性平等的問題，2002年3月8日實施之兩性工作平等法對之另為明文規定，其中第7條以下禁止性別歧視、第12條則定義性騷擾為明文規定、第13條課予雇主防治性騷擾行為之發生的義務，於違反時雇主應依第26條以下規定負損害賠償責任。）

7

離職後競業禁止約款
—— 評臺北地方法院89年勞訴字第76號判決

大　綱

壹、案例事實與判決理由

一、案例事實

　　本件被告勞工自民國84年3月1日起受僱於原告公司高雄廠，擔任工程師乙職。雙方僱傭契約第10條後段約定：「乙方（作者：即被告勞工）得於三十日前預告甲方（作者：即原告公司）並辦妥離職手續後，終止本契約，倘經甲方於任何時間以書面要求時，乙方不得於終止後兩年內在中華民國從事相同或類似工作，亦不得對任何人、廠家、公司及為乙方所知或可得而知之甲方客戶者，兜攬生意，提供服務或予以配合或幫助。」第12條並約定：「乙方倘違反……第十條……規定時，應給付甲方相當於乙方違約當時十二個月之薪資計算之懲罰性違約金。如甲方另有損害時，乙方並應賠償。」於離職前一個月，本件勞工升任原告公司高雄被動元件廠之九職等工程師；並於離職之翌日加入另一可能與原告雇主競業之公司的臺南廠擔任工程師。原告公司於88年11月24日以存證信函要求本案勞工停止競業行為不果後，遂起訴主張被告勞工違反雙方先前之競業禁止約定，應賠償原告違約金。惟原告高雄被動元件廠已確定於89年5月出售予訴外人。本件勞方除主張其新職務之工作內容與性質與原有工作不同外；該離職後競業禁止約款侵害其憲法上所保障之生存權、工作權，依民法第71條規定違反強制禁止規定而為無效；又雇主對於受競業禁止之離職勞工未為任何補償，亦顯失公平。此外，原告出售其被動元件廠已成定局，竟仍提起本訴，亦與誠信原則有違。

二、判決理由

　　關於離職後競業禁止約款之效力，本案審理法院[1]判決如下：
「競業限制之約定，其限制之時間、地點、範圍及方式，在社會一般
觀念及商業習慣上，可認為合理適當且不危及受限制當事人之經濟生
存能力，其約定並非無效，惟轉業之自由，牽涉憲法所保障人民工作
權、生存權之基本人權，為合理限制競業禁止契約，綜合外國法例及
學說，認為競業禁止之契約或特約之有效要件，至少應包括下列所述
各點，換言之，競業禁止特約之合理性，應就當事人間之利害關係及
社會的利害關係作總和的利益衡量，其重要標準計有：1.企業或雇主
須有依競業禁止特約保護之利益存在。2.勞工之職務及地位知悉上開
正當利益。3.限制勞工就業之對象、期間、區域、職業活動之範圍，
須不超逾合理之範疇。4.代償措施之有無。另有主張，應加上5.離職
後員工之競業行為是否具有顯著的違反誠信原則為標準，然衡諸「顯
著背信性」之標準，應係在個案中先行肯認競業禁止之約定為有效
後，根據個案勞工之競業行為是否具有顯著背信行為而為斟酌，並非
審認競業禁止約定是否無效之前提。」（判決理由三）由於原告對於
透過該約款所欲保護之企業利益、究屬此行業之通用技術或原告之專
門技術，甚至營業祕密？及該利益是否正當，未能具體說明及舉證；
從而亦無法判斷勞工所擔任之職務，是否知係上開正當利益。再查，
該競業禁止約定並無補償措施，相當於兩年內被告無法利用其原有之
專業技術，且無補償，其限制已有踰越合理範圍之虞，且依該聘約第
10條約定，該競業禁止約款之適用係於原告單方「於任何期間以書面
通知」之條件下，顯與「平等原則」有違。綜上，本件離職後競業禁
止約款與前述之合理性標準無一符合，其約定屬不當限制被告之職業
選擇自由，應屬無效。

---

[1]　引自司法院網站，網址：www.judicial.gov.tw。

貳、評釋

一、其他實務見解

　　最高法院對於離職後競業禁止之約定，基本上傾向於肯定其效力，認為：「按憲法第十五條規定，人民之生存權、工作權及財產權應予保障，主要乃宣示國家對於人民之保障。且人民之工作權亦非不得限制之絕對權利。此觀憲法第二十三條之規定自明。被上訴人為防止其離職員工洩露其智慧財產權、營業祕密等，並防止惡性之同業競爭，乃於其員工進入公司任職之初，約定於離職後二年內不得從事與被上訴人營業項目相同或類似之行業，否則須負給付一定之違約金。該項就業禁止之約定，僅有二年之適用期限，且出於任職員工之同意而簽訂，即與憲法保障人民工作權之精神不相違背，亦不違反其他強制規定，且與公共秩序、善良風俗無關，原審認核約定並非無效，核無不當。」[2]相反地，其他下級審法院之見解原則上採取與本件審理法院相同的看法，認為應對離職後競業禁止約款採取較嚴格的審查態度[3]。而臺北地方法院於85年度勞訴字第78號判決，就太平洋房屋仲介公司及其員工間之離職後競業禁止約款，更明確地採取了五項審查的標準（即除本案審立法院所採之四項標準外，尚援用其所拒絕之「顯著背信性」），值得重視。

---

[2]　81年度台上字第989號判決，引自黃茂榮主編，民法裁判百選，第33（35）頁以下；同意旨，75年度台上字第2446號判決，最高法院民刑事裁判選輯，第7卷第2期，第273（276、277）頁以下。

[3]　對此，可參閱陳金權，於網站：www.ckchen.com.tw所蒐集之相關資料及評論。

二、學說見解

　　與最高法院不同、而接近於下級審法院的看法，學說上對於競業
禁止約款多傾向於採取較嚴格的審查態度。（一）有⁴從憲法上之觀
點出發，認為：上述條款亦係私法自治的一種表現，惟私法自治係植
基於「自我決定」（Selbstbestimmung）的原則，亦即其前提在於，
當事人作成自由決定的條件必須事實上存在。換言之，在簽訂契約
時，如果缺乏「相近等量勢力」（annährender Kräftegleichgewicht）
的契約當事人時，單憑契約自由的規範法則時，將不足以確保合乎事
理的均等狀態，並保障弱勢一方的權利。因此，當基本權利所保障的
法律地位遭他人支配時，國家必須採取必要的調整與規範，以確保基
本權利的實質內涵。此乃數國家的保護義務（Schutzpflicht）。準此
而言，有關競業禁止條款的合憲性問題，基本上涉及「私法自治」與
國家對職業自由所負保護義務之間的關係。至於在具體判斷標準上，
主要可以「勞工或員工在原雇主或公司之職務及地位」及「限制勞
工就業之對象、期間、區域、職業活動之範圍，需不超逾合理之範
疇」，作為判斷係爭競業禁止條款是否有效的基準；而「企業或雇主
須有依競業禁止特約保護之利益存在」、「填補勞工因競業禁止之損
害的代價措施」，則可供輔助判斷的參考。至於「離職後員工之競業
行為是否有顯著背信性或違反誠信原則」僅是個案認定事實的準則，
非屬判斷契約條款合憲性的基準。而離職後競業禁止約款若過度限制
勞工選擇職業自由，應認為有背於公序良俗而無效。（二）有主要參
考英美法之觀點，認為⁵：離職後競業禁止約款之目的，雖可使原受
僱人不得侵害前雇主營業祕密之附屬義務明確化，然其更強調利用當

4　李建良，競業禁止與職業自由，台灣本土法學雜誌，第15期，第111（113、
　　114、117）頁以下。
5　魏千峰，離職後競業禁止契約之研究，勞動法裁判選輯（一），第365頁以
　　下。

事人間之約定，使前雇主免於受僱人之競爭行為。惟其本質上係側重保障前雇主，因此應受規範，方不至於過當。至於在美國法上，合理的競業禁止約款須考慮下列三個因素：不給與前雇主過度的保護、不加諸受僱人過度的困境、不損害公共。前雇主之利益包括免於被受僱人拉去客戶、營業祕密被揭露、以及其對受僱人施以訓練之投資。受僱人之利益包括其選擇工作之自由、維持其本身及家庭生活、利用其個人技術及智能、改善其社會地位，並應考慮其係處於締約弱勢之地位。公共利益主要指公眾選擇提供勞務之利益；蓋公眾對於獲得技術成熟之勞工（尤其是諸多具有競爭性之勞工提供勞務）具有一般利益，且該約款可能剝奪受僱人之謀生能力，使公眾必須供養該人，亦屬損失。至於德國、美國法上亦對遭受競業禁止之勞工為一定補償，因此自得作為法理加以援用。（三）有[6]援引日本法上相關見解，認為競業禁止約款之有無效力，應參酌下列標準，綜合判斷：1.雇主須有一競業禁止特約保護之正當利益存在。其正當利益有三：(1)營業祕密及其他祕密。(2)防止員工被大量挖角。(3)確保公司與客戶間的人際關係。2.勞工之職務及地位知悉上開之正當利益。3.限制之期間、區域及職業活動之範圍須不超過合理之範圍。而此並無一般標準，僅為以此三要素依一般社會觀念，判斷其限制是否在競業禁止之合理範圍內。4.代償措施之有無。雖日本學者多認為代償措施為競業禁止條款有效要件之一。但日本實務上仍鮮有肯定代償措施為競業禁止條款有效要件之見解。惟實務因受學說影響，漸有重視代償措施有無之要件。

6　蔡正廷，離職勞工競業禁止之案例類型，萬國法律，第107期，第43頁以下。

三、本文見解

(一) 承認契約自由原則的正當性

契約自由原則與過失責任原則、所有權絕對原則共同構成近代民法的三大基本原則。契約自由原則使市民社會的成員，不再如封建社會時代受其身分所支配，而是可以自主地規範其法律關係；其基本理念，乃在於自我決定（Selbstbestimmung）與自我負責（Selbstverant-wortung）的思想[7]；亦即在法律上允許當事人得任意、自主地創造、形成其法律關係（willkürliche Selbstgestaltung）[8]，而免於國家干涉。一個契約約款之所以對於當事人具有拘束力，乃因其係基於雙方當事人之自我決定、對其內容所為之合意而成立[9]。除有違背公序良俗、強制規定、權利濫用等例外情形外，對於一個縱然在客觀上不盡明智或正確的契約約款，法律上仍應承認其效力[10]。而此結果也與「信守承諾」的道德要求相符合。又在當事人締約實力對等的情形下（這也是傳統民法的基本出發點），契約自由原則通常也可以保障契約內容同時具有的實質正當性（materielle Richtigkeitsgewähr）[11]，蓋若其約定內容欠缺妥當性，當事人盡可利用其他締約機會，作對其最有利之選擇。吾人若僅僅從上述自我決定、自我負責等理念、對於契約自由原則加以理解，則是對該原則比較形式上地加以理解。反之，吾人若是較強調契約自由原則之具有保障契約內容的實質正當性的功能，則

---

[7] Flume, Allgemeiner Teil des Bürgerlichen Rechts, Band 2: Das Rechtsgeschäft, 3. Aufl, 1979, S. 1. Fastrich, Richterliche Inhaltskontrolle im Privatrecht, 1992, S. 36(m.w.H.).

[8] Flume, aaO., S. 6 f, Fastrich, aaO., S. 37(m.w.H.).

[9] Flume, aaO., S.7, Fastrich, aaO., S. 37(m.w.H.).

[10] Fastrich, aaO., S. 37(m.w.H.).

[11] 提出此見解者，尤以Schmidt-Rimpler為代表，其中重要的目的，乃在於對抗納粹時代國家對私法關係的過度介入。以上說明，參照MünchArbR/Richardi, 1992, §14 RdNr 48.

可說是對於該原則採取比較實質上的理解。

（二）契約自由原則之限制

　　但上述的契約自由原則，對於勞動契約，是否仍如在民法上一般的情形予以適用，則自始受到挑戰。蓋自勞資雙方締約的實際情形而言，勞方多處於劣勢狀態，加以勞動條件實際上多由雇方預先擬訂，勞方多欠缺個別商議勞動條件之可能，因此對於勞動契約上之約款，多主張法院有較一般民法上其他契約約定，更廣泛地加以審查、控制之必要。關於其依據，二次戰後較早期的德國勞動法院[12]與學說之見解[13]，多嘗試以德國民法第315條[14]所定之衡平標準（Billigkeit），作為對於不當之勞動契約約定控制之依據（妥當性之控制）（Billigkeitskontrolle）。惟該規定係以當事人有給付指定權，而未約定其指定權行使標準為前提；因此其法律性質不外乎是一種解釋規定（Auslegungsregel），在當事人意思不明時，規定其給付指定權行使之標準；且衡平（Billigkeit）與否，僅得參照個案當事人具體情形決之。因此，該規定適用範圍有限、僅具解釋規定的性質，顯然無法直接作為所有對勞動契約內容控制的一般根據；且衡平之標準又只能依個案當事人之具體情況決定，顯然亦不適合作為對勞動契約內容控制時，法官造法的一般依據[15]。且若法官得以其個人所擁有之正當／妥當的

12　參閱MünchArbR/Richardi, 1992, §14 RdNr 37之介紹.

13　學說上尤以Söllner之教授升等論文Einseitige Leistungsbestimmung im Arbeitsverhältnis, 1966; Säcker之教授升等論文Gruppenautonomie und Übermachtkontrolle im Arbeitsrecht, 1972為代表。

14　德國民法第315條乃是規定：（第1項）給付應由契約當事人之一方指定者，若無另行約定者，其指定應以衡平裁量為之。（第2項）前項指定應向契約相對人以意思表示為之。（第3項）若給付之指定應以衡平裁量為之，則僅當該指定符合衡平時，對於契約相對人方有拘束力。若該指定不符合衡平時，相對人得請求法院以判決指定之；此於指定權人遲延未為指定時，亦同。

15　對此觀點深入的闡述，參閱v. Hoyningen-Huene的教授升等論文Die Billigkeit

價值判斷，取代當事人原先的約定，將有造成法官恣意干涉私法關係
之虞。因此依近來學說之發展，多傾向認為對勞動契約內容之控制，
原則上應侷限於適法性控制（Rechtskontrolle）的情形；其控制之依
據／標準雖各有不同，並無固定統一的基礎；惟應求諸於現行法內的
法律原理、原則，不得直接依據法官個人價值判斷為依據；並且原則
上只能對契約上約款之有效與否作審查，而非對其內容加以修正或變
更。至於其法律性質，原則上應屬於法官造法（Rechtsfortbildung）
的問題[16]，從而與一般法官造法所應遵循之原則與界限（如法律漏洞
之存否；對立法者既已表現的價值判斷之尊重；在超越實定法外之造
法時（gesetzes ü bersteigende Rechtsfortbildung）所應遵守之界限），
於此亦有其適用[17]。至於對勞動契約內容控制的正當性，向來有不同
主張；惟多數認為：基於勞工之從屬性（Abhängigkeit）、勞資雙方
締約實力之不平等（Disparität），契約自由原則在此並無法達到其保
障契約內容的實質正當性之功能[18]，因而對於勞動契約之內容有加以
控制之必要。

　　申言之，契約自由原則既然在於使當事人自主地決定其法律關
係，則相對地其界限即在於：避免具有優勢締約實力之契約一方，藉
此以達其單方決定，使他方因而由「自主」淪為「他主」之地位。而
此見解亦為德國聯邦憲法法院所採：「因為私法自治係以自我決定為
基礎，亦即以自由的自我決定的要件、事實上係存在著為其前提。若
契約之一方實際上擁有如此優勢之締約實力，以至於實際上可單方

---

im Arbeitsrecht, 1978.

[16] 參閱MünchArbR/Richardi, 1992, §14 RdNr 53 ff，又例如Fastrich, Richterliche Inhaltskontrolle im Privatrecht, 1992，雖以德國民法上之誠信原則作為依據，惟亦認為此係法官造法的領域（S. 70 ff），並無實定法上既已規定之標準可資遵循（S. 190 ff）。

[17] 參閱Fastrich, aaO., S. 76 f.

[18] 例如Fastrich, aaO., S. 74 ff, S. 232 f；針對勞動契約之內容，S. 181 ff (m.w.N.).

地決定契約之規定，則此對他方即意味著非其個人之決定。若當事人間欠缺相接近的締約實力，則僅透過契約，並無法擔保在所涉及的利害關係中，可以獲致適當地平衡。在此情況下對於基本權所保障之地位所為之處分，國家為確保基本權，必須平衡地而為干預……惟吾人並無法從憲法直接得知當事人間實力不對等的情形並須嚴重到何種程度，以至於必須透過強制規定對契約自由原則加以限制或補充。又就以必要的保護規定加以干預的情況，吾人亦僅能得知其特徵之類型而已。對此，立法者尤其擁有廣泛的判斷及形成之空間；然而其對於明顯的錯誤演變的情況，卻不得坐視不顧……縱然對於特定的生活領域或契約類型，立法者不訂立強制的契約法規，也並不意味著在契約之實務上即可無限制地任由當事人實力自由運作。反而應當是：在此，民法上具有過度禁止原則之效果的一般條款，尤其是（德國）民法第242（作者按：即誠信原則）、315條，應加以干預而補充之。而在對於上述一般條款之具體化及適用時，尤其應尊重相關之基本權。在此，相關的憲法上的保護任務則託付法官。法官於契約上對等的實力遭受干擾時，即應透過私法上之規定以實現憲法上的客觀基本決定。」[19]

惟以上多數見解，就介入契約自由原則的前提：締約實力之不對等，尚未能提出一較具體的區分標準，尤其是這到底與自由市場機能間之關係如何，也是有待深思的[20]。惟吾人若僅僅強調勞資雙方締約實力之不平等的現象，似將導致法官對於勞動契約全面審查（Vertragszensur）的危險，與現行法之以契約自由原則在勞動契約之領

---

[19] 德國聯邦憲法法院 Beschluß vom 7. 2. 1990, CI3 der Gründe, BVerfGE 81, S. 242, 253 ff. 對於德國法上期後聯邦憲法法院及聯邦最高法院（尤其是與保證契約）相關判決之詳細論述與批判，參閱 Barnet, Die formelle Vertragsfreiheit des BGB im Spannungsverhältnis zum Sonderprivatrecht und zur judikativen Kompensation der Vertragsdisparität, 1999. 簡要論述與批判，Grunsky, Vertragsfreiheit und Kräftegleichgewicht,1995.

[20] Grunsky, aaO., S. 13.

域、基本上仍有其適用之出發點不符；因而近來有主張[21]：對勞動契約內容之加以控制的正當性，乃在於回復實質上的契約自由原則：勞工之自我決定之自由。因此，在勞工實際上能實現其自我決定的前提下（例如某一約款係勞工之主動提出者、或係經個別與雇主磋商後約定者），吾人對此基本上及無加以審查之必要。與前述觀點相比，此說較能妥當地說明勞動契約上基本上仍有契約自由原則適用之餘地、避免法官透過其個人所恣意認定之標準、而對勞動契約爲全面審查，值得重視。

（三）以法益權衡作爲審查的方法

承上論述，離職後競業禁止約款係處於締約實力不對等的勞雇之間簽定的，而該約款又嚴重影響勞工選擇職業之自由，是以吾人對於該約款即不能任由當事人「約定」，而是應予以審查。惟現行法對此，並無一明文的標準；因此司法者即應自居於立法者之地位，透過法益權衡（Güterabwägung）的方法，個案決之。蓋私法之規定無非在於解決私人之間利益衝突，立法者於立法之時，即係透過法益權衡之方法，合理地界定當事人間之權利義務關係。因此於欠缺法律明文規定的情形下，作爲備位立法者的司法機關，於應透過法官造法，尋求解決個案紛爭的判斷依據時，亦應相同。若然，則吾人首先即應確定於該類個案上所涉之當事人之法益，若所涉法益之間有一定的上下位階關係，自應優先保護上位階的法益；不然，則應更進一步探究所涉法益之範圍與程度，於對立的法益之間保持一定的合理關係[22]。

21　MünchArbR/Richardi, 1992, §14 RdNr 46 ff.

22　Larenz, Methodenlehre der Rechtswissenschaft, 6. Aufl, 1991, S. 404 ff, S. 412, 413. 至於Larenz所提於衡量時尚應遵守比例原則、最少損害原則、最少限制原則（die Prinzipien der Verhältnismaßigkeit, des schonedesten Mittels oder der geringmöglisten Einschränkung）（S. 412），似與廣義比例原則／過度禁止原則相符，似乎是受到其所探討的對象是德國聯邦憲法法院的判決的影響所致，是否必然可以轉引到一切私法關係上，尚待進一步的探討。對此，可參

　　對於離職後競業禁止約款之審查[23]，從形式上的觀點言，吾人一般可考慮下列因素：

　　1. 約定之時間：離職後競業禁止約款約定之時點為何？例如是於勞動契約締結時或勞動關係存續期間為此約定？或於勞動關係瀕臨結束或其後另行訂定者？在前二者情形，該約款多可認為係勞工處於締約劣勢或從屬性的情形下所為，較有加以審查限制之必要。反之，在後者，勞工未必處於締約劣勢或從屬性的情形，與民法上一般締約人所處情形，並無重大差異，原則上較無審查之必要。準此，至少因為本案離職後競業禁止約款係於僱入時一併簽定，因此對於合法性即應較嚴格地審查。

　　2. 訂定之型態：此約款究竟係由雇主單方透過工作規則、以（其他）定型化約款的方式、抑或是勞資雙方個別磋商之結果？在前二者者，吾人可認為：雇主擁有與一般定型化約款時提出該約款者之締約上之優勢，尤其是勞工若事實上面臨僅有同意該約款或是喪失締約機會的選擇，則對於該約款究竟是否成為契約內容的一部分？如何解釋？應更加謹慎。而民法新增第民法第247條之1的規定，在此亦有適用之餘地。反之，若該約款係經雙方磋商，基本上與民法上對契約約款之成立過程的基本假設無異，原則上可從寬承認此類約款之合法性。

　　至於離職後競業禁止約款所涉及的法益型態：1.從雇方言，該約

閱林更盛，論廣義比例原則在解僱法上的適用，中原財經法學，第5期，第57頁以下。

[23] 至於德國法上對離職後競業禁止約定的問題，主要是參照其商法典第74條以下的規定而發展出來法官造法，原則上要求此類約定（一）形式上應以書面為之，雇主並應交付該書面文件給勞工；且該約定（二）實質上必須為保障雇主的正當利益；且其競業禁止約定之期間、地點、禁止營業之事項，亦不致於造成對勞工未來重大不利之影響；又禁止競業期間最長為二年，並應給予勞工其最後所領工資二分之一以上之補償；僅於上述的前提下，則該約定方為有效；s. nur MünchArbR/Wank, 1993, §126; Schaub, Artbeitsrechtshandbuch, 7. Aufl, 1992, §58.

款一般反映了雇主所擁有之契約及營業自由；具體言之，則可能是防
止員工於離職後洩露其營業祕密，以及惡性之營業競爭。惟應注意的
是：不得洩露雇主營業祕密，本係員工之附隨義務，不待明文約定，
亦應遵守；此於員工離職後，基本上亦無不同——若從時間的觀點加
以區分，於此可稱為後契約義務。且為防止員工洩露營業祕密，雇主
並不必要對員工於離職後之就業情況加以限制；蓋員工縱不從事相同
或類似行業，仍有洩露營業祕密之可能，反之，員工於離職後從事相
同或類似行業，並不表示必然會洩露營業祕密。因此，防止員工洩露
營業祕密，雖可能是雇主藉由離職後競業禁止條款所企圖保護的利益
之一，然而並非其重點。反之，防止惡性之營業競爭應當才是重點。
蓋員工於離職後，基本上並無義務不為競業行為[24]。因為勞工於原雇
主任職時，既從雇主獲得其勞務之對價，以維持其生活；因此法律基
本上得認為，亦可期待勞工有不競業之義務。然而在一承認自由競爭
市場機制的法律體系下，勞動關係終結後，除非另外牴觸法律規定
（例如民法第184條以下有關侵權行為之規定），勞工得採取與前雇
主競業之行為，寧屬當然。而員工離職後從事相同或類似行業，顯然
將使原雇主面臨更多可能的營業競爭壓力以及因而所帶來的損失；因
此在合理的程度內，雇主在法律上有正當利益、禁止員工於離職後從
事相同或類似行業。2.在勞工方面，此類條款首先將影響離職員工工
作選擇之自由。而特別是對於擁有一定程度的專業技術人員——通常
也是針對此類員工簽訂離職後競業禁止條款，對於雇主才較有實益，
面對日新月異專業技術之進步，不能繼續從事相同或類似行業，其專
業技能將可能因無法繼續透過工作之遂行而獲得更新與發展（人格法
益）。又從經濟層面言，無法繼續從事與原工作相同或類似行業，將
使勞工只能提供非專業的勞務，而這多意味著其向來經濟生活水準之
減低。3.另外值得注意的是：公共利益的考量，究竟在此應扮演何種

---

[24] Vgl. Hopt, HGB, 29. Aufl. 1994, §74 Rn 2; BAG Urteil vom 15. 9. 1988 (LS), DB 1999, S. 289 f.

角色？依本文見解，於私法關係所涉者，主要是如何對於私人間之利益衝突適當地加以界定，而非在於令其配合公共利益之極大化，因此除非於較例外的情況（如另牴觸公序良俗等），吾人基本上並無理由以所謂的公共利益為由肯定或否定離職後競業禁止約款之效力。

　　至於對於離職後競業禁止條款的審查，至少應注意下列數點：1.首先雇主有無正當利益、可透過離職後競業禁止條款之訂定加以保障？特別是當該勞工所提供的勞務類型，其他雇主可輕易地於勞動市場上、獲得相同種類與品質或類似的勞務供應，則吾人應傾向於認為雇主欠缺透過該類型條款加以保障之正當利益，該約款無效。又德國聯邦勞動法院[25]認為：若雇主僅單純地為防止透過勞工工作轉換所可能衍生，對於競業上的任何型式的強化，卻無任何其餘洩漏其企業經營上機密或其搶奪其固定客源之虞者，該約款無效。原雇主對相關部門之營業為停業或轉讓時，基本上應認為就該部分之營業活動，原雇主並無禁止勞工競業之正當利益[26]。至於在雇主有值得保護之正當利益的前提下，吾人更應進一步考慮2.個案所定競業禁止條款之期間與範圍等，應與雇主前述正當利益保持一合理的關聯[27]，否則該約款不具拘束力。亦即雇主縱有正當利益，亦不得對勞方之利益過度地加以限制。因此(1)設若雇主短期內將不再從事該部分之營業、嗣後勞動市場與專業技術等情況的改變，導致雇主喪失前述正當利益時，原定競業禁止條款應認為嗣後失其效力。(2)在競業禁止條款有效之期間內，為兼雇勞工之利益，要求雇主為合理的補償，基本上是正確的，否則勞方的經濟上與人格上的利益將全被抹煞，顯不合理。因此對於一欠缺補償的離職後競業禁止約款，吾人至少應嚴加審查。至於勞工在此所遭受到的經濟上損失，雇主並不能主張已經內含於勞工先前之

---

[25] BAG Urteil vom 24. 6. 1966 (LS), AP Nr 2 zu §74 a HGB, zuletzt BAG Urteil vom 1. 8. 1995 (LS), BAGE 80, 303 ff.

[26] Hopt, HGB, 29. Aufl. 1994, §74 Rn 2.

[27] BAG Urteil vom 24. 6. 1966 (LS), AP Nr 2 zu §74 a HGB.

工資或資遣費內，已一併予以「補償」；蓋工資乃勞工於原勞動關係存續中提供勞務之對價，資遣費目的在於對勞工於尋得他職之前的過渡階段，提供經濟上的緩衝、扶助，性質與在此所謂的補償不同。(3)附條件的離職後競業禁止約款，德國聯邦勞動法院[28]一向認為不具拘束力。包括例如使雇主保有權利，得於勞動契約終結後禁止勞工為競業行為[29]，或是就競業禁止所涵蓋之範圍、時間嗣後加以限縮、甚或免除其限制[30]，該類約款皆不具拘束力。蓋於此，雇主有無合理的正當利益，已不無疑問。何況雇主將此法律狀態不明的不利益，一概轉嫁勞工承擔，將嚴重地影響勞工工作選擇之自由。甚或勞工就其辛苦謀得的新職，將因雇主嗣後不同意其「競業」而使其陷於債務不履行之窘境，顯失公平，故該約款應不生效力。(4)又值得注意者，在前述最高法院判決中，對於該案件之當事人間所約定：勞工違反離職後競業禁止約定、應賠償雇主其先前最後一個月所領工資的24倍之金額，前審法院認定此為違約金之約定，並認為過高而依民法第254條酌減至最後一個月所領工資的半數的24倍；此係透過制定法內既有之規定，達到對勞動契約內容控制／審查，值得贊同。

（四）本案判決與相關見解之檢討

　　前述學說之（一）的見解，從國家保護義務檢討契約自由原則之限制，值得贊同。反之，前引最高法院判決以人民之工作權並非不得限制之觀點、作為其判斷之出發點，對此結論，吾人固無爭議；然而，此於其他人民之基本權利（包括契約自由），又何嘗不是如此（憲法第23條參照）？因此問題的重點並不是：人民之基本權利（在此：工作權）究竟是否得加以限制，而是在於：在**何種前提下、何種**

---

[28] BAG Urteil vom 19. 1. 1978 (LS); Urteil vom 4. 6. 1985 (LS); AP Nr 36, 50 zu §74 HGB.

[29] BAG Urteil vom 13. 5. 1986 (1. LS), AP Nr 51 zu §74 HGB.

[30] BAG Urteil vom 5. 9. 1995, BAGE 80, S. 380 ff.

限度內，吾人可對其加以限制。又由該觀點出發，最高法院認定係爭離職後競業禁止約定「亦不違反其他強制規定，且與公共秩序、善良風俗無關。」若將該見解擴張推論之，則無異將全盤否認對於契約自由限制的必要性、而使司法機關自我免除其所應負之基本權利的保護義務，應有不當。然而在另一方面，吾人僅從國家之保護義務，亦非當然就能合理的推論出審查契約自由的具體標準。蓋有無違反保護義務，係以國家權力對於基本權利有無重大誤認，以至於未能提供最基本之保護，作為其標準；然而在未違憲的範圍內，如何對契約自由合理地加以限制，尚須另外藉助其他標準。

　　本案所涉情形，因欠缺法律明文，實屬法官造法的問題。至於相關學說與本案判決所據以審查之標準，實採利益衡量之方法，值得贊同。而本案判決所採之審查標準，又與日本法上之見解最為接近。吾人若仔細觀察本案判決所採之具體標準，其1.企業或雇主須有依競業禁止特約保護之利益存在，與本文前述之雇方有無值得保護之正當利益同。又法院尚審查雇主「對於透過該約款所欲保護之企業利益、究屬此行業之通用技術或原告之專門技術，甚至營業祕密？及該利益是否正當」，似不以雇主之正當利益以營業祕密法第2條所定義者為限，與前述學說（二）（三）之見解同，亦值得贊同。其標準2.勞工之職務及地位知悉上開正當利益，似可納入前述雇方之正當利益一併考慮。蓋勞工於原職務上若無從知悉該營業或客戶祕密，則雇主即無透過離職後競業禁止加以保護之利益。至於其所採之標準。3.限制勞工就業之對象、期間、區域、職業活動之範圍，須不超逾合理之範疇。4.代償措施之有無，應當是在雇主有值得保護之正當利益的前提下，所為進一步審查有無對勞方利益過度地為限制的審查標準。至於「離職後員工之競業行為是否具有顯著的違反誠信原則」，誠如本案判決與前述學說（一）所言，並非審認競業禁止約定是否無效之前提。

　　又本案審理法院認為「依該聘約第10條約定，該競業禁止約款之適用係於原告單方『於任何期間以書面通知』條件下，顯與『平等

原則』有違。」此項結論，誠屬正確。蓋立於締約強勢之雇方，將此不確定法律狀態所衍生之不利益，一概轉嫁勞方承擔，將嚴重地影響勞工工作選擇之自由，應認爲顯失公平，該約款無效。已如前述。本案審理法院稱此爲「顯與『平等原則』有違」，其義當在民法第247條之1的「按其情形顯失公平」同，而與勞動法上的平等待遇原則無涉[31]。至於勞方所抗辯之：雇主「出售其被動元件廠已成定局，竟仍提起本訴，亦與誠信原則有違」；對此，吾人認爲實可納入「雇主有值得保護之無正當利益」的判斷內，而認爲雇主就該部分營業既已決定轉讓，即欠缺正當利益，該約款至少應認爲（嗣後）失其效力。

---

[31] 關於該原則，參閱林更盛，性別歧視與母性歧視之禁止（本書第六篇論文）。

8

職業災害中的雇主責任
——評職災訴願案例一則

壹、案例事實與判決理由

　　甲營造有限公司向彰化縣政府承攬彰化縣福寶區漁塭道路改善工程；其中模板工程部分由乙以每平方公尺145元含工代料予以承包。於85年2月7日發生工人丙遭擋土牆倒塌壓斃一事；經乙與丙之遺屬雙方於85年3月4日在彰化縣福興鄉調解委員會以150萬元成立調解。惟臺灣省政府勞工處中區勞工檢查所於派員實施職業災害檢查時，認為乙係丙之雇主，依勞基法第59條規定應對後者家屬為職業災害補償，且其數額（含喪葬費、死亡補償費）應為2,531,250元；其與勞工家屬所達成和解之數額既然不足此法定數額，故違反勞基法，因而移請彰化縣政府。經彰化縣政府於85年4月25日裁定對乙處以罰鍰6,000銀元；乙不服此裁定而提起訴願。其訴願遭駁回，現提起再訴願；其理由略為：系爭工程係由甲營造有限公司向彰化縣政府承攬，因此工人丙的雇主應為甲營造有限公司。乙不過提供可供反覆使用之模板供人租用而已；其所得之每平方公尺145元，亦無非為模板租金及代招募之模板工的工資，並非以工代料承包之對價。乙自身亦受僱於甲營造有限公司；實與其他的模板工無異。

　　臺灣省政府訴願委員之審查意見認為：乙既然就其轉承包工程部分所得僱用勞工之人數，得自行決定；且現場勞工之請假監督、指揮，皆由其自行負責，並不必向甲營造有限公司報備，顯見丙係受乙僱用之勞工；且勞基法第59條係強行規定，低於該規定職災補償標準之和解仍然違反該規定，構成第79條第1款之事由而應予處罰。因此擬駁回其再訴願。

貳、評釋

一、職災補償義務人

　　勞基法第59條第4款規定雇主於勞工遭遇職業災害死亡時，除給與五個月的平均工資外，並應給與其遺屬四十個月的平均工資作為死亡補償。

（一）雇主之認定

　　可能有疑問者，於本案例中，究竟何人是罹難勞工的雇主？從學理言，認為雇主乃勞工於勞動契約上的相對人，應無疑問[1]。至少就勞動契約法上權利義務言，這種見解亦符一般的交易觀念。因此，雖然勞基法第2條第2款定義：「雇主，謂僱用勞工之事業主、事業經營之負責人或代表事業主處理有關勞工事務之人」，無非是採取所謂的「功能性的雇主概念」（funktioneller Arbeitgeberbegriff）；其範圍似較廣泛，然主要目的不外為：使事實上執行、實施雇主權限者，在該定義的範圍內，於有違反勞基法的情事而應受處罰時，亦應共同負雇主之責[2]，藉以貫徹勞基法藉處罰規定所要達成保護勞工之意旨。因此，吾人並無法由該規定推論到：若勞工受僱於法人，則除該法人因為其勞動契約之相對人而為雇主外，該法人之負責人（如董事長）、代表事業主處理有關勞工事務之人（如該業務部門之經理），亦同時為雇主。吾人原則上仍應認為雇主乃勞工於勞動契約上的相對人，司

---

[1]　黃程貫，勞動法，1996年，第75頁；Zöllner/Loritz, Arbeitsrecht, 4. Aufl, 1992, S. 49: MünchArbR/Richardi, 1992, §29 RdNr 1 ff.

[2]　黃程貫，勞動法，1996年，第77、78頁。此由行政院就該規定草案之說明：該定義係參照勞工安全衛生法；以及在立法院內政、經濟、司法審查會對此說明未加更改（立法院，勞動基準法案，上冊，第6頁；下冊，第803頁），可以參照得知。

法院第一廳結論上亦採取相同見解[3]。

準此：

1. 對於本案乙之主張：罹難勞工的雇主應爲甲營造有限公司；其僅代該營造有限公司招聘模板工並代發工資；吾人首先應辨明的是：究竟和罹難勞工締結勞動契約、使其從事模板工作的相對人爲何？若乙係以自己之名義，而（例如）並非代理甲營造有限公司以該公司之名義與罹難勞工締約，則應可認定：罹難勞工的雇主爲乙。至於省政府訴願委員之審查意見所提到的相關判斷標準，如乙得自行決定僱用之勞工人數、具有請假、監督、指揮等雇主之權限等情事，雖亦不失爲參考之依據，惟原則上並非決定性之標準；因爲依照各該契約的具體約定，勞工也有可能實際上受雇主以外的第三人之指揮監督、向該第三人提供勞務。例如所謂的借調勞動關係（Leiharbeitsverhältnis）；該有權受領勞務之第三人原則上就勞務之提出則具有指示權（Weisungsrecht）、以及相對地也負有照顧和保護之義務（Rück- und Schutzpflicht），惟雇主原先之契約上義務（包括給付工

3　對於負有資遣費發放義務之雇主的認定，司法院第一廳認爲：「究以何人爲雇主，端憑由何人僱用勞工之事實爲斷，非謂一勞工必有三雇主。本件係由某甲以公司董事長身分代表公司僱用丙、丁、戊、己等數十名工人，故雇主應爲公司，其資遣費應由公司負責……」（民事法律專題研究（三），第393頁）。對於其他問題，其基本上亦採相同見解，認爲：勞基法第20條規定之得爲解僱事由之事業單位改組或轉讓，「如非事業單位爲公司組織並不包括其機關內部改組之情形在內。因如僅公司機關內部改組，原公司仍繼續存在，雇主依舊，自不發生勞動基準法第二十條所謂『新雇主承認』之問題，必於公司變更組織或合併，僱用之主體已生變更者時，始得謂事業單位改組。」（民事法律專題研究（三），第400頁以下）；對於將母公司職員派至子公司服務之情形，司法院第一廳認爲：母公司與子公司之關係，僅爲母公司支配子公司，但兩公司仍爲個別之權利義務主體，因此若係基於借調關係將勞工調往子公司工作，工資請求權及契約終止權得對母公司請求；若非基於借調關係，而係經勞工同意，則屬另一勞動契約之履行，與原雇主之勞雇關係亦因合意而終止（民事法律專題研究（六），第228頁）。

資之義務）原則上並不因而受影響[4]。

2. 對於乙之主張：其不過提供可供反覆使用之模板供人租用、所得之每平方公尺145元無非為模板租金及代招募之模板工的工資，並非承攬人；吾人應區分出租人與承攬人在獲得對價之要件上的差別。略言之，在前者，當其將租賃物交與承租人，並保持合乎使用收益之狀態時，原則上即得請求租金之給付；至於承租人事實上有無為使用收益，並不影響承租人給付租金之義務。在承攬的情形，承攬人原則上應於完成約定工作後，方得請求報酬；工作縱非因當事人之過失而不能完成者，承攬人仍不得請求報酬。準此以言，若乙之所得（之一部分）為模板租金；則原則上當其已依約提供模板時，即得請求對價。若為其承攬模板工程之對價，則原則上僅當其已依約完成模板工程後，方得請求對價。

3. 對於乙之主張：其亦受僱於甲營造有限公司，實與其他模板工無異。吾人應區分勞動契約與承攬契約之差異。此二契約雖皆涉及勞務之提出，惟大體而言，則有以下之別：典型的勞動契約之勞工就勞務之提出具有從屬性，其義務之內容在於一定勞務之提出；若勞工已提出約定之勞務，縱然無法達成雇主原先所要追求的企業生產、經營上的目的，雇主仍應給付工資。反之，典型的承攬契約之承攬人就勞務之提出具有獨立性，其義務在於一定工作之完成；僅當約定工作完成後，承攬人方得請求報酬[5]。因此，就本案而言，若依當事人之約定，乙之義務乃在於完成約定之模板工程後，方得請求報酬，則應認定其與甲營造有限公司間之法律關係並非勞動契約，而係承攬契約。故罹難勞工的雇主原則上並非甲營造有限公司，而應為乙。

---

[4]   Vgl. Zöllner/Loritz, Arbeitsrecht, 4. Aufl, 1992, S. 299: MünchArbR/Marschall, 1993, §165 RdNr 45 f.

[5]   對此問題，參照林更盛，勞動契約之特徵「從屬性」（本書第一篇論文）。

（二）職災補償之連帶責任人

勞基法第62條規定：「（第1項）事業單位如以事業招人承攬，如有再承攬時，承攬人或中間承攬人，就各該承攬部分所使用之勞工，均應與最後承攬人，連帶負本章所定雇主應負職業災害補償之責任。（第2項）事業單位或承攬人或再承攬人，為前項之災害補償時，就其所補償之部分，得向最後承攬人求償。」又職災補償之連帶責任人。第63條規定：「（第1項）承攬人或再承攬人工作場所，在原事業單位工作場所範圍內，或為原事業單位提供者，原事業單位應督促承攬人或再承攬人，對於其所僱用之勞工之勞動條件應符合有關法令之規定。（第2項）事業單位如違背勞工安全衛生法有關對於承攬人、再承攬人應負責任之規定，致承攬人或再承攬人所僱用之勞工發生職業災害時，應與該承攬人或再承攬人負連帶補償責任。」

有疑問者，本案之甲營造有限公司與彰化縣政府是否應依上述規定就職災部分與雇主乙連帶負補償之責？

1. 甲營造有限公司

首先較無疑問的可能是江峰營造有限公司應負連帶責任。雖然一方面勞基法第62條第1項規定之文義僅提及承攬人、中間承攬人，應與最後承攬人，連帶負雇主之職業災害補償責任；並未明文將事業單位本身列入。但另一方面同條第2項又規定：**事業單位若為前項之災害補償時，就其所補償之部分，得向最後承攬人求償**；顯然以事業單位應連帶負雇主職業災害補償之責為前提。又參照行政院對原本規定草案及立法院於一讀後所通過之修正案所為之說明，吾人亦可認為事業單位應連帶負職業災害補償之責。行政院對原草案之說明為[6]：「事業單位有以其事業交人承攬者，他人亦有將所承攬之工作，再次交與他人承攬者，**事業單位對於交與他人之工作所生職業災害，應與承攬人，以下各次承攬人負連帶補償責任……**」而立法院審查會的

6　立法院，勞動基準法案（上冊），第22、23頁；（下冊），第834頁。

修正說明則為[7]：「在目前工業社會中，事業單位將事業之一部分招人承攬或經數次轉包，乃屬必然，為使勞工因職業災害之補償能獲確保，各中間承攬人均須負連帶責任，而**事業單位所為此項職業災害補償之部分，亦得向最後承攬人求償，方屬合理**，……」準此立法意旨，第62條第1項之未明文規定事業單位應負職業災害連帶補償之責，顯為立法疏忽，為法律漏洞；就事業單位應否負職業災害連帶補償之責的問題，吾人應類推適用第62條第1項之規定，以補充之[8]。

　　本件之甲營造有限公司是否應類推適用第62條第1項之規定，負職業災害連帶補償之責？應符合以下之要件：(1)勞基法第62條第1項所稱之事業單位，依同法第2條第5款之定義事業單位：謂適用本法各業僱用勞工從事工作之機構[9]。而本案之甲營造有限公司有勞基法之適用，應無疑問。(2)又甲係以其營業之事項（包括本件道路改善之工程）轉包他人承攬，而罹難勞工是因從事於該營造公司轉包給其雇主之模板工程時，發生職業災害而死亡；亦符合勞基法第62條規定第1項規定：事業單位之以事業招人承攬之要件。因此就本件乙所使用之勞工丙之發生職業災害，應連帶負職災補償之責。

---

[7]　立法院，勞動基準法案（下冊），第834頁。

[8]　相反意見，魏朝光，我國職業災害補償法制及其適用，法學研究，第8期，303頁以下（第324、325頁）。魏朝光，勞動職業災害之補償，第176頁以下。又雇主於此情形，縱不類推適用勞基法第62條第1項連帶負責，仍可能應依勞工安全衛生法第16條之規定負連帶責任。惟鑑於勞工安全衛生法與勞基法之立法目的未必一致、適用行業在法律上也不一定相同，因此本文認為在適用勞基法之行業，為保持在法律適用上體例之完整，關於事業單位職業災害補償責任之問題，仍應類推適用勞基法第62條第1項之規定。

[9]　而限定應就職災負連帶補償責任之事業單位以有勞基法之適用為前提，亦為妥當。蓋若事業單位無勞基法之適用，就其本身所僱用之勞工，並不須依勞基法第59條以下之規定，負職災補償之責；於將其事業轉包給他人時，就該轉承包人所僱用之勞工，反而應依勞基法第59條以下之規定，負職災補償之責；於價值判斷上，有失均衡。

2. 彰化縣政府

　　較有疑問的是：本案之彰化縣政府就所發生的職業災害，是否亦應連帶負補償之責？

　　事業單位應類推適用第62條第1項之規定，就職業災害連帶負補償之責，又勞基法所稱之事業單位，以適用該法為前提，已如前述。因本件之彰化縣政府並非適用勞基法之機構，故彰化縣政府似非勞基法第62條所稱之事業單位。

　　惟在勞基法的立法過程中，立法機關卻似乎採取相反的看法。立法院於一讀時，就原行政院所提之草案有修正案之提出，並附以如下之例為說明：「依據修正動議，例如立法院工程由中華公司承包，中華公司再轉由小包公司承包；如果發生職業災害，則立法院、中華公司、小包公司應連帶負賠償責任。」[10]而此修正案也成為現行勞基法之規定。若依此例，則本件之彰化縣政府亦應連帶負職災補償責任。但值得注意的是，以上立法機關對法規之具體適用情形的看法，於法律適用上固然值得參考，然並無拘束力；此為確保法律適用之正確、妥當，以及基於權力分立理論所當有之結論[11]。又在立法過程中吾人可明顯地看出：本規定的基本方向、目的不外乎在於防止事業單位藉由轉承攬的方式排除其原應負擔的雇主責任[12]。參酌此基本的立法目的，本文認為：原先因無勞基法之適用，不須依勞基法負雇主之責的原始定作人（如本件之彰化縣政府），既然並無藉承攬之方式以逃避勞基法雇主之責任可言；因此吾人並無理由將其列入勞基法第62條所定之事業單位。況且勞基法第62條之課予事業單位連帶補償責任，以「事業單位以其事業招人承攬」為前提；其理由不外乎：蓋僅於此情

---

[10] 立法院，勞動基準法案（下冊），第760頁，李志鵬委員之發言紀錄。

[11] Larenz, Methodenlehre der Rechtswissenschaft, 6. Aufl. 1991, S. 329; Bydlinski, Juristische Methodenlehre, 2. Aufl, 1991, S. 433.

[12] 立法院，勞動基準法案（上冊），第611頁以下；（下冊），第1127頁以下（尤其是召集委員謝深山於二讀通過前，第1129頁以下之發言）。

形；事業單位既然對其事業、營業具有專業知識；客觀上也才有預防職業災害之可能。況且事業單位藉轉承攬其事業而獲得經營上之利益，法律上課予事業單位補償責任，也才具有妥當性。此與本案彰化縣政府的之情形顯然不符。若認為所有包括本件彰化縣政府的原始定作人皆屬勞基法第62條（以下）所稱之事業單位，則有下列疑問：在承攬契約，對於承攬工作之完成，原則上是由承攬人自行決定；並不受定作人之命令、指揮、監督；因此認定其是否應就工作時發生之職業災害連帶負補償責任，應嚴格限定之。尤其當定作人在一般情形或在客觀上根本不具備實施工作之專業知識技能、從而亦無法對承攬工作有適當的監督以避免職業災害之發生時（例如(1)住戶委請搬家公司搬家，而搬家公司之司機於運送途中發生車禍、或勞工於搬運時不慎，導致其他勞工傷亡者。(2)住戶向鐵窗工廠訂製鐵窗，而於架設鐵窗時，工廠勞工不慎跌落地面受傷）；對之（即此例之住戶）課以職災補償之連帶責任，恐缺乏正當性，亦與一般社會通念不符。因此本案之彰化縣政府並不需依勞基法第62、63條規定連帶負職災補償責任。

　　雇主所負之職災補償責任，係為確保勞工於發生職業災害時能獲得最低程度的經濟上補償而設，為無過失責任[13]。若依個案情形，雇主對職業災害之發生有可歸責之情事而應負其他的損害賠償責任時，則此損害賠償責任並不被勞基法第59條所排除；只是雇主得以職災補償金額抵充同一事故所生之損害賠償金額（勞基法第60條）。

二、侵權行為責任

　　以下首先探討侵權行為責任的問題。

---

[13] 黃程貫，勞動法，1996年，第439頁。

（一）雇主乙

對於職業災害之發生，雇主若有可歸責之事由，應依侵權行為法負責。詳言之，本件雇主乙之行為可能構成民法第184條第1項之過失侵害他人權利（生命權），應負損害賠償責任。又民法第184條第2項規定：違反保護他人之法律，推定其有過失；若依具體情形，可認為雇主有違反勞工安全衛生法規相關之規定（特別是勞工安全衛生法第5條第1項第5款、第3項）之情事時，因為此類法規之目的並非僅在於防止職業災害之發生（保護社會公眾利益）；至少同時也是為保障勞工安全與健康（保護特定群體：勞工）（另參照勞工安全衛生法第1條）；故該規定得認為係民法第184條第2項之「保護他人之法律」[14]。於此情形，雇主乙並應依民法第184條第2項負侵權行為之責；其過失並由法律予以推定。

在雇主乙行為構成侵權行為之前提下，雇主乙並應依民法第192條，對於支出殯葬費者予以賠償。若罹災勞工對第三人負有法定扶養義務者，該第三人對於雇主乙也有損害賠償請求權；又罹災勞工之父母、子女、配偶並得就其自身因而所受之非財產上損害，請求雇主賠償相當金額（民法第194條）。惟對於侵權行為之成立，應由請求賠

---

14 民法第184條第2項所謂的「保護他人之法律」，以該法律之目的不僅在於保護社會公眾本身、而（同時）在於保護個人或特定群體免於法益之受侵害：Vgl. nur Palandt/Thomas(54. Aufl.), §823 BGB, RdNr 140 f; Jauernig/Teichmann(7. Aufl.), §823 BGB, III 2 a, b。至於公法上有關勞工安全衛生之法規，或行政機關基於法律之授權所為之進一步的具體規定，原則上得構成德國民法第823條第2項（即相當於我國民法第184條第2項）所謂的「保護他人之法律」，則為通說之見解，Vgl. nur Zöllner/Loritz, Arbeitsrecht, 4. Aufl, 1992, S. 306: MünchArbR/Wlotzke, 1993, §202 RdNr 28(j.m.w.N)；有爭議的只是德國法上由各該職業災害之被保險人與雇主所組成之職災保險團體所自定之職業災害防範守則（Unfallverhütungsvorschriften der Berufsgenossenschaften）是否構成此所稱之「保護他人之法律」，德國通說採否定見解，學說上有採肯定見解者，對此問題，vgl. MünchArbR/Wlotzke, 1993, §200 RdNr 34。惟本文所探討之對象，乃雖為行政機關所為之規定，惟同時另有直接經立法院通過之勞工安全衛生法第5條作為依據者；故與前述德國法上之爭論無關。

償者負舉證責任；雇主並有主張民法第188條免責之可能，對賠償權利人頗為不利。

（二）甲營造有限公司

依具體情況，本件甲營造有限公司若對職業災害之發生有可歸責之事由者，可能構成民法第184條第1項之過失侵害他人權利（生命權），應負損害賠償責任。又勞工安全衛生法第17條既已規定：事業單位以其事業之全部或一部交付承攬時，應於事前告知該承攬人有關其工作環境、危害因素暨本法及有關安全衛生規定應採取之措施；而該規定之立法意旨並非僅在於防止職業災害之發生，亦非僅在於保護轉包工程之承攬人而已；同時也是為保障轉包工程之勞工的安全與健康、免於職業災害之發生（另參照勞工安全衛生法第1條）；故在本件之甲營造有限公司與罹於職災之勞工丙之間，該規定亦得認為民法第184條第2項之「保護他人之法律」。因此甲營造有限公司對於轉包給承攬人乙之工程部分，若依有告知承攬人乙之義務而未盡其義務，因而導致職業災害之發生者，亦應依民法第184條第2項負侵權行為之責；其過失並由法律予以推定。至於其對罹難之勞工及其家屬應負責範圍，原則上與前述雇主之侵權行為責任相同。

三、契約法上的責任

（一）雇主乙

依現今勞動法上通說之見解，公法上保護勞工的法規具有所謂的雙重效力（Doppelwirkung），亦即其不僅僅課予雇主對國家應負義務、遵行一定勞工安全衛生方面的規定，於其違反時予以一定之處罰（公法上效力）。就勞動契約法言，這類法規原則上可同時形成雇主對於勞工所應負之保護與照顧義務的最基本的內容（私法上效

力）[15]。蓋藉由承認該等法規同時具有私法上／契約法上之效力，不僅可使雇主在私法上之保護與照顧義務與其公法上勞工安全衛生方面的義務趨於一致；更可藉由賦予勞工在契約法上有此相對應的權利，較有效地監督與促使雇主遵守其義務，實現公法上的要求[16]。準此，雇主乙違反勞工安全衛生法令之行為，可能同時構成勞動契約上雇主保護與照顧義務之違反，從而對勞工應負債務不履行的損害賠償責任。由於勞工在主張此項責任時，就雇主之故意或過失不必舉證；且雇主並無類似主張民法第188條而免責之可能，故對勞方言，主張此債務不履行之損害賠償請求權，原則上較侵權行為之規定更有利。

（二）甲營造有限公司

又勞工安全衛生法第17條規定事業單位以其事業之全部或一部交付承攬時，對於承攬人負有一定的告知義務，而該規定之目的同時也在保障勞工安全與健康，已如前述。因此該規定一方面得認為構成甲營造公司和乙之間承攬契約上告知義務的內容。若甲營造有限公司未盡此項告知義務，以至於乙未能有效地防止職業災害之發生，則對此損害之發生，應負債務不履行之責。另一方面，就承攬人乙所僱用之勞工言，該勞工雖非甲、乙間承攬契約之當事人，但應可主張其為受該契約保護第三人效力（Vertrag mit Schutzwirkung für Dritte）所保護之第三人；於甲營造有限公司就職業災害之防止，未盡其對承攬人乙之告知義務，以至於發生職業災害時，發生職業災害之勞工亦可直接對甲營造公司主張債務不履行的損害賠償責任。蓋依現今契約法之理論，契約不僅於當事人之間有其效力，對於1.（如本件之甲營造有限公司告知義務的）債權人（即承攬人乙），2.對之負有保護照顧義務之特定的第三人（即本件之勞工丙），3.若該第三人

---

[15] Vgl nur Zöllner/Loritz, Arbeitsrecht, 4. Aufl, 1992, S. 183, 306 fl; MünchArbR/ Wlotzke, 1993, §202 RdNr 15 ff.

[16] Wlotzke, F.S. Hilger/Stumpf, S.723(725 ff).

之利益將如債權人之因給付而受到影響，且4.法律上有予以保護之必
要者，吾人都應承認此類之第三人應如契約上的債權人同樣地受到
契約效力之保護，以適當地修正侵權行為法對其保護的不足[17]。至於
其理論基礎，德國法院實務則是採取補充性的契約解釋（ergänzende
Vertragsauslegung）；多數德國學說則是基於誠信原則所為之法官造
法（eine auf §242 BGB beruhende richterliche Fortbildung des disposi-
tiven Rechts）[18]。對此問題，於我國法上究應採何見解，在此可存而
不論。蓋就本件情形，承認勞工丙為甲對乙之告知義務所保護的第三
人之理由，乃在於：在我國法上，立法者為防止職業災害之發生，已
於勞工安全衛生法第17條以下明文規定事業單位對承攬其工作者有一
定的告知義務。基於這樣的價值判斷，吾人應同時認為承攬人之勞工
為此告知義務效力所保護之第三人，以貫徹保護勞工之旨。同理，在
德國法上雖多主張契約之保護第三人效力原則上得由契約當事人以約
定排除或限制之[19]；然而在我國法上，就本件情形，吾人應認為：在
當事人甲、乙之間，原則上雖得為與勞工安全衛生法第17條不同之約
定（另參照同法第18條第2項、第19條），但至少就勞工為受前述告
知義務保護之第三人，亦即其對告知義務人甲得直接請求債務不履行
的損害賠償之部分，則仍不受此類約定之影響，以確實貫徹保護勞工
之旨。

---

[17] 對此問題之一般論述，vgl. Larenz, Lehrbuch des Schuldrechts I, 14. Aufl, 1987,
S. 224 ff, MünchKomm/Gottwald, 3. Aufl, 1994, §328 BGB Rdnr 78 ff; Palandt/
Heinrichs(54. Aufl.), §328 BGB RdNr 13 ff.

[18] 關於此問題，Vgl. Larenz, Lehrbuch des Schuldrechts I, 14. Aufl, 1987, S. 226 f;
MünchKomm/Gottwald, 3. Aufl, 1994, §328 BGB Rdnr 78 ff(80); Palandt/Hein-
richs (54. Aufl.), §328 BGB RdNr 14.

[19] Larenz, Lehrbuch des Schuldrechts I, 14. Aufl, 1987, S. 229; Jauernig/Vollkommer
(7. Aufl.), §328 BGB RdNr. III 3 b) m.w.N.; dazu vgl. MünchKomm/Gottwald, 3.
Aufl, 1994, §328 BGB Rdnr 97 ff.

四、職災補償／賠償與和解

最後應探討者為：（一）勞基法上有關雇主職災補償之責任（第59條）以及雇主之因。（二）侵權行為。（三）違反契約義務所生之損害賠償責任可否以和解減少或免除之。

對於第一個問題，臺灣省政府訴願委員之審查意見採否定見解，認為勞基法第59條係強行規定，從而職災補償之和解仍不得低於該規定之標準。勞動行政主管機關之見解亦大抵如此。原先內政部的見解認為：勞基法第59條為法律之強行規定。當事人雙方低於法定標準為職業災害補償時，則構成違反勞基法第59條規定之情事[20]。而且若當事人間經法院核定之調解有違反前揭情事者，當事人得於法院核定之調解書送達後三十日內向原核定法院提起宣告調解無效或撤銷調解之訴，否則即依法與確定判決生同一效力。至雇主違反勞基法第59條規定者，主管機關仍可依同法第79條規定處分，不因當事人間曾有調解協議而免責[21]。其後主管機關之勞委會於初期則採較保守的態度，認為：雇主給付之補償雖低於勞基法第59條規定之標準，惟雙方和解成立，並經法院依法核定，當地主管機關無法干涉[22]。近來則改採前述內政部之見解，認為在此情形，主管機關對罹災勞工家屬之拋棄民事賠償請求權部分雖無法干涉，惟雇主違反公法之強行規定，主管機關仍應依規定處分[23]。

這種見解可能是基於以下考量：勞工常處於締約地位劣勢，必須依賴勞動關係以維持其經濟生活水準等等因素，因而其契約自由實

---

[20] 75.4.18台（75）內勞字第393564號函，引自林辰彥等，綜合六法審判實務，勞工類法規第一冊，第1082-6頁。

[21] 75.7.17台（75）內勞字第443213號函，同前註，第1082-9頁。

[22] 76.12.5台（76）勞檢字第8542號函，同前註，第1082-12頁；77.4.1台（77）勞檢一字第04520號函，同前註，第1082-14頁。

[23] 79.1.9台（79）勞動三字第19437號函，同前註，第1082-23頁。

際上常處於受限制的狀態；故為保護勞工、應貫徹職災補償規定之強制性。因此不僅於職業災害未發生之前，法律上有保護勞工之必要，使雇主不得以契約約定事先排除或減低其職災補償之責；基於同樣的理由，縱然在勞工職災補償之請求權既已成立之後，勞工仍有予以保護之必要。況且法律既未明文規定第59條僅限於當職業災害未發生之前，才具有強制性；故於職災補償之請求權既已成立之後，該規定仍具有強制性。從而低於法定職災補償標準所為之和解仍抵觸該規定[24]。惟若從民法的角度（尤其是私法自治原則）出發，則可能認為：像勞基法第59條這種勞動法上的強行規定，原則上僅係針對預先排除或減低雇主責任之約定或勞工之預先聲明放棄其權利而設；因為只有在此情況下，勞工有受到保護的必要。此規定既未明文禁止勞工嗣後放棄其權益，嗣後勞工既然已擁有該項權利、而其是否行使，乃勞工之權，應任其自由決定；則法律上並無禁止其與雇主約定不行使或放棄其權利之理[25]。故於職災發生後，當事人所為低於法定職災補償標準之和解，原則上應為合法，並不牴觸勞基法第59條之規定。

　　對此問題，本文採折衷見解。（一）首先吾人應以前述第二種見解作為出發點，亦即：職災補償權利人之權利，既屬私法之一部分，故亦有私法自治原則之適用。若無法律明文規定，職災補償權利人原則上得自由處分其既有之權利，此為私法自治原則下應有之結論，故職災補償權利人得為低於法定職災補償標準之和解。又法律之所以賦予職災補償之具有強制性，無非為保護一已遭受職災損害之勞工，免於因為處於弱勢之地位而不得不同意對其不利之約款；但這樣的情形於勞工取得該補償權利後，原則上已非如此（此於勞工

---

[24] 在德國法上對強行的勞動法規以類似理由採取同樣結論者，如Trieschmann, Zum Verzicht des Arbeitnehmers auf unabdingbare gesetzliche Ansprüche, RdA 1976, 68 ff; Moritz, Die Ausgleichsquittung -Privatautonomie im Arbeitsrecht, BB 1979, 1610 ff.

[25] 在德國法上對強行的勞動法規以類似理由採取同樣結論者，如MünchKomm/v. Feldmann, 3. Aufl, 1994, §397 BGB RdNr 17.

罹於職災死亡時，亦同）。又勞工之放棄職災補償，若未影響公益或當事人以外之第三人之利益，原則上當無禁止之理由。至於「勞工既已發生職災，有更加以保護之必要」的考慮，本文認為除應於下述契約內容的控制的部分加以斟酌外，並不足為全面否認權利人嗣後處分其職災補償權利的理由。對此，吾人可以一比較法上有趣的現象加以說明：德國法上對於聯邦休假法（Bundesurlaubsgesetz）上所規定勞工基本的休假權利，通說認此為強行規定，縱然已取得法定之休假權，對之（包括休假期間雇主應續付之工資）勞工亦不得（於法庭內／外以和解）放棄[26]。然而對於勞工依工資繼續支付條例（Entgeltfortzahlungsgesetz）[27]於疾病時所可請求之工資，依多數學說，於該權利已發生之後，縱然於勞動關係存續期間，勞工仍得加以放棄；至於德國聯邦勞動法院，則僅於該權利已發生之後，且勞動關係已結束後，方才承認勞工得加以放棄[28]。至少從我國法的角度而言，對於同為保護勞工所為之強制規定上的權利，卻為不同的處理，此於價值判斷上似有失一致、均衡。但更重要的是，這也同時突顯出：在決定一法律規定之強制性應貫徹到何種程度時，吾人不應僅僅籠統地以「勞工有受保護之必要」為理由回答之。因此，本文認為：一概禁止職災補償權利人放棄其權利之見解，應不足探。（二）惟應注意者：基於勞資雙方締約、交涉實力不平等之種種因素，在勞動法上私法自治原則（尤其是契約自由原則）常常並不能確保勞動契約內容之正當性，因而吾人對於勞動契約之內容並不能一概地承認其效力，反而是有予以審查、限制之必要[29]。而這種情況，於勞工罹於職

---

[26]　Vgl. Bleistein, GK-BurlG, 5. Aufl, 1992, §1 Anm. 93; Dersch/Neumann, 8. Aufl, 1997, §13 Anm. 53 ff, Leinemann/Linck, 1995, BUrlG §1 Anm. 131 f.

[27]　該法於1994年6月1日生效，取代大部分原有關於假日、勞工疾病時雇主應繼續支付工資之相關法律，包括§§1-9 Lohnfortzahlungsgesetz的部分。

[28]　Vgl. Schmitt, 2. Aufl, 1995, §12 EFZG, Anm. 18 ff(m.w.H.).

[29]　對此，在德國法上多以個別勞動契約之功能不彰，因此私法自治／契約自由

災時，其家屬突遭巨變，對於相關事實及其法律上可能主張之權利不明時，應無不同。透過以上這種並非全盤否認、而是有限度地承認職災補償當事人得爲低於法定數額以下之約定的見解，一方面既可以達到保護勞方的利益，另一方面又不致於不必要地干涉當事人的契約自由，至少從過度禁止（übermaßverbot）原則底下的必要性（Erfordlichkeit）原則——法官對私法上之紛爭所行使之審判權，包括對私法領域內的法律所爲之解釋／適用與造法，屬國家權力中司法權之的一部分，故亦應遵守過度禁止原則而言，亦爲妥當。準此，當事人雖得就職災補償爲和解，惟此和解應與勞動契約之其他約款同樣地受到審查。若依個案具體情況，職災補償權利人因和解僅單純地放棄其部分權利，卻未獲得相對地合理的利益；或是和解之內容嚴重低於法定補償數額；又或是職災補償權利人在相關事實上未明朗或就其法律上所能享有之權利不清楚，甚至是處於某程度不當的壓力之下而爲和解，則依（勞動）契約內容控制之理論，原則上應認爲該和解牴觸勞基法第59條之規定而無效，惟勞工若是在明確地知悉其法律上應有之權利的情況下爲和解，而且其放棄部分權利，在客觀上具有合理正當事由者（例如在家庭企業、雇主與勞工及其遺屬爲同一家族之成員，具有共同的利害關係者；或是當事人在法庭上已經法官詳細闡明雙方權利義務後，爲免不必要的纏訟而和解者），該和解原則上得認爲合法，並不牴觸勞基法第59條之規定。惟應注意者，職業災害之補償事涉勞工基本經濟生存之維繫，因此低於法定補償標準之和解，其合法性應

原則在勞動法上不能像在民法上一概加以適用爲理由；惟亦有認爲對勞動契約內容之審查，並無法僅以單一的理由加以說明；不過其最終不外乎是：「對制定法內的保護勞工之規定或相關原理、原則，在何種程度內，勞動契約可爲不同的約定？」的問題；對此，法院所應作的是對勞動契約內容之合法性的審查（Rechtskontrolle），而非其正確性或妥當性的審查（Richtigkeitskontrolle, Billigkeitskontrolle）。德國法上相關討論概況，vgl. MünchArbR/ Richardi, 1992, §14 RdNr 37 ff (m.w.H.)；詳細論述，可參閱Fastrich, Richterliche Inhaltskontrolle im Privatrecht, 1992。中文簡要論述，參閱林更盛，離職後競業禁止約款（本書第七篇論文）。

從嚴認定之。至於當職災補償之當事人所成立之和／調解之合法性，另有法律規定可資依循時，其合法性原則上自應依相關法規加以判斷。因此，例如對於在鄉鎮市調解委員會所成立調解，縱僅因未於法定期間內起宣告調解無效或撤銷調解之訴，而生與確定判決同一效力者，其合法性既另有法律根據，原則上亦應認為合法。對此調解，行政主管機關即無理由以違反勞基法第59條之規定為由、依同法第79條第1款處以雇主罰鍰，以避免在法律上對同一行為之合法性為不同的判斷。

　　同理，對勞工（或其家屬）應負契約法上或侵權行為法上損害賠償責任之人，與損害賠償權利人達成和解，而其數額低於損害賠償權利人原可請求者，若可通過前述和解內容之審查標準，吾人亦應承認該和解為合法。

五、結論

（一）職業災害補償

　　本件罹災勞工之雇主為乙，乙為勞基法第59條之職業災害補償義務人。又依勞基法第62條，甲營造有限公司應連帶負職災補償之責。至於彰化縣政府，因非勞基法所稱之事業單位（第2條第5款），亦無藉轉承攬的方式排除其原應負擔的雇主責任可言，故不必就職災補償連帶負責。

（二）侵權行為責任

　　本件乙之行為可能構成民法第184條第1項之過失侵害他人權利（生命權），應負損害賠償責任。又其若同時違反勞工安全衛生法規之相關規定，亦應依民法第184條第2項負侵權行為之責；其過失並由法律予以推定。當其行為構成侵權行為時，乙並應依民法第192條，對於支出殯葬費者應予賠償；若罹災勞工對第三人負有法定扶養義務

者，該第三人也有損害賠償請求權；罹災勞工之父母、子女、配偶並得就其自身因而所受之非財產上之損害，請求賠償相當金額（民法第194條）。至於本件甲營造有限公司若對職業災害之發生有可歸責之事由者，可能構成民法第184條第1項之過失侵害他人權利（生命權）。其對於轉包工程部分，若依相關勞工安全衛生法規有告知再承攬人之義務而未盡其義務，因而導致職業災害之發生者，對罹難之勞工及其家屬，亦應負侵權行為（民法第184條第2項、勞工安全衛生法第17條）之責。其對罹難之勞工及其家屬應負責範圍，原則上與前述雇主之侵權行為責任同。

（三）契約責任

本件雇主乙若有違反勞工安全衛生法規之情事，可能同時構成勞動契約上雇主保護與照顧義務之違反，從而對勞工應負債務不履行的損害賠償責任。又本件罹災勞工為其雇主乙與甲營造有限公司間之承攬契約的保護效力所及之第三人；若甲營造有限公司未盡其對承攬人乙之告知義務以致發生職業災害時，勞方亦可直接對甲營造公司主張債務不履行的損害賠償責任。

（四）職災補償／賠償與和解

基於契約自由原則，勞方對於既已發生之法定職災補償請求權（勞基法第59條）原則上得自由處分，得為低於法定標準以下之和解。惟對此，法院得為審查；原則上僅當勞工在明確地知悉其法律上權利的情況為和解，其放棄部分權利有合理正當之理由者，吾人方承認該和解為合法。對於因職業災害所生之契約法上或侵權行為法上損害賠償請求權，法律上亦應為相同處理。

9

勞基法上職業災害
的概念及其補償

——評最高法院86年台上字第283號判決

壹、案例事實與判決理由

一、事實與審理經過

上訴人（勞工）於民國77年7月1日起受僱於被上訴人某化學股份有限公司，擔任技術處研究員，從事AS-PH染料合成研究開發工作。其後產生接觸性皮膚炎，於77年9月底因感身體不適、求醫診治，自78年6月起留職停薪。80年5月經臺灣省政府勞工處轉請行政院勞委會鑑定，於80年10月鑑定確為職業病（經臺北榮民總醫院於82年10月20日函覆一審法院，認定本件勞工之接觸性皮膚炎並未痊癒；且依其經驗，此病可能無法完全治癒。該院並於85年3月7日明確表示，本件勞工之接觸性皮膚炎已成為慢性病，不宜再從事化學物質製造、合成、包裝、運送之工作）。本件勞工主張雇主對其罹患該病有過失，遂於81年4月9日訴請雇主依勞基法第59條第2款前段、侵權行為、契約不履行之法律關係，給付：1.40個月的平均工資。2.工作能力之喪失。3.慰撫金等共若干元。本件雇主則主張：其工廠設備並無不當、本件勞工之罹患接觸性皮膚炎、純屬其個人體質敏感所致。且本件勞工之請求縱然成立，亦已罹於二年之消滅時效。

第一審法院原則上認為本件勞工之請求有理由，僅其請求之數額應予減少。經雙方當事人上訴後，第二審法院亦原則上認為勞工之請求有理由、僅其請求之數額應予減少。其理由主要為：1.就職業災害部分；本件勞工之疾病，業經臺北榮民總醫院鑑定為職業災害，雇主之抗辯：其工廠人員並無相同病例，並不足取。2.雇主對勞工罹患該病有過失；依本件勞工患病當時之勞工安全衛生法第5條第1項第5款規定；以及內政部頒布之特定化學物質危害預防標準之規定，雇主對特定化學物質之作業場所，應備製作業勞工人數相當數目合格有效之防護具等措施（第4章「健康檢查及防護措施」第36條），並有應定期檢查之及監督勞工使用防護具之義務（「管理」乙章）。

本件勞工既於「研究室」主要從事合成之實驗，即先將化學原料分裝、混合（秤料）後放進反應合成器，並包括取料、倒料。依該標準，秤料應於排氣罩中進行，以防原料之接觸與吸入；惟雇主並未於「研究室」，而僅於（一房子中間有門隔開，或另經幾個房間外的）「品管室」設有排氣罩；欠缺應有之防護設備。又勞工尚須從事取料、倒料之工作，單以合成係密閉進行之事由，尚不足為有利雇主之認定。又雇主縱備有口罩、手套，研究室人員可申請；但雇主既未能證明於勞工任職時即發給該配備或置於研究室供研究人員使用；亦不符合該標準之要求。本件勞工工作地點之「研究室」，既未作安全衛生測定，而雇主主張其公司經主管機關二年不定期檢查均合格，並無證據證明，即無從為有利於雇主之認定。綜上論述，雇主之行為構成民法第184條第2項之違反保護他人之規定，推定其有過失。

二、判決理由

最高法院廢棄二審判決、發回重新審理，其理由主要如下。最高法院首先認為：有無職業災害、係客觀事實；雇主之補償責任，不以有過失為前提。若雇主對其發生有過失時，則可能構成侵權行為；惟對此事實，應由請求人負舉證責任。又對於雇主之抗辯：其為染料製造業，並未生產特定化學物質，而其所使用之合成染料亦不在「特定化學物質危害預防標準」第3條第1款之表列範圍，自無適用該標準之餘地。最高法院認為：若其抗辯屬實，則自不受上開「標準」第36條之規範。若本件應適用上開標準，則雇主關於已設有排氣罩、提供口罩、手套，經主管機關不定期檢查合格等之抗辯，為何不足認定雇主已依該規定提供防護措施，皆有審究餘地。又就職災賠償金而言，依勞基法第59條第2款及其施行細則第31條之規定，勞工既主張於77年9月即感身體不適，則雇主應按原領工資予以補償，似指77年9月之工資，而非以77年12月至78年5月之平均工資而言。

貳、評釋

一、勞基法上職業災害的概念

（一）最高法院

　　關於勞基法上職業災害之範圍，1.就其與勞工保險條例之關係，最高法院認為[1]：「勞工因遭遇職業災害而致死亡、殘廢、傷害或疾病，其在醫療中不能工作時，雇主應按原領工資數額予以補償，為勞動基準法第五十九條第二款所明定，故勞工因遭遇職業災害而致傷害或疾病，不論傷害大小，所罹疾病亦不以勞工保險條例規定之職業病為限，祇需其在醫療中不能工作時，雇主均應補償其工資損失，此與同條第一款規定雇主補償勞工必需之醫療費用，明文以勞工保險條例規定之職業病為限者不同。」從而認定勞工於礦場中工作，因土塌滑倒受傷，為屬於勞基法上職業災害之傷害。2.就其與勞工安全衛生法之關係，最高法院原先傾向於：只要屬於勞工安全衛生法第2條第4項所定義之職業災害、即為勞基法上職業災害[2]。反之，只要不屬於勞工安全衛生法第2條第4項所定義之職業災害，最高法院於較早的判決中，即傾向於認為並非勞基法上之職業災害，從而：對於受僱為公司載運瓦斯之勞工，於騎機車載運瓦斯途中，為第三人騎乘機車撞死[3]；或受僱為司機之勞工，於駕駛公司之大貨車時，因他人違規超車、發生車禍而死亡[4]，否認其為勞基法上職業災害。惟近來似有擴

---

[1] 78年度台上字第1644號判決，最高法院民刑事裁決選輯，第10卷第3期，第269頁。

[2] 86年度台上字第1580號判決，引自司法院網站，www.judicial.gov.tw。

[3] 78年度台上字第371號判決，最高法院民刑事裁決選輯，第10卷第1期，第308頁。

[4] 78年度台上字第1052號判決，最高法院民刑事裁決選輯，第10卷第2期，第271頁。

大職業災害認定範圍之傾向。例如最高法院參酌勞委會依勞工保險條例第34條第2項規定所訂定之勞工保險被保險人因執行職務而致傷病審查準則第4條之規定，認為「所謂職業災害，不以勞工於執行職務時所生災害為限，亦應包括勞工準備提出勞務之際所受災害。是故上班途中遭遇車禍而傷亡，應可視為職業災害。」[5]對於受僱擔任客運司機之勞工，於職行職務時，被砂石車碰撞致死，二審法院比照勞工安全衛生法第2條第4項對於職業災害之定義、認係因作業活動或職業上之原因引起之死亡，應為職業災害；最高法院亦以此為判決之前提[6]。

（二）司法院第一廳

　　司法院第一廳於法律問題討論中、對於勞基法上職業災害之範圍，1.有研討結論認為：勞基法對職業災害未設定義，但在適用時，可參酌勞工安全衛生法或勞工保險條例之規定，依誠實信用原則審理之；司法院第一廳之研究同意採此意見[7]，並認為：「勞動基準法就「職業災害」雖未設定義規定，然依該法第一條第一項規定：「……本法未規定者，適用其他法律之規定。」而其他法律就「職業災害」設有規定者，有勞工安全衛生法第2條第4項，勞工保險條例第2條第2款、第四章第三節、第四節、第五節、第七節等，故在適用時，自可參酌此等法律規定，研討結果內容，核無不當」。2.此外，司法院第一廳[8]並以所謂雇主的照拂義務範圍以及因果關係的想法為依據，對於出差期間所生災害的問題，其中討論意見之甲說認為：「勞工出差期間應以離開任所（住所）至返回任（住）所全程計算，此一期間均係因公出差，且出差期間體力負荷及生活作息均異於平常，遇有異

5　81年度台上字第2985號判決，司法院公報，第35卷第8期，第80頁。

6　86年度台上字第479號判決，引自司法院網站，www.judicial.gov.tw。

7　民事法律專題研究（六），第306、307頁。

8　民事法律專題研究（六），第350、351頁。

狀或意外亦較難獲得家人之即時照料，凡此皆屬雇主應盡照拂義務之範圍，故此一狀況應以職業災害論。」司法院第一廳研究意見認為：「勞工出差期間，常因工作緊張，旅途勞累，引起各種意外事故或疾病以致死亡，如不以職業災害論，實不足以保護出差之勞工，本題研究意見應以甲說為當。」並以類似理由，認為[9]：「勞工奉派出差受訓，則出差期間即係受訓期間，在此受訓期間，常因訓練過程緊湊，生活過度緊張，每易導致意外事故或疾病，本題所謂勞工奉派出差至服務機構附設之訓練處所受訓，於晚間沐浴時心臟病突發經送醫急救不治死亡，難謂與訓練絕無因果關係，原討論意見以甲說（作者註：即肯定其為職業災害）為當。」類似地，司法院第一廳研究意見認為[10]：「勞工工作時間為每日十三時起至二十二時，在十七時至十八時之晚餐用餐時間，如公司供應晚餐並規定員工均應在公司內用餐，則擅自離開公司在外用餐之勞工，發生車禍死亡，應不屬職業災害。如公司未供應晚餐，員工得自行外出用餐，則勞工外出進餐時發生車禍死亡，應屬職業災害。」至於勞工上下班必經途中所發生之交通及其他偶發意外事故，司法院第一廳[11]則參酌內政部75年6月23日75內勞字第410301號函規定，認為此類事故凡非出於勞工私人行為而違反法令者，縱不屬勞工安全衛生法第2條第4項所定義之範圍，仍應為職業災害。

（三）本文見解

　　勞基法上職業災害之範圍，本文認為首先應大致上區分：勞工一般社會生活上的危險以及因從事勞務所面臨的（職業上）危險或一般社會生活上的危險的增加，原則上只有後者才應歸屬雇主負擔；蓋於此情形，勞工所從事之活動與其職務、直接或間接有利於雇主，而雇

---

[9]　民事法律專題研究（六），第348、349頁。

[10]　民事法律專題研究（六），第310、312頁。

[11]　民事法律專題研究（六），第314、315頁。

主也或多或少對此可加以掌控、防免損害之發生，或藉由保險、產品之賣價適當地予以分散／轉嫁該危險。因此某程度內要求職業災害應與勞工從事之勞務有因果關聯，應屬妥當[12]。文獻上對於職業災害之認定，要求應具有業務的起因性與職行性[13]，可認為對此一因果關聯的進一步的具體化的努力[14]。

至於1.勞基法上職業災害之範圍與勞工安全衛生法之關係，本文認為：(1)勞工安全衛生法第2條第4項所定義職業災害，應為勞基法上職業災害觀念之核心範圍（Begriffskern）；蓋該法之立法目的在於「防止職業災害，保障勞工安全與健康」（同法第1條），因此，認定若一事故，屬於勞工安全衛生法之職業災害、即為勞基法上職業災害，雇主負有補償之責，應屬妥當。但吾人並不能反面推論：凡不屬勞工安全衛生法上之職業災害、即非勞基法上職業災害；蓋吾人勞工安全衛生法並未已窮盡地涵蓋所有職業災害的可能型態；特別是從「防止職業災害，保障勞工安全與健康」的觀點而言，吾人反而是應該認為：勞工安全衛生法只是就最重要的職業災害型態加以規範而已，對於（特別是因為生產技術變革所產生）其他可能的事故，勞工安全衛生法並無意（也無法）將該事故排除於職業災害的概念外，而是應當由依據各該當時醫學等等之研究加以認定。前述最高法院相反

---

12 參照楊通軒，當事人違法或過失時職業災害補償責任之探討，1998年2月，政治大學勞工研究所承辦，我國職業災害補償制度實務研討會會議實錄，第56頁以下。又勞動行政主管機關，大抵上也以因果關係或相當因果關係作為認定之標準，如內政部於76.1.27台（76）內勞字第474808號函（引自林辰彥等合編，綜合六法審判實務，勞工類法規，第1冊，第1082-11頁）；勞委會79.1.27台（79）勞動二字第00292號函（同前引文獻，第1082-24頁）、79.4.3台（79）勞安三字第07165號函（同前引文獻，第1082-25頁）、80.3.3台（80）勞動三字第06179號函（同前引文獻，第1082-28頁）、82.12.18台（82）勞動三字第75757號函（同前引文獻，第1082-31頁）。

13 例如魏朝光，勞動職業災害之補償，1993年初版2刷，第21頁以下。

14 參照王惠玲，職業災害爭議與補償，1997年4月，中興大學法律系承辦，「勞工法規研討會」參考資料，第17-2（17-4）頁以下。

見解，似有待斟酌。(2)對於勞工安全衛生法所定義之職業災害以外的事故，是否屬於勞基法上職業災害觀念的範圍，或有模糊地帶（概念的外圍，Begriffshof）。於此，吾人尤其應參照職業災害補償制度之目的，加以界定。而基於法律概念的相對性，其他法律雖有相同用語，並不表示必然其亦具有相同內涵。前述司法院第一廳之參酌勞工保險條例上相關概念，從體系解釋之觀點言，尚屬合理。惟此與勞基法第1條第1項之規定，似無直接關係；援引該規定，亦無法增加或變更該體系解釋所帶來的說服力。而所謂的誠實信用原則，雖然是帝王條款，惟與此問題有何關聯，亦令人懷疑（例如：從當事人所應遵守之誠信原則與法官所應遵守之誠信原則、內容有無差別？法官應依誠信原則審理之要求與法官應依法獨立審判、與其他法律解釋方法上應考慮的觀點之關係如何？皆欠明確）。以上所述，對於司法院第一廳之以雇主之照拂（作者按：是照顧？）義務作為參考標準之見解，亦同。甚且，職業災害之發生，與雇主是否違反其義務、有無可歸責之事由，基本上並不相干。2.至於勞基法上職業災害觀念與勞工保險條例上相關概念之關係如何？本文認為：在無法律明確援引勞工保險條例上相關規定（如勞基法第59條第1款第二句對職業病之種類及其醫療範圍、同條第3款對殘廢補償之規定）的前提下，二者雖可能有交集，但不必相同。蓋勞工保險具有社會安全制度的性質，其保險給付的財源，除了勞方以外，尚有雇主與國家之參與；而且於門診、住院診療，有勞工自負額的問題；此於勞基法上職業災害，全由雇主單獨負擔補償之情形有別；因此二者自不必相同。判斷是否為勞基法上職業災害之範圍，最終仍應以該事故與勞工所從事之工作間有無適當的關聯為斷。

二、勞基法上職業災害的概念與當事人可歸責事由

本件最高法院認為雇主依勞基法所負職業災害補償責任，不以有

過失爲前提；學說上亦採相同見解[15]。此見解可資贊同，應無疑問。
又勞工對於事故之發生有可歸責之事由時，除有故意或重大過失外
（參照民法第222條），原則上應當不影響其爲職業災害之認定[16]。
至於在成立職業災害的前提下，雇主得否以勞工之（與有）過失，作
爲勞災補償數額減免之依據（民法第217條）？最高法院[17]採肯定見
解；此項見解有待斟酌，蓋與勞災補償作爲勞工發生職業災害時之最
基本補償的法律性質（參照勞基法第59條第一句但書、第60條之抵充
規定）似有不符。況且依個案具體情形，勞工因工作一段時間以上、
注意力多將較爲鬆懈。加上特別當工作性質本身即具有危險性時，因
勞工之疏失而引發職業災害者，勢難避免，縱雇主親自提出勞務，情
況（職業災害發生之機率）也不會有太大改善；因此讓雇主得藉勞動
契約之締結，藉此課予勞工過多的注意義務，使雇主得以勞工之（與
有）過失、轉嫁該危險給勞工，顯然欠缺正當性。因此至少當勞工欠
缺故意或重大過失時（但在故意情形，或許多可認爲並非職業災害之
範疇），雇主應不得以勞工之（與有）過失，作爲勞災補償數額減免
之依據。

三、勞工安全衛生法與雇主私法上防止職業災害義務

　　值得探討的是：爲保護勞工，課與雇主應爲一定安全衛生措施
之義務，於違反時爲一定之處罰的法律（如本件所可能涉及的勞工
安全衛生法），雖係以國家與雇主之關係作爲直接規範的對象；但

---

[15] 黃程貫，勞動法，1996年，第439頁；呂榮海，勞基法實用1，第319頁。

[16] 如內政部68.7.4台內勞字第25620號函（勞工無照騎機車，原則上非公傷、騎機車未戴安全帽，可認爲爲公傷），引自林辰彥等合編，綜合六法審判實務，勞工類法規，第1冊，第1082-14頁以下；86年度台上字第479號判決，亦以此爲判決前提（此判決資料係由網路上取得）。

[17] 86年度台上字第479號判決，引自司法院網站，網址：www.judicial.gov.tw。

爲貫徹其保護勞工之意旨，應認其具有所謂的雙重效力（Doppel-wirkung），亦即，此類法律雖爲公法，惟其對私法上勞動關係仍有一定程度的影響。就勞動契約而言，這類法規同時形成雇主對勞工所應負之照顧義務（Fürsorgepflicht）的最基本的內容[18]。而所謂雇主的照顧義務，依正確的見解，亦無非爲民法上債權人、債務人間基於誠實信用原則所衍生之保護、照顧、通知等義務[19]。於違反時，雇主應負債務不履行之責。又就侵權行爲法言，此等法規之目的至少同時是爲了保護勞工免於遭受職業災害，因此原則上得認定爲是民法第184條第2項之保護他人之法律[20]，雇主於違反時，應依該規定負責。

　　至於雇主私法上防止職業災害義務之程度，於本件情形，若有合理事由，足認勞工未帶口罩、手套，有致生職業災害之虞者；雇主似乎不僅應提供該防護配備供勞工使用而已，更有義務督導勞工於工作時，事實上配戴相關防護配備。至於勞工若有過失時，依民法第217條債務人與有過失之規定處理，減免雇主依契約或侵權行爲法所應負責之範圍即可。

　　以上所述，僅針對適用勞工安全衛生法之行業（第4條），且所涉及者亦爲同法第5條經中央主管機關所定，雇主應採取之必要安全衛生設備之情形。1.若某事業單位並無勞工安全衛生法之適用，且所涉及者亦非該法第5條所定雇主應爲必要安全衛生設備之事項者，則勞工安全衛生法對雇主契約法上或侵權行爲法上責任之認定，應無影響。2.此於某事業單位雖有勞工安全衛生法之適用，勞工所從事之工

---

[18] Vgl. nur Zöllner/Loritz, 4. Aufl, 1992, Arbeitsrecht, S. 183, 306 f; MünchArbR/Wlotzke, 1993, §202 RdNr 15 ff.

[19] Vgl. nur Larentz, Schuldrecht, II 1, 13. Aufl, 1986, S. 323; Zöllner/Loritz, Arbeitsrecht, 4. Aufl, 1992, S. 188 f, 158 f; MünchArbR/Blomeyer, 1993, §49 RdNr 16; §92 RdNr 11 ff.

[20] 最高法院86年度台上字第1580號判決，此判決資料係由網路上取得。Vgl. dazu Zöllner/Loritz, Arbeitsrecht, S. 306; MünchArbR/Wlotzke, 1993, §202 RdNr 28.

作並不屬於該法第5條所定事項，應無不同。3.有待進一步討論者，若某事業單位並無勞工安全衛生法之適用，然而所涉及之引發職業災害之情形，卻為該法第5條所定雇主應為必要安全衛生設備之事項者，則後者對雇主契約法上或侵權行為法上責任之認定，有無影響？對此，本文認為：是否納入勞工安全衛生法之適用範圍，比較多是基於政策（包括企業經營成本）之考量。然而職業災害之防止，重點應在於：針對容易引發職災的特殊危險性工作與物質，加以防止。勞工從事同樣危險性的工作，其發生職業災害的可能性，並不會因為其事業單位有無勞工安全衛生法之適用而有差異。故在此情形，雇主之行為雖因非該法所規範之對象，不構成違為反保護他人之法律。惟勞工安全衛生法第5條、及內政部依此所頒布之「特定化學物質危害預防標準」，應可認為具有指標、表徵之功能。亦即(1)是雇主在契約上之照顧義務的具體化的重要參考標準；雇主所為防範措施未達該標準者，大多可認為違反照顧義務。而且，(2)此類規定亦可認為是侵權行為法上一般交易安全義務的重要參考標準；雇主所為防範措施未達該標準者，大多可認為違反一般交易安全義務。

四、勞基法第五十九條第一至三款之職災補償

　勞基法第59條第2款規定：勞工在醫療中不能工作時，雇主應按其原領工資數額予以補償。

（一）醫療期間原領工資之補償

　依本規定文義，應以勞工過去、於接受醫療前，所獲得之工資為準。因此，其數額自不應超過其先前於正常工作情形下所可能取得之工資[21]。但為使勞工不因接受醫療而遭受不利，若吾人假設勞工若未

---

[21]　最高法院87年度台上字第48號判決，此判決資料係由網路上取得。

接受醫療，其將來所可能獲得者，亦應列入原領工資數額；故若嗣後勞工工資可能調整，則該工資之補償亦應自調整日起隨而調整[22]。

　　勞基法第59條為強制規定，當事人所為與之相違背的約定，無效。因此，若當事人因勞工於醫療期間而無法工作，而為停職停薪之約定，則吾人僅能認為勞動契約已因勞基法第59條之規定而暫時停止、因此當然為停職，停職的約定本身並無獨立的意義；至於停薪的約定部分，因與雇主工資補償之規定不符而無效。

　　又對於勞工於醫療期間、尚能從事部分工作的情形，雖不為勞基法第59條第2款之文義所包含，但原則上仍應類推適用勞基法第59條第2款、第13條之規定。蓋從工資補償的角度言，勞工既然比在完全不能工作的情形、提供更多的勞務，自應受到較多的保障（勞基法第59條第2款）。同理，勞工對雇主既然尚能提供部分勞務，較在完全不能工作的情形，對雇主更為有利，法律上即更可期待雇主仍保持該勞動關係，從而亦應與勞基法第13條為相同處理。

　　尚待進一步討論者：依勞基法第61條第2項之規定：受領補償之權利，不因勞工離職而受影響，此項規定是否對於所有勞工可請求之職災補償型態，皆有適用？

（二）原領工資之補償與勞動契約之終結

　　若勞動契約於醫療期間未滿二年前，即合法地終結（例如定期期間屆滿；勞工自願離職；於有勞基法第13條所定例外情形，而勞動契約被雇主合法地終止；或是雇主予以強制退休時[23]），則勞工可請求之醫療期間工資補償，是否應以勞動契約存續期間為準？勞委會採肯

---

[22] 勞委會82.7.13台（82）勞動三字第38915號函（引自林辰彥等合編，綜合六法審判實務，勞工類法規，第1冊，第1082-30頁）。

[23] 對於雇主於勞工職災期間，得強制其退休，勞委會80.6.12台（80）勞三字第14427號函（引自林辰彥等合編，綜合六法審判實務，勞工類法規，第1冊，第1082-28頁）採肯定見解。

定見解[24]，其見解應可贊同。蓋若勞動契約之定期約定既屬合法，則期間屆滿後，原則上並無要求雇主繼續承擔勞工無法獲取工資之危險。而且勞工之所以未能繼續獲取工資，並非是因為發生職業災害，乃是由於定期約定之結果。又若要求雇主繼續支付工資，無異藉使勞災補償制度，不當地強制延續該勞動關係。於天災、事變、其他不可抗力致事業無法繼續之情形，法律上既已無法期待雇主繼續勞動關係，因而例外地允許雇主可依勞基法第13條行使終止權，若仍要求雇主需繼續為工資補償，則允許其得解僱，將無實益。此於勞工自願離職之情形，原則上應無不同。因此，勞基法第61條第2項所規定不受影響之補償權利者，除基於其法律性質，應作其他之解釋外，原則上應以該補償權利於離職前既已成立者為限，而本規定無非僅是對此現象做一澄清而已（此或可稱為對該規定作目的性限縮）[25]。

（三）四十個月之平均工資之補償與勞動契約之終結

有疑問者，若勞動關係已終止，惟勞工實際上仍接受醫療，且經審定為喪失原有工作能力者，勞工得否類推適用勞基法第59條第2款但書規定，請求雇主給付四十個月之平均工資？

最高法院[26]傾向於採否定見解，認為：若勞工於未滿二年的醫療期間之前，先行終止勞動契約者，與勞基法第59條第2款所規定之情

---

[24] 79.8.22台（79）勞二字第19876號函：「勞工於原事業單位因公受傷，嗣後離職受雇於新事業單位，如因同一傷病事故必須繼續治療，因已終止與原事業單位之勞動契約，自無要求其負擔治療期間工資……」引自林辰彥等合編，綜合六法審判實務，勞工類法規，第1冊，第1082-26頁。

[25] 在立法過程中，對此問題皆以無異議通過（立法院，勞動基準法案，上冊，第611頁；下冊，第1123頁、第1246頁）；而行政院對該草案所附說明（上冊，第55頁；下冊，第833、834頁），對此問題，亦無任何說明。

[26] 81年度台上字第2727號判決，最高法院民事裁判書彙編，第10期，第707（710）頁。於此判決中，最高法院同時先以勞工未能出具「喪失工作能力或身體遺存殘缺」之診斷證明書為由，否認勞工之請求。

形不符，自不得逕行請求此四十個月平均工資。本文認為應採肯定見解。雖然從該規定之文義言（參照該規定文義「……雇主得一次給付四十個月之平均工資後，**免除此項工資補償責任……**」），四十個月之平均工資之給付，其功能可能被認為是先前原領工資之替代；若然，則對此應與前述工資補償的情形為相同處理；亦即勞工於勞動關係終止後，將喪失此四十個月之平均工資的請求權。惟雇主所給付之四十個月平均工資，其本質似與雇主原應負擔之工資危險有所不同。蓋依勞基法第59條第2款但書之規定，此四十個月平均工資之給付，係以勞工喪失原有工作能力，卻無法依同規定第3款請求殘廢補償為前提，因此其性質與功能，應當是與同條第3款所定之殘廢補償相同；亦即其目的亦應在於補償勞工所喪失之工作能力。至於其於法律效果上，可同時作為工資補償義務之免除（此於同條第3款所規定之殘廢補償之情形，實際上亦無不同），應不影響此一結論。

（四）殘廢補償與勞動契約之終結

　　勞基法第59條第3款所規定之殘廢補償，其目的並不在於解決勞工因職業災害所生工資之危險負擔的問題，而在於補償其因而所致之身體殘廢的損害（參照該規定文義「……雇主應按其平均工資及其殘廢程度，一次給予**殘廢補償……**」），且其數額又自始確定，因此與勞基法第59條第2款所規定之工資補償有別。勞動關係縱然於醫療期間未結束時，即先行終結，應不影響勞工於勞動關係存續期間所得請求之權利。

　　就本件情形言，勞工之因遭遇職業災害，雖實際上仍接受醫療，惟既已斷定喪失（一部或全部）原工作能力，應與經治療終結後確定遺存殘廢之情形類似；就其喪失原工作能力，須受補償之必要而言，二者並無不同；在此，醫療期間是否已經終結，應非重大差別，不構成對此二者為不同處理之理由。勞工於此情形，若不被認定為殘廢，無法類推適用勞基法第59條第3款，請求以殘障補償，則應得類推適用勞基法第59條第2款但書之規定，使其能請求四十個月平均工資補償。

（五）原領工資、平均工資補償之計算時點

勞基法第59條第2款醫療期間原領工資，應以勞工於職業災害發生後，因不能工作、無法受領工資時，作為判斷時點。於本件情形，勞工於77年9月因感身體不適，與雇主約定留職停薪，以便就醫，縱然當時尚未確定為職業病、且雙方另有留職停薪約定；然勞工既然實際上已因職業災害必須就醫，而無法工作，其工資請求權即有受保護之必要；因此最高法院認為雇主應按原領工資予以補償，似指77年9月之工資，誠屬妥當。

10

承攬關係中職災補償責任
—— 評最高法院90年度台上字第948號判決

壹、案例事實與判決理由

一、案例事實

　　甲啤酒廠屬製造業，爲進行高壓電器設備保養與安全檢驗，委託乙機電顧問股份有限公司進行該事項；蓋甲雖設有機電股，惟其員工均不具電機技師資格，因此依臺北市電氣技術人員管理規則之規定，不可自行從事電氣檢驗工作。乙機電顧問股份有限公司屬「工程顧問類」，非屬適用勞基法或勞工安全衛生法之行業。乙之勞工丙與其他勞工奉派至甲處，於進行上述工作時，發生職業災害。勞工丙主張因甲啤酒廠事先未向台電公司申請斷電或爲其他防止職業災害發生之措施，乙亦疏未使其勞工丙配戴絕緣防護裝備等安全措施，以至於丙發生職業災害；甲應與乙依勞基法第62條、第63條規定，連帶負職業災害補償之責。另雇主乙之法定代理人b違反勞工安全衛生法第5條第1項第3款、第2項及勞工安全衛生設施規則第261條規定，甲啤酒廠以及其法定代理人a亦違反同法第17條第1項、第18條規定，而有過失，依民法第184條第1、2項及第28條規定，甲、乙與a、b應連帶負侵權行爲損害賠償責任。甲、乙、a、b則主張：乙公司非適用勞基法及勞工安全衛生法之事業，且依法令規定，甲啤酒廠不得自行檢驗電氣設備，又甲亦未將事業交由乙承攬，故均不必依勞基法第62條、第63條規定負職業災害補償之責任。而且甲、乙、a、b等四人對職業災害之發生亦無過失，故不負侵權行爲責任。

　　二審判決認爲：勞基法第62條第1項規定之適用，以該事業單位以其事業之全部或一部招人承攬爲必要。甲啤酒廠係製造業，有勞基法之適用，惟其既依規定不得自行從事電氣檢驗工作，足見電氣設備檢驗工作並非甲啤酒廠從事製造事業之內容。何況乙公司並非適用勞基法之行業，故勞工丙依勞基法第62條第1項規定，請求乙公司與甲啤酒廠連帶負職災補償責任，自屬無據。又按「事業單位以其事業交

由他人承攬時，應告知承攬人有關其事業環境、危害因素暨該法及有關安全衛生規定應採取之措施」、「事業單位與承攬人分別僱用勞工共同作業時，爲防止職業災害應採取之必要措施」，勞工安全衛生法第17條第1項、第18條第1項分別定有明文。又勞工安全設施規則第301條規定：「雇主使勞工從事接近特別高壓電路或特別高壓電路支持物（特別高壓電路之支持絕緣體除外）之檢查、修理、油漆、清掃等電氣工程作業時，應有使勞工使用活線作業用裝置；勞工身體或其使用中之金屬工具、材料等導電體，保持接近界限距離，並將接近界限距離標示於易見之場所或設置監視人員從事監視作業之措施。」甲啤酒廠雖將本件電氣設備維護、檢驗工作交付乙公司施作，惟依勞工安全衛生法相關規定，仍負有指揮、監督責任，及防止職災必要措施之義務。a爲甲啤酒廠負責人，將電氣檢驗委由乙公司承攬，於b、乙公司採取活線接近作業時，未督促b、乙公司提供從事該項作業之人員充分之防護設備或護具，於b、乙公司未提供安全配備供勞工丙使用時，又未採取斷電之必要措施，致丙遭電擊受傷，應認a應對丙因本件職業災害致身體受傷成殘之結果，負侵權行爲損害賠償責任；甲啤酒廠依民法第28條規定，亦應負連帶賠償責任。

二、判決理由

最高法院[1]廢棄二審判決，其主要理由如下，甲啤酒廠爲啤酒製造業，使用電力爲其生產之動力，苟無電氣設施，實無法製造啤酒，爲不爭之事實，則有關廠房電氣設備之定期維護、保養、檢驗等，固非甲啤酒廠主要之目的事業，但其將所有廠房電氣設備之定期維護、保養、檢驗交他人承攬，能否謂非屬其「事業之一部分」，而不屬勞基法第62條第1項或勞工安全衛生法第16條規定之事業範圍？非無疑

---

[1] 引自司法院網站，網址：www.judicial.gov.tw。

義……次查，勞動基準法第59條職業災害補償之立法意旨，無非係因勞工若因執行業務而發生職業上的災害，而致傷病、死亡或殘廢，往往使勞工及其家屬的生活，陷於貧苦無依之絕境，故課「雇主」以職業災害賠償或補償的責任。故勞工因遭遇職業災害而致傷害，雇主即應依勞動基準法第59條之規定給付該條所列各款之災害補償。而勞基法第62條第1項規定，事業單位以其事業招人承攬，若有職業災害發生時，原事業單位即應與承攬人連帶負職業災害補償責任。勞工丙一再主張：該條規定之承攬人，並不以有適用勞基法行業為限，縱乙公司非適用勞基法行業，亦無礙甲啤酒廠應與乙公司依該規定連帶負職業災害補償責任等語，不失為一種重要之攻擊方法，所稱有無可採，與認定乙公司與甲啤酒廠是否應連帶負職業災害補償責任，亦至有關係，原審未詳予論及……未免速斷。再按「事業單位以其事業交由他人承攬時，應告知承攬人有關其事業環境、危害因素暨該法及有關安全衛生規定應採取之措施」、「事業單位與承攬人分別僱用勞工共同作業時，為防止職業災害應採取之必要措施」，勞工安全衛生法第17條第1項、第18條第1項分別定有明文。此與勞基法第62條第1項規定，均在規範「雇主」防止職業災害之責任，故就上開規定所謂「事業單位以其事業交由他人承攬」應作一致之解釋。原審既認甲啤酒廠未合於勞基法第62條第1項規定，非以其事業之全部或一部招人承攬，自亦與勞工安全衛生法第17條第1項規定所稱「事業單位以其事業交由他人承攬」之要件未合，乃原判決又謂甲啤酒廠「事業單位以其事業交由他人承攬」，違反勞工安全衛生法第17條第1項，應負侵權行為責任，非無矛盾。

貳、評釋[2]

一、勞基法第六十二條

　　勞基法第62條規定：「（第1項）事業單位如以事業招人承攬，如有再承攬時，承攬人或中間承攬人，就各該承攬部分所使用之勞工，均應與最後承攬人，連帶負本章所定雇主應負職業災害補償之責任。（第2項）事業單位或承攬人或再承攬人，爲前項之災害補償時，就其所補償之部分，得向最後承攬人求償。」

（一）事業單位本身亦應就職業災害連帶負責

　　首先或許較無疑問的是：在合乎勞基法第62條規定的其他前提下，事業單位就職業災害亦應連帶負責[3]。理由如下：1.雖然一方面勞基法第62條第1項規定之文義僅提及承攬人、中間承攬人，應與最後承攬人，連帶負雇主之職業災害補償責任；並未明文將事業單位本身列入。但另一方面同條第2項又規定：事業單位若爲前項之災害補償時，就其所補償之部分，得向最後承攬人求償；顯然以事業單位應連帶負雇主職業災害補償之責爲前提。2.又參照行政院對原本規定草案及立法院於一讀後所通過之修正案所爲之說明，吾人亦可認爲事業單位應連帶負職業災害補償之責。行政院對原草案之說明爲[4]：「事業單位有以其事業交人承攬者，他人亦有將所承攬之工作，再次交與他人承攬者，事業單位對於交與他人之工作所生職業災害，應與承攬

---

[2] 相關問題，另請參閱林誠二，論勞工服勞務受害之賠償請求權，台灣本土法學雜誌，第15期，第123頁以下。

[3] 相反意見，魏朝光，我國職業災害補償法制及其適用，法學研究，第8期，303頁以下（第324、325頁）；魏朝光，勞動職業災害之補償，第176頁以下。

[4] 立法院，勞動基準法案（上冊），第22、23頁；（下冊），第834頁。

人，以下各次承攬人負連帶補償責任……」而立法院審查會的修正說明則為[5]：「在目前工業社會中，事業單位將事業之一部分招人承攬或經數次轉包，乃屬必然，為使勞工因職業災害之補償能獲確保，各中間承攬人均須負連帶責任，而事業單位所為此項職業災害補償之部分，亦得向最後承攬人求償，方屬合理，……」準此立法意旨，第62條第1項之未明文規定事業單位應負職業災害連帶補償之責，顯為立法疏忽、為法律漏洞；就事業單位應否負職業災害連帶補償之責的問題，吾人應採肯定見解、而透過類推適用第62條第1項之規定，以補充之。

（二）要件：以事業單位有勞基法之適用

又事業單位依勞基法第62條連帶負責的前提，以該事業單位有勞基法之適用為前提。蓋依同法第2條第5款之定義、事業單位：謂**適用本法各業僱用勞工從事工作之機構**。惟在勞基法的立法過程中，立法機關卻似乎採取相反的看法。立法院於一讀時，就原行政院所提之草案有修正案之提出，並附以如下之例為說明：「依據修正動議，例如**立**法院工程由中華公司承包，中華公司再轉由小包公司承包；如果發生職業災害，則**立法院**、中華公司、小包公司應連帶負賠償責**任**。」[6]而此修正案也成為現行勞基法之規定。若依立法說明所舉之例，則事業單位無論有無勞基法之適用，似皆應依第62、63條負職災補償責任；然而這種見解一方面顯然是與同法第2條第5款對於事業單位之立法定義互相齟齬，應當是屬於立法機關對法規之具體適用情形的錯誤想像，故並無拘束力；唯有採此結論，吾人方能確保法律適用之正確、妥當，而這亦是基於權力分立理論所當有之結論[7]。何況這

5　立法院，勞動基準法案（下冊），第834頁。

6　立法院，勞動基準法案（下冊），第760頁，李志鵬委員之發言紀錄。

7　Larenz, Methodenlehre der Rechtswissenschaft, 6. Aufl, 1991, S. 329; Bydlinski, Juristische Methodenlehre und Rechtsbegriff, 2. Aufl, 1991, S. 433.

樣的見解，亦無法由立法過程中所反映的立法目的獲得支持。在立法過程中吾人可明顯地看出：本規定的基本方向、目的，不外乎在於：防止事業單位藉由轉承攬的方式排除其原應負擔的雇主責任[8]。參酌此基本的立法目的，本文認為：原先因無勞基法之適用、不須依勞基法負雇主之責的原始定作人，既然並無藉承攬之方式以逃避勞基法雇主之責任可言，因此吾人並無理由將其列入勞基法第62條所定之事業單位。最後，唯有限定負職災連帶補償責任者以有勞基法之適用為前提，方能保持價值判斷之均衡。蓋若事業單位無勞基法之適用，就其本身所僱用之勞工，並不須依勞基法第59條以下之規定，負職災補償之責；於其將事業轉包給他人時，就該轉承包人所僱用之勞工，反而應依勞基法第50條以下之規定，負職災補償之責，於價值判斷上，亦有失均衡。

（三）要件：事業單位以其「事業」招人承攬

　　勞基法第62條之課予事業單位連帶補償責任，以「事業單位以其事業招人承攬」為前提。其理由或許不外乎：事業單位一方面既然對其事業、營業具有專業知識，客觀上也才有預防職業災害之可能。另一方面事業單位既然藉由轉承攬其事業而仍能獲取經營上之利益，則法律上課予事業單位補償責任，亦具有正當性。因此，當定作人在一般情形或在客觀上根本不具備實施工作之專業知識技能，從而亦無法對承攬工作有適當的監督以避免職業災害之發生時，法律上當無法期待其盡防止職災之責。又事業單位的某部分活動，若與其營利並無任何直接或間接的關聯，課以定作人職災補償之連帶責任，恐亦將欠缺正當性。例如甲工廠1.為遷廠、委請搬家公司搬家，而搬家公司之司機於運送途中發生車禍；或2.向鐵窗工廠訂製鐵窗，而於架設鐵窗時，鐵窗工廠之勞工不慎跌落地面受傷；對於甲工廠課予職災補償之

8　立法院，勞動基準法案（上冊），第611頁以下；（下冊），第1127頁以下（尤其是召集委員謝深山於二讀通過前，第1129頁以下，之發言）。

連帶責任，恐欠缺正當性，亦與社會一般觀念不符。

實務上有採相同見解者，認為[9]：「至於事業單位以其『事業』招人承攬者，其『事業』之範圍如何，該法固無明確定義。惟就勞工安全衛生法之立法目的而言，該法以『防止職業災害，保障勞工安全與衛生。』（第1條）為宗旨。是以必也事業單位本身之能力足以防阻職業災害之發生竟率爾不為，才是該項法律所欲限制禁止並命令遵從之對象，苟非事業單位所熟知之活動，其間伴隨之危險性又非該事業單位所能預先理解或控制，則僅以該項危險活動與該事業單位有所關聯，即強求事業單位負擔此等危險責任，非但無從貫徹保障勞工安全之立法意旨，違反專業分工之法則，而且造成不必要之危險負擔，影響經濟活動之健全發展，有違勞工安全衛生法之立法目的，此證諸該法第14條第1項規定雇主應依其事業之規模、性質，實施安全管理等，尤屬顯然。」以上見解，誠屬正確。

若此見解可採，則上述觀點或許亦可有助於吾人對該規定之「事業」為界定。1.若某生產／營業活動直接屬於事業單位（原先之）營業登記或依章程所定之活動範圍，原則上即屬其事業範圍，似無疑問。以上或可稱為「事業」概念的核心範圍。2.雖非與前述範圍之活動直接相關者，惟依一般觀念與之仍有合理關聯，以致於事業單位為營業的緣故，仍須經常從事該附帶的、輔助的活動。因為一方面事業單位對此活動某程度上而言，仍較具專業之能力，另一方面亦間接從此獲得營業上之利益，則將該類活動列入勞基法第62條所稱「事業」

9　臺灣高等法院86年度勞上字第51號判決理由三，引自法源資訊系統。臺灣高等法院於該判決中表示：「查被上訴人黑○公司以飲料、食品之產銷為主要營業之法人，其所營事業中並未包含油漆工程之施作在內，此有經濟部發給公司執照之記載足稽，又系爭之油漆工程，乃黑○公司自己廠房之裝潢施工，尤非黑○公司所憑獲取利潤之經濟活動，此亦為二造所不爭執之事實，由此觀之，黑○公司雖將其廠房之油漆交由被上訴人群○公司承作，但該油漆工程既非黑松公司固有之『所營事業』，黑○公司對於油漆工程施作之專業知識及危險均無所知，則黑○公司對於該油漆工程而言，自非勞工安全衛生法第十六條所稱『招人承攬之事業單位』。」

之範圍,亦爲合理。此或可稱爲「事業」概念的邊緣範圍。3.事業單位所從事之其他的活動,若該活動與該事業所從事之生產營業之間並無合理的關聯,則不屬其「事業」之範圍。例如不論其所從事之特定的生產營業之種類爲何,一般的事業單位仍然都普遍地從事該活動,不論該活動係何種意義上的「不可或缺」,該活動仍非該事業單位之事業。例如清潔打掃、倒茶水等之工作。當然,上述所稱之三種類別,其界線可能某程度上是模糊、流動的,而非明確地截然可分,因此尚須考量所涉個案具體情況加以判斷。

就本案情形言,其所涉「高壓電器設備」**本身**固然爲甲啤酒廠之設施,無電氣設施即無法製造啤酒,亦無疑問。惟吾人是否即得因此認爲該「高壓電器設備之保養與安全檢驗」,亦屬其事業之範圍,則不無疑問。最高法院於本案判決中僅以:甲啤酒廠「爲啤酒製造業,使用電力爲其生產之動力,苟無電氣設施,實無法製造啤酒,爲不爭之事實。」因而傾向於肯認此亦爲甲事業之一部分。若此論點果眞正確,則對於任何的事業單位言,所有有關電力之保養與安全檢查,豈非原則上亦都將是其事業範圍;蓋於現在社會,不具任何電力設備而仍能保持常態之生產經營者,顯屬例外。而依最高法院之見解進一步地推論,任何事業單位委請水電行維修水電,而後者之勞工發生職業災害者,事業單位都必須應依勞基法第62條負連帶補償之責,有違常理。又依最高法院之見解推論,打掃清潔的工作亦將是任何事業單位的事業;縱然事業單位(要派人)將清潔工作外包給清潔公司(派遣人),事業單位仍須就派遣勞工於清潔工作時所生之職災連帶負責,似亦與社會一般通念不符。或有贊成最高法院之結論者,認爲:若事業單位親自指揮監督其所聘僱之勞工從事該項工作,須自行負擔職災補償之責,則於轉交他人承包該項工作時,自亦仍須負責,方符合勞基法第62條之立法意旨:防免事業單位藉由轉包以卸責。然而此項論點,似乎忽略了下述區別:在事業單位自爲雇主時,其對工作之進行具有指揮監督權限;要求其自負職災補償之責,甚爲合理。反之,當事業單位將工作轉包給承攬人的情形,事業單位身爲定作人,基本上

對於承攬工作之進行並無指揮監督權限，要求其負職災補償之責，寧屬例外。而民法上對於僱用人就受僱人（民法第188條）與定作人就承攬人（民法第189條）所為侵權行為之責任作了不同的規定，亦反映出與本文相類似的觀點。又至少於本案例，上述反對論點並不足以作為反對之理由。蓋依臺北市電氣技術人員管理規則規定，甲啤酒廠被禁止進行高壓電器設備之保養與安全檢驗。甲依上述管理規則，在法律上既然被認為：欠缺管控檢修高壓電器設備之風險的適當能力，要求其應承擔相關的職災補償責任，似乎欠缺期待可能性。何況法律上既然一方面禁止甲為該行為，設若另一方面卻又將該行為所生之風險歸屬於甲事業範圍之內，要求其應連帶負職災補償責任，價值判斷上即有矛盾。是故，甲啤酒廠應當無須依勞基法第62條負職災補償之責；二審判決所示見解，似較可採。

（四）要件：承攬人亦應有勞基法之適用

　　有疑義者，事業單位依勞基法第62條負連帶責任，是否以承攬人亦有勞基法之適用為前提？此由該規定之文義並無法得知，而立法過程當中對此亦未論及。若從保護勞工，禁止事業單位藉由轉包工程以脫免職災補償責任的觀點而言，採否定見解，似有所據。惟值得注意的是：從體系脈絡言，依勞基法第59條應負職災補償責任者為雇主，而勞基法第62條顯然是更擴張了勞工於遭遇職業災害時、補償義務人的範圍，使之不僅可依據勞基法第59條向其雇主（即相對於事業單位之承攬人）請求職災補償，更可依據勞基法第62條之規定，針對交付承攬的定作人請求補償（而勞基法第62條之所以具有獨立的規範意義，亦即在此）。因此合理的解釋當是：相對於勞工言，勞基法第62條所指的承攬人，即勞基法第59條之雇主，皆以其有勞基法之適用為前提。然而最高法院於本案判決中，似乎傾向於由勞基法第59條所定職災補償之立法意旨，跳躍推論到：事業單位依勞基法第62條負連帶責任，不以承攬人亦應有勞基法之適用（最高法院：「次查，勞動基準法第五十九條職業災害補償之立法意旨，無非係因勞工若因執行業

務而發生職業上的災害，而致傷病、死亡或殘廢，往往使勞工及其家屬的生活，陷於貧苦無依之絕境，故課『雇主』以職業災害賠償或補償的責任。故勞工因遭遇職業災害而致傷害，雇主即應依勞動基準法第五十九條之規定給付該條所列各款之災害補償。而勞基法第六十二條第一項規定，事業單位以其事業招人承攬，若有職業災害發生時，原事業單位即應與承攬人連帶負職業災害補償責任……」），實係忽略了以上的關聯。而最高法院之結論亦將面臨下列的質疑：依勞基法第62條第2項之規定，事業單位於對勞工為職災補償後，得向最後承攬人求償；因此終局地負職災補償責任者為最後承攬人（即遭遇職災之勞工的雇主）；設若相關承攬人原無勞基法之適用，卻僅僅因定作人為勞基法適用之行業、以致於其必須負勞基法職災補償之責，似欠妥當。何況有無勞基法之適用，其指定權限在於勞動行政主管機關（勞基法第3條參照），最高法院之見解勢將導致以司法解釋、改變行政機關指定權限的結果，並不足採。

綜上論述，本案之甲啤酒廠將電器設備之維修交乙公司承攬，該電器設備雖屬甲所有，惟法律上既禁止甲自行維修，則此維修工作應當並不屬於甲之事業範圍。又甲雖為適用勞基法之行業，惟乙則否，要求甲應依勞基法第62條連帶負職災補償責任，將可能使甲轉向乙求償，最終等於是乙要求應依該規定負職災補償責任，有侵害行政機關對於適用勞基法行業的指定權限之虞，並不足採。因此，本案之甲啤酒廠與乙公司並不須依勞基法第62條連帶負職災補償責任。

二、勞基法第六十三條等相關規定在侵權行為法上的影響

本案情形，丙另以侵權行為的規定請求損害賠償。而其中特別值得探討的是：勞基法第63條等相關規定所可能具有的影響。至於本案情形，因為甲既不得自行維修與檢測，而係由乙公司自行施作，應不

構成勞工安全衛生法第18、19條「共同作業」的要件[10]而無該規定之適用，以下即不再詳論。

（一）勞基法第六十三條等相關規定之適用

勞基法第63條第1項規定：「承攬人或再承攬人工作場所，在原事業單位工作場所範圍內，或為原事業單位提供者，原事業單位應督促承攬人或再承攬人，對於其所僱用之勞工之勞動條件應符合有關法令之規定。」依該規定，事業單位為防止職業災害之發生，應盡一定程度的督促義務。同條第2項規定：「事業單位如違背勞工安全衛生法有關對於承攬人、再承攬人應付責任之規定，致承攬人或再承攬人所僱用之勞工發生職業災害時，應與該承攬人或再承攬人負連帶補償責任。」而與本案相關者，則是勞工安全衛生法第17條第1項所規定之事業單位的告知義務：「事業單位以其事業交由他人承攬時，應告知承攬人有關其事業環境、危害因素暨該法及有關安全衛生規定應採取之措施。」

---

10 臺灣高等法院86年度勞上字第51號判決於理由三中表示：又勞工安全衛生法第18條所謂之「共同作業」，依勞委會81.1.6台（81）勞安三字第34144號函：「事業單位與承攬人、再承攬人分別僱用勞工於同一期間、同一工作場所從事工作，不論施工期間長短或作業活動之場所是否經常出入，如有重疊部分，均屬同一期間或同一工作場所之範疇。」再依勞委會85.12.26台（85）勞安一字第147070號函：「所稱共同作業，係指原事業單位、承攬人或再承攬人等僱用之勞工於同一期間、同一工作場所同樣實際參與作業，而其參與不限於勞力，且應依事實認定，惟單純了解工作進度與監督者，尚非屬共同作業。」足證所謂共同作業，必須事業單位與承攬人分別僱用勞工在同一期間或同一工作場所共同工作，如非分別僱用勞工，或一方並未參與實際工作而僅單純了解工作進度，即非該條所稱之「共同作業」……且查黑○公司係將整個油漆工程交付群○公司承攬，其本身並未僱用勞工，亦未實際參與油漆工程之施作或監工，自非勞工安全衛生法第18條所稱之「共同作業」，綜上所述，本件黑○公司並非勞工安全衛生法第16條所稱之「事業單位」，亦不合同法第18條所稱「共同作業」之要件。」（本判決引自法源資訊系統）此項見解，足資參考。

　　首先值得注意者：勞基法第63條有無獨立於同法第62條之外的規範上意義，不無疑問；尤其是與勞基法第63條第1項不盡相同者，同條第2項規定的法律效果是明文針對職災補償連帶責任而設，因此在立法過程中即有類似的爭論，然而現行條文最終卻在未經充分的討論下被保留下來[11]。對此問題，吾人若僅從勞基法第59條以下職災補償責任的觀點出發，或將採取否定見解；蓋不論承攬關係中原事業單位是否提供工作場所、有無違背勞工安全衛生法之相關規定，事業單位依勞基法第62條已經必須連帶負職災補償之責；勞基法第63條勢將成為贅文。然而第63條既然分別課予原事業單位督促、注意等等義務，因此其法律上意義即非僅僅限於無過失責任的職災補償的情形，而是同時更具有侵權行為法以及契約法上的重要性（詳如後述）；從此觀點言，勞基法第63條應有獨立於同法第62條之外的規範上意義。

　　至於勞基法第63條的適用前提；就其第1項而言，因係接續第62條而規定，似乎也是以事業單位以其事業招人承攬為前提；何況其第1項規定課予事業單位另外應負擔督促義務，這似乎只在有此情形下方為合理，否則在法律上當無法期待事業單位負此責任。又其所稱之事業單位，當以有勞基法之適用為前提（勞基法第2條第5款參照），似無疑問。至於（再）承攬人是否亦以適用勞基法之行業為前提？對此或有疑義。吾人若對該規定不僅侷限於勞基法上職災補償的範圍予以理解，而是更強調其課予原事業單位之督促義務，何況與同條第2項不同，後者明定以職災補償的連帶責任的對象，於此則否。則對此（再）承攬人廣義地加以理解，或有所據。又另從侵權行為法的角度言，由於此項規定課予事業單位督促義務，其目的並非僅在於防止職業災害之發生（保護社會公眾利益）；至少同時是為保障勞工安全與健康（保護特定群體：勞工），故吾人得認為該規定是民法第184條

11　立法院編，勞動基準法案，（上冊），第616頁以下；（下冊）第760頁以下、第1130頁以下、第1158頁。

第2項之「保護他人之法律」[12]。因此設若本案有勞基法第63條第1項規定之適用，則勞工丙同時可依民法第184條第2項之規定請求侵權行為的損害賠償。惟不論如何，由於本案甲並非以其事業交乙承攬，已如前述，因此並無該規定之適用可言；又勞工丙亦不得依民法第184條第2項之規定向甲請求侵權行為的損害賠償。

勞基法第63條第2項因係接續第62條、第63條第1項而規定，似乎也是以事業單位以其事業招人承攬為對象，並且其法律效果係規定事業單位與（再）承攬人應負連帶補償責任，因此仍應以事業單位與（再）承攬人皆為適用勞工安全衛生法以及勞基法之行業為前提。另從侵權行為法的角度言，該規定與前述之同條第1項相同，亦得認為是民法第184條第2項之「保護他人之法律」；至於本項明定其法律效果為：應負職災補償之連帶責任，其目的在強化保護勞工，加重而非減輕雇主責任，是以吾人似不得據此以否定本項規定同時可構成民法第184條第2項之「保護他人之法律」。因此設若本案有勞基法第63條第2項規定之適用，則勞工丙同時可依民法第184條第2項之規定向甲請求侵權行為的損害賠償。惟由於乙公司並無勞基法之適用，故甲與乙並無須依勞基法第63條第2項連帶負職災補償之責；同樣地，丙既未受該規定之保護，自不得依民法第184條第2項之規定請求侵權行為的損害賠償。

又以上所述，對於勞工安全衛生法及其相關規定，亦有其適用。因為雇主乙並非勞工安全衛生法之適用行業，因此勞工丙自不得直接依該法及其相關規則、或是依民法第184條第2項之規定而有所請求。

（二）勞基法第六十三條等相關規定對於交易安全義務之認定的影響

本案雖因乙公司並非勞基法、勞工安全衛生法之適用行業，而不

---

12 參閱林更盛，職業災害中的雇主責任（本書第八篇論文）。

得直接適用勞基法第63條，又勞工丙亦因而無從依民法第184條第2項有所請求，惟該規定於侵權行為法上交易安全義務的認定上，仍甚具重要性。蓋勞基法、勞工安全衛生法之相關規定，無非在於加強事業單位／雇主之責任，使之較一般情形負更重的預防職災之責，因此不能直接適用該等規定，僅表示無須負法律所定、較強型態的預防職災責任而已。何況依據侵權行為法上的交易安全義務的理論[13]，任何人於其所應負責之活動領域中，引發一定的危險源或任令其持續者，應依個案具體情形，採取可能以及必要的保護措施，以保護他人免受危害。因此，本案雖無勞基法、勞工安全衛生法之適用，但此事實並不意味著：甲啤酒廠、雇主乙對於丙，亦不負侵權行為法上交易安全義務；情形反而應當是：甲啤酒廠、雇主乙仍負有一般社會生活上的注意義務，以防免丙遭受該高壓電器設備所可能產生的危害；蓋丙所維修與檢驗之電器設備係位於甲啤酒廠內。又此係雇主乙之營業活動範圍，丙係基於乙之指示而前往檢修，因此甲和乙就該高壓電器設備所引發之危害，基於侵權行為法上的交易安全義務，皆應依其具體情況，為適當之告知、督促、保護等等預防措施[14]；否則將可能構成侵權行為而應負損害賠償之責。當然，此交易安全義務亦係以對於義務人有期待可能性為前提。1.因此就甲而言，檢修該高壓電器設備並非其事業、專業；相反地，乙公司以及其勞工丙卻是以檢修該高壓電器設備為業，而且也正因為其擁有專業技能而得以招攬該工作。因此就甲所應負之交易安全義務不應要求過高；亦即：甲就其所擁有之電器設備以及相關設施，除非其未盡一般人之告知等等義務，否則基本

---

[13] Vgl. Staudinger/Hager (1999), §823 RdNr E 1 ff; Palandt/Thomas, 59. Aufl, 2000, §823 RdNr 58 ff. 最近中文相關文獻，可參考林美惠，侵權行為法上交易安全義務之研究，臺大法研所博士論文，2000年7月。林美惠，交易安全注意義務與我國侵權行為法體系之調整（上）（中）（下），月旦法學雜誌，第78期，第142頁以下；第79期，第142頁以下；第80期，第246頁以下。

[14] 類似案例，Vgl. Staudinger/Hager(1999), §823 RdNr E 280 f.

上當不構成前述交易安全義務之違反[15]。本案勞工丙主張：甲啤酒公司根本未向台電公司申請斷電、以至於發生其職業災害。衡諸常情，一般人於檢修電器前皆知應先關閉電源，因此若丙所述屬實，甲啤酒公司根本未向台電公司申請斷電，依其情形可能構成違反交易安全義務、構成民法第184條第1項前段的侵權行為。2.就雇主乙，其營業既然包括電器設備之維修與檢驗，雖無勞基法、勞工安全衛生法（以及本案所涉、也是最具體的）勞工安全設施規則之適用，惟該等法規所揭示之告知／督促義務、以及相關安全措施之標準，於判斷有無違反交易安全義務，仍具參考價值，仍可作為其具體化的指標之一[16]。準此，就本案情形言，因為雇主乙似乎並未採取相當於勞工安全設施規則所要求之安全防護措施，除非其能另外提出相反的證明，否則依其情形，吾人基本上亦可能認定乙未盡到交易安全義務，構成民法第184條第1項前段的侵權行為。

綜上論述，透過侵權行為法上的一般交易安全義務的建立，以及參酌勞基法、勞工安全衛生法、勞工安全設施規則對該義務之認定的影響，吾人可認為甲、乙對丙分別構成民法第184條第1項的侵權行為，並且共同造成丙發生職業災害、具行為關聯，丙可依民法第185條請求甲、乙連帶負損害賠償之責。

三、勞基法第六十三條等相關規定在契約法上的影響

依現今勞動法上通說之見解，公法上保護勞工的法規具有所謂的雙重效力（Doppelwirkung），亦即其不僅僅課與雇主對國家應負義務、遵行一定勞工安全衛生方面的規定，於其違反時予以一定之處罰（公法上效力）而已。這類法規除了在侵權行為法上有其影響外（已

---

[15] Vgl. Staudinger/Hager (1999), §823 RdNr E 32, 35.

[16] Vgl. Palandt/Thomas, 59. Aufl, 2000, §823 RdNr 58.

如前述），就勞動契約法而言，原則上亦可同時形成雇主對於勞工所應負之保護與照顧義務的最基本的內容（私法上效力）[17]。蓋藉由承認該等法規同時具有私法上／契約法上之效力，不僅可使雇主在私法上之保護與照顧義務與其公法上勞工安全衛生方面的義務趨於一致；更可藉由賦予勞工在契約法上有此相對應的權利，可以比較有效地監督與促使雇主遵守其義務、實現公法上的要求。於雇主違反上述規定時，勞工除了可以請求雇主依規定履行其義務之外，亦可拒絕提供勞務，並於發生損害時請求債務不履行的損害賠償[18]。

就本案情形言，最可能涉及的是雇主乙的契約責任。一般契約當事人依據誠信原則，依個案情形，負有通知、保護等等義務，以維護他方身體健康等等法益之完整。與此相同者，雇主對於可能影響勞工身體健康等等法益之危害因素，亦應為必要之預防措施（勞動法上多稱之為照顧義務，而新修正的民法第483條之1的規定，即係雇主照顧、保護義務的明文化規定）。所謂必要者，指於可能以及可期待僱用人的前提下，要求其應採取當時一般公認技術所應為之措施者而言[19]。惟其具體標準如何，於有勞基法、勞工安全衛生法、勞工安全

---

[17] 對此，參閱林更盛，職業災害中的雇主責任（本書第八篇論文）。

[18] Vgl Staudinger/Oetker(1997), §618 RdNr 250 ff; MünchKomm/Lorenz, 3. Aufl., 1997, §618 RdNr 62 ff, ErfK/Wank, 1998, §618 BGB RdNr 26 ff.

[19] MünchKomm/Lorenz, 3. Aufl., 1997, §618 RdNr 48; ähnlich, ErfK/Wank, 1998, §618 BGB RdNr 17. 針對勞工安全衛生法第18條採取類似見解者，參閱：最高行政法院87年判第2293號判決：「……次按（勞安法第18條第1項）規定：事業單位與承攬人、再承攬人分別僱用勞工共同作業時，為防止職業災害，原事業單位應採取左列必要措施……係要求事業單位採取該條所列各款必要措施。至於本條所要求之措施既謂『必要』，當有一定合理範圍。尤其勞安法第16條已明確規定應由承攬人負擔雇主之責任，是以事業單位與承攬人所採取『必要』措施之範圍必不相同：故在現場實際作業之承攬人，其必要措施應較具體：至於非在現場實際作業較遠之事業單位，其『必要』措施之程度應較現場實際作業之承攬人所採取者較抽象而具統合及協調性，始符事理。不然事業單位不依法採取措施違法，依法採取措施者亦屬違法，一旦發生事故，即不分現場實際作業之承攬人，抑或負責協調之事業單位，概依本

衛生設施規則等相關規定適用時，自應以該等規定爲準（較強的具體化功能）。反之，例如於本案情形，勞基法、勞工安全衛生法、勞工安全衛生設施規則雖然並不能直接適用，惟該類規定若並非只針對其所適用之行業或其活動的特殊危險而設，係以保護受僱人之生命、身體、健康遭受侵害爲目的，並且適合成爲契約約定的標的者，則該類規定仍具有參考的功能（較弱的具體化功能）[20]。準此，若本案情形可認爲雇主乙違反其照顧義務，勞工丙對之可請求債務不履行的損害賠償。

四、結論

（一）依勞基法第62條規定，事業單位亦應就職業災害連帶負責。惟其前提在於：事業單位以及（再）承攬人亦應有勞基法之適用，並以事業單位以其「事業」招人承攬爲要件。本案所涉「高壓電器設備」固爲甲啤酒廠之設施；法律上既然禁止甲自行維修高壓電器設備，即不應將該行爲所生之風險歸屬於甲事業範圍之內，因此「高壓電器設備之保養與安全檢驗」非屬甲之事業範圍。

（二）勞基法第63條，亦係以事業單位以其「事業」招人承攬爲要件；因此於本案並不能直接適用。惟其與相關法規在作爲有無違反侵權行爲法上交易安全義務的判斷上，甚具參考價值。甲啤酒公司若果眞根本未向台電公司申請斷電，依其情形可能構成違反交易安全義務，構成民法第184條第1項前段的侵權行爲。而關於雇主乙，因其並未採取相當於勞工安全設施規則所要求之安全防護措施，除非其能另

條予以處罰，此無異責令事業單位負擔無過失責任，是否有違反勞安法第16條及第18條將事業單位與相關承攬人間責任區分，由事業單位負責指導、指揮及協調各承攬人執行勞工安全措施之立法本旨，不無推究之餘地。」（引自法源資訊系統）

[20] Staudinger/Oetker(1997), §618 RdNr 150.

外提出相反的證明，否則基本上認定乙未盡到交易安全義務，構成民法第184條第1項前段的侵權行為。又由於甲、乙共同造成丙發生職業災害、具行為關聯，丙可依民法第185條請求甲、乙連帶負損害賠償之責。

（三）勞基法第63條等相關規定在本案情形，可以作為雇主乙有無違其照顧義務的參考標準（較弱的具體化功能）。因此，依其情形勞工丙對乙可能請求債務不履行的損害賠償。

11

作為解僱事由之
「勞工確不能勝任工作」
——評最高法院80年度台聲字第27號裁定

　　勞動基準法（以下簡稱勞基法）為我國勞動立法上的一大起步，自民國73年7月30日公布實施以來，廣受注目。惟縱不論其立法技術的因素與相關法規之內容之明確性，當一（勞動）法學領域尚處於萌芽階段的情形，法院實務對於法規範之實踐，實扮演著決定性的角色；而對相關判決之綜合與檢討，係法學進步不可或缺之動力。對於作為解僱事由之勞基法第11條第5款規定，最高法院於判決中曾數度採取相同的見解，大有形成一貫見解之趨勢。文獻上對此亦多有討論，惟多採不同的觀點。不論從實務或理論的角度言，本問題堪稱勞基法上重要的議題之一，值得注意。本文以下將整理判決與學說之見解，並嘗試加以評論分析、提出個人見解；期能經由與實務、學說之交流，共同促進勞動法學之進步。

壹、最高法院

一、基本見解

　　最高法院首先於80年度台聲字第27號裁定中，表示：「勞動基準法第十一條第五款規定，勞工對於所擔任工作之『勝任』與否，應將積極與消極兩方面加以解釋，勞工之工作能力、身心狀況、學識品性等固為積極客觀方面應予考量之因素，但勞工主觀上『能為而不為』、『可以作而無意願』之消極不作為情形，亦係勝任與否不可忽視之一環，此由勞動基準法制定之立法本旨在於『保障勞工權益，加強勞雇關係，促進社會與經濟發展』觀之，為當然之解釋。」[1]於其後的判決中，最高法院並進一步地解釋，認為「勞動基準法第十一條第五款規定，勞工對於所擔任之工作確不能勝任時，雇主得預告勞工

---

[1]　最高法院民事裁判書彙編，第3期，第758（759）頁。

終止勞動契約，所謂『確不能勝任』，非但指能力上不能完成工作，即怠忽所擔任之工作，致不能完成，或違反勞工應忠誠履行勞務給付之義務亦屬之。」[2]由於最高法院認為此係當然解釋，因此於其後的判決中，對其所採見解即未加以說理[3]。

二、案例事實

　　在具體的認定上，最高法院認為：（案例一）[4]勞工於77年1月至11月僅實際上班45.5天，所請事、病、特別休假皆已屆滿；留職停薪三次（同年4月12日至5月4日、8月23日至8月30日、9月2日至9月8日）；復參加5、6月間之新營及高雄客運活動，8月間之苗栗客運之工運活動，長期請假，故不從事排班駕駛工作；雇主得以勞工不能勝任工作為由，加以解僱。（案例二）[5]擔任新品開發處、負責新產品之開發設計工作、同時為工會理事／理事長之勞工，於上班時因有打卡、未遭登記曠職，實際上卻常擅離工作崗位，甚至違法未請公假而處理工會事務或參加工會活動頻繁，能否謂其並無違反勞工應忠誠履行勞務給付之義務之情事，雇主不得終止僱傭契約，即不能無疑。（案例三）[6]任報社記者之勞工，若缺乏團隊精神，長期有能作而主觀上無意願做之情形，甚至常漏失重大新聞，必將對雇主造成莫大的

2　最高法院84年度台上字第673號判決，最高法院民事裁判書彙編，第19期，第558頁以下。

3　除前註所引判決外，另參照最高法院86年度台上字第82號判決、最高法院86年度台上字第688號判決，此二判決係直接引自司法院網站，網址：www.judicial.gov.tw，本文以下所引判決，若未另行附著出處，即係引自該網站之資料。

4　80年度台聲字第27號裁定（同註一）。

5　最高法院86年度台上字第688號判決、84年度台上字第673號判決（同註二）。

6　最高法院86年度台上字第82號判決。

損害，能否謂不違反勞工應忠誠履行勞務給付之義務，而達到不能勝任工作之程度，非無進一步查明斟酌之餘地。（案例四）[7]對於原任業務部門擔任行政工作（內勤）之勞工，因公司業務電腦化，於得其同意後，調派致從事產品對外服務之外勤工作；其後勞工雖多次表示請求調致其他單位工作，皆未獲允許。歷經年餘，雇主發覺勞工不能勝任工作，以此終止勞動契約能否謂為法所不許，即有斟酌餘地。（案例五）[8]擔任巴士公司營業大客車駕駛之勞工，喪失駕駛營業大客車之資格，雖符合勞基法第11條第5款之事由，惟亦同時構成勞基法第54條強制勞工退休之事由；因後一規定對於勞工較為有利，基於勞基法保護勞工之意旨，應認雇主僅得依後一規定，強制勞工退休，不得依前一規定，預告勞工終止勞動契約。

貳、司法院第一廳

　　司法院第一廳在區分勞基法第11條第5款與第54條第2項第3款之「身體殘廢不堪勝任工作者」時，與最高法院採取不同的看法，認為：「勞動基準法第十一條第五款所謂『對於所擔任之工作確不能勝任時』，應係指勞工之知識技能原不能勝利其所從事之工作而言。」[9]

---

[7]　最高法院81年度台上字第2382號判決，最高法院民事裁判書彙編，第10期，第763（767）頁。

[8]　最高法院86年度台上字第1528號判決。

[9]　民事法律專題研究（六），第254頁；同意旨之研究意見，另參第256頁。

參、學說

對於最高法院前述見解，學說上多採批評的態度，而與司法院第一廳持相同的結論。有主張勞基法第11條第5款之事由應屬於技術性或組織性、「即因市場條件、國際競爭、技術革新等所造成作業過程改變而引起之勞動力削減」[10]；因此該款事由應與同條其他各款事由同以因「客觀情事使然，勞工本身並無任何過失或錯誤」者為限[11]。其理由則主要是基於該規定和勞基法第12條應相區別之體系的觀點[12]；認為：對於應否附預告期間、給付資遣費，法律上對第11條第5款與第12條第1項第4款，既有不同的規定，則自應予以嚴格區分；前者（勞工確不能勝任）應解釋成以不可歸責於勞工之事由為限，而後者係屬債務不履行之領域，在可歸責於勞工之情形，才有第12條第1項第4款之適用[13]。

另有採較折衷之見解，認為[14]：基本上勞基法第11條所定解僱事由之產生，勞工均無可歸責原因；第5款所指者乃是例如勞工因病無法勝任工作，或因事業單位有業務變更或生產方式之變更致勞工無法勝任工作之情形，故多係可歸責於勞工。另有認為[15]：在此雖不妨以

---

[10] 黃越欽，勞動法論，1991年，第241頁以下。

[11] 黃劍青，勞動基準法詳解（增訂版），第155頁。

[12] 黃劍青，同前註，第155頁。

[13] 楊通軒，論勞工確不能勝任工作，發表於：1998年6月3日，勞委會主辦、中興大學承辦之「八十七年度勞動契約與勞資關係研討會」，會議資料第50頁以下；劉志鵬，勞動法解讀，第106（107）頁；劉志鵬，權利事項勞資爭議與法官造法機能，月旦法學雜誌，第14期，第11（16、17）頁；呂榮海，勞基法實用 I，第145（147、148）。

[14] 黃程貫，勞動法，1996年，第484頁。

[15] 郭玲惠，終止勞動契約——兼論德國之制度，中興法學，第37期，第29（33、34）頁；郭玲惠，勞動基準法面面觀與擴大其範圍之必要性，月旦法學雜誌，第13期，第4（8、9）頁。

是否有「可歸責於當事人之原因」作為初步認定標準，但勞動契約畢竟非僱傭契約，以是否「可歸責於當事人」作為唯一認定標準，並不妥當。應將評估範圍進一步擴及其他社會性因素，特別是雙方當事人對於資遣費及預告期間之期待可能性。

肆、本文見解

　　本文認為上述意見雖各有所本，而學說中對最高法院之批評見解，其基本觀點應屬妥當，惟似未能涵蓋所有可能的解僱情況的；亦即吾人原則上應認為：既然就勞基法第11條第5款與第12條第1項第4款之事由，賦予互相排斥、不能並存的法律效果，則認為此二規定原則上係各以不同事實作為規範對象；勞工怠忽所擔任之工作，應屬第12條第1項第4款、而非第11條第5款所評價之對象。惟在例外情形，同一日常生活事實可能同時充分第12條第1項第4款及第11條第5款的要件，因此應以學說中之折衷說則較為周全、最為可採。茲申論如下：

一、「勞工確不能勝任工作」與「勞動契約義務之違反」之關係

（一）文義的觀點

　　文義為解釋法律的開始，因此在討論本問題之時，自應首先由文義著手。

　　由日常用語方面觀之，對於「不能勝任」與「契約義務之違反」間之關係究竟如何，似無明確答案。例如「辭海」[16]解釋「勝任」為

---

[16] 下冊，1980年，第681頁。

「謂才足任其事也」。「大林國語辭典」[17]解釋「勝任」為「能夠擔任得起」、「違約」為「違背所定的契約」。從這樣的說文解字方式，吾人只能大略得知在此至少涉及到二個不同的觀點，至於這是否意味著同時涉及到可截然區分的二件事實，則不明確。

類似情形也發生在法學專業字／辭典上。首先「勝任」一詞在法律專業用語上並不常見，因此在法律辭典上，例如雲五社會科學大辭典第六冊「法律學」（民60年版）、國立編譯館所編之「法律辭典」（民67年版）、五南圖書所出版之「法律類似用語辯」（民76年版）對該用語根本未加收錄、解釋。

然而在幾個涉及「勝任」一詞的法律規定上，則似乎有將「勝任」與否和「義務違反」分開處理的傾向。例如民法第85條第2項第一句：「限制行為能力人就其營業有不能勝任之情形，法定代理人得將其允許撤銷或限制之」，其性質上並不會發生同時涉及契約違反的問題。然而強制執行法第108條：「強制管理之管理人，不**勝任**或管理不當時，執行法院得撤退之」，由其將「不勝任」與「管理不當」並列規定之結構而言，義務之違反似乎與「勝任」無涉，而是「管理不當」所應處理的問題。類似的情形也出現在非訟事件法第50條第一句的規定：「失蹤人之財產管理人，不**勝任**或管理不當時，法院得依利害關係人之聲請改任之。」

在勞動法方面，就業服務法第54條第4款規定：受聘之外國人在「受聘僱期間……其身心狀況無法**勝任**所指派之工作時……」其聘僱許可之全部或一部將被撤銷。同法施行細則第15條第3款規定：該法所第43條第1項第1款所稱專門性或技術性之工作係指……其他須受高等教育或專業訓練，或經專業考試，或曾師事專家而具業務經驗並有成績，或自立學習而有創見及特殊表現，始能**勝任**之工作。臺灣省工人退休規則第6條第2款規定：當工人「精神障礙或身體殘廢不堪**勝任**

---

[17] 1980年再版，第196、1608頁。

職務者」，應命令退休。勞基法第54條第1項第2款規定：勞工「心神喪失或身體殘廢不堪勝任工作者」，雇主得強制退休。從以上規定看來，在勞動法方面，「勝任」一語似乎比較傾向於指向勞工客觀上能力的問題。而從工廠法第30條第3款、第31條第1款分別就勞工對於所承受之工作不能勝任、以及工人違反工廠規則而情節重大二解僱事由分別規定看來，認定二者在文義上係指向不同的解僱事由，似乎也是妥當的[18]。

惟值得注意的是：在一則臺北地方法院法律問題研討[19]當中，當法院於強制執行、命付強制管理，而管理人未盡善良管理人之注意義務時，討論意見一致是以法院得以此依強制執行法第108條之規定撤退管理人，作為其出發點。如此一來，不能勝任在概念上似乎又可能包括義務違反的情形。

綜上論述，對於「不能勝任」與「「契約義務之違反」間之關係究竟如何？從文義的觀點言，吾人可認為：在日常用語上，二者的關係並不清楚。在法律規定上，則似乎有將「勝任」與否和「義務違反」分開處理的傾向；但對此吾人也發現有相反的案例。因此，就此問題，吾人並無法從文義上得到妥當的答案；仍須參考其他解釋上所應考慮到的因素加以決定。

（二）歷史因素／立法者所賦予的規範目的之觀點

勞基法第11、12條係參考勞動契約法第35、36條以及工廠法第31條之類似規定而設[20]。惟勞動契約法公布而未實施；工廠法之相關規

---

[18] 至於以上所列法條，經查閱法源法學資訊系統（資料系統時間：1999.9.15），就「勝任」、以及「義務違反」間之關係，並未獲得無任何其他資料可供參考。

[19] 民事法律問題研究彙編，第5輯，第264頁以下，引自法源法學資訊系統。

[20] 立法院，勞動基準法案（上冊），第8、9頁。

定又無行政函釋、判決等資料加以進一步的闡釋[21]；因此對此問題並未能提供進一步的資訊。相同的情形也發生在立法者所賦予的規範目的之觀點上。從其立法過程當中，吾人僅能得知，曾有主張「勞工不能勝任」在概念上不明確、應予刪除[22]；惟此提案並未被採納。至於「勞工不能勝任」之範圍如何？與同法第12條第1項第4款之關係又如何？則根本未加討論。因此立法者究竟在「主觀上」賦予該規定如何之規範目的？並無從得知。

（三）體系的觀點、對勞基法第十二條第一項第四款「情節重大」之限制以及規避同條第二項除斥期間的考量

誠如學說所指出，勞基法既就第11條第5款與第12條第1項第4款，規定互相排斥、不能並存的法律效果（雇主若依前者（勞工不能勝任）解僱時，應為預告並給付資遣費；若依後者（勞工違反勞動契約）解僱時，不必預告、毋庸給付資遣費，則認為此二規定原則上係各以不同事實作為規範對象，寧屬當然。進一步言，第12條第1項第4款之解僱事由，法律明定以「違反勞動契約或工作規則，情節重大」為限。若依最高法院見解推論之，則在勞工主觀上「能為而不為」、「可以作而無意願」的情形，雖構成違反勞動契約，但非情節重大、不該當第12條第1項第4款之解僱事由時，雇主仍得就該同一事實一般地主張構成第11條第5款之勞工不能勝任工作之解僱事由、或以該事實作為後者評價對象（的一部分）；若然，則與立法者於第12條第1項第4款之以「情節重大」限制該事實作為解僱事由之意旨，恐有違背。擴而言之，在涉及勞工因犯行被判有期徒刑、宣告緩刑、因

---

[21] 經查閱法源法學資訊系統（資料系統時間：民88.9.15），並未獲得無任何可供參考之資料。

[22] 立法院，勞動基準法案（上冊），第174、370頁；類似見解，下冊，第944頁。

過失而耗損雇主物品或曠工未滿三日時，該等行為雖不構成第12條第1項第3、5、6款之事由；依最高法院之見解推論之，該等事實仍得同時作為第11條第5款規定「不能勝任」之判斷根據，則立法者於該相關規定就解僱事由所為之具體限制，將被大打折扣。又對於雇主依勞基法第11條所為之解僱，法律上並無除斥期間之規定；反之，勞基法第12條第2項對於依同條第1項第4款所為之解僱，規定雇主應自知悉其情形之日起，三十日內為之。依最高法院見解推論之；雇主於知悉勞工違反勞動契約情形經過三十日、其依第12條第1項第4款所生之終止權因除斥期間經過而消滅後，似仍得轉而主張該事實構成之勞工不能勝任，依第11條第5款予以解僱；則立法者於第12條第2項所為除斥期間之規定，將可被規避無遺。

（四）勞基法之立法本旨（勞基法第一條）

最高法院所援引之勞基法之立法本旨（第1條），並不足構以支持其所採見解。

1. 蓋立法者於此所宣示的立法本旨，實質上不外為整部勞基法所蘊含之勞動政策、指導方針；於具體法規之解釋與適用時，或許具有某程度的參考價值[23]。然而在權力分立的原則之下，司法權之功能主要在於解釋、適用立法機關既已規定下來的法律規定；至於如何去具體地實踐特定的立法政策，其權責主要的仍在於立法機關，而非司法機關；否則司法機關將過度從事造法活動而逾越其在憲法上應有的

---

[23] 值得注意的是：在此所涉及的立法政策，與向來法學方法論上所稱之立法機關之「規範意旨」（Regelungsabsicht；Zwecke und Normvorstellungen des historischen Gesetzgebers）或「客觀——目的性的標準」（Objektiv-teleologische Kriterien）的解釋觀點，似有不同。例如Larenz, Methodenlehre der Rechtswissenschaft, 6. Aufl, 1991, S. 328 ff; 333 ff; 於該二觀點下所討論之事例，在前者係以個別法條為主、後者則更輔以事物之本質、正義（如平等原則）等法律原理／原則的觀點；而非以某特定的整部法典之基本政策為對象。類似地情形，Bydlinski, Juristische Methodenlehre und Rechtsbegriff, 2. Aufl, 1991, S. 449 ff, 453 ff.

權力。並且司法機關在審判的過程中，既欠缺立法機關之透過立法程序所賦予法規的正當性；又無後者（或是行政機關）——至少在理論上所擁有在政策決定上必須之專業知識，因此也不宜對特定立法政策，自行決定應如何具體地予以實踐。而立法機關就特定問題所作之政策決定，自以其針對該問題所立之具體法規最為明顯；因此，就本文所討論者，司法者首先自應探討勞基法第11條第5款、第12條第1項第4款等相關規定作為探討的對象，而非自視為立法政策的實踐者、逕自訴諸立法政策以作為其判決之依據。

2. 況且勞基法第1條所稱之立法本旨，具有高度抽象性，某程度言，或可稱為「虛空公式」（Leerformel），如何（於何種程度內）實現，其可能的方法不限於一種；因此究竟如何從勞基法第1條的何項立法政策達到此一具體結論？實有待進一步的說理。而且由司法院第一廳與學說幾乎一致地以相反見解作為出發點的現象觀之，更見最高法院之所採見解，並非如其所認為的是一種自明之理或「當然之解釋」。最高法院透過直接訴諸勞基法第1條、避免公開其所預設的價值判斷；以至於吾人於法律上亦無法對其所預設者，加以合理的討論。如此一來，勞基法第1條有淪為掩護法官個人恣意價值判斷工具之虞。

3. 尤其是該規定所包含多項立法本旨之間，可能有對立衝突而無法並存的情形（例如若僅僅強調保障勞工權益，作有利於勞工之解釋；反之，若僅僅強調促進經濟發展，則將傾向於作有利於雇主、不利於勞工解釋）。因此從勞基法第1條中不同的立法本旨，有可能導出相反的結論；而就邏輯言，任何互相衝突的結論也都可能依附在勞基法第1條不同的立法本旨中獲得其「正當性」？！則勞基法第1條豈非成為有求必應的萬靈丹[24]。

---

24 又縱然吾人將此所涉及的立法本旨／政策認為是法規目的（例如Larenz, aaO., S. 322 f 認為Steindorf所建議之法律政策（Politik des Gesetzes）的解釋觀點，姑且暫時不論吾人對政策如何理解，其本質與認為向來所承認的法規目的

準此，單單訴諸勞基法第1條立法本旨，其說理顯然不足。尤其當一判決理由，迴避一般公認法律解釋所應斟酌的觀點（於本問題：尤其是體系的因素），就現行法上立法者既定之具體法規棄之不論，而僅以一些抽象且可能衝突的立法本旨作為依據，難免有作為藏匿法官恣意之虞、而使其正當性自始即遭受質疑。

（五）例外情形

惟依本文見解，並不排除在例外情形，同一日常生活事實可能同時充分第12條第1項第4款及第11條第5款的要件，而此種可能性似乎為前述學說之見解所忽略。以下本文將首先探討各該規定可能的認定標準，以此作為認定何種情況足以構成此例外情形之依據。

1. 勞基法第十一條第五款之認定標準

勞基法第11條第5款之目的，似乎在於當勞工所提供之勞務，無法達成雇主透過勞動契約所欲達成之客觀上合理的經濟目的時，允許雇主得解僱勞工。又參照所謂解僱的最後手段性原則（ultima-ratio Prinzip）[25]，本文認為應透過類推適用第11條第4款，要求雇主就其調職權限內，於在現有之工作職位下，若有適當工作可供安置勞工，則不得解僱該勞工；此於得勞工同意、於變更勞動條件後仍有繼續僱用之可能，亦同。準此；尤其於前述所引最高法院判決案例之（案例四），原任業務部門擔任行政工作（內勤）之勞工，既於調派從事產品對外服務之外勤工作後，多次表示請求調致其他單位，若雇主尚有

（Zweck des Gesetez）的觀點，應無不同），當其所追求之目的不夠明確或不能共同實現時，則「法規目的」解釋觀點的說服力亦將因而減損，Koch/Rüßmann, Juristische Begründungslehre, 1982, S. 215。因此，例如Zippelius，Juristische Methodenlehre, 4. Aufl, 1985, S. 47雖認為得從法典的前言（Präambel）推論出法規之目的，但其亦承認：當不同的法規目的互相競合時，解釋法規應使相關目的得適當地實現。而最高法院於其判決理由中正是因為欠缺這種方法論上的檢討，以致未能善盡其說理之責。

[25] 參閱林更盛，解僱之最後手段性（本書第十三篇論文）。

適當工作可供安置勞工，即不得以勞工不能勝任工作、遽行解僱。

2. 勞基法第十二條第一項第四款之認定標準

勞基法第12條第1項第4款所定之「違反勞動契約或工作規則，情節重大」，其中關於「違反勞動契約或工作規則」之部分，原則上以有效之勞動契約或工作規則為前提；而認定勞工有無違反之情事，亦大致上不生問題。有待討論者，其所謂「情節重大」，究所何指？吾人似可認為：勞基法第12條第1項所定各款事由，係立法者對民法第489條所定之基於重大事由之終止在勞動契約法上的具體化規定。又參照勞基法相關規定，吾人應可認為第12條第1項第4款所謂「情節重大」，應指因該事由導致勞動關係之進行受到嚴重干擾，而有賦予雇主立刻終結勞動關係權利之必要，同時在法律上亦無法期待雇主於解僱後給付資遣費。蓋若某事由之發生，並不導致勞動關係進行受到干擾、障礙，則雇主即無據以解僱之正當利益。又為與勞基法第11條所定解僱事由相區分，該事由所生勞動關係之干擾，應致雇主有立即終結勞動關係之必要、且亦以無法期待雇主於解僱後給付資遣費為限。

勞基法第11條第5款的目的，在於處理因勞工所提供之勞務，無法達成雇主於勞動契約之範圍內，透過該勞務所欲達成之客觀上合理的經濟目的時，所生之問題，已如前述。由於該事由最終係源出於勞工本身，而非雇主經營上的範疇，且不以雇主已喪失對所涉及的具體工作職位的需求為前提，因此有別於勞基法第11條前四款的解僱事由。而對於後者，有稱之為「整理解僱」，亦頗為恰當。若以德國終止保護法（Kündigungsschutzgesetz 1969）第1條第2項關於解僱事由之分類觀之（該分類也同時影響到學說上[26]對於德國民法第626條之作為立即解僱的重大事由之分類），應與其所稱經營事由之解僱（betriebsbedingte Kündigung）相當。至於勞基法第12條第1項各

---

[26] 採此分類者，如 Stahlhacke/Preis, Kündigung und Kündigungsschutz im Arbeits-verhältnis, 5. Aufl, 1991, RdNr 453.

款事由，雖與勞基法第11條第5款同為出自勞方之事由；惟前者係以勞工所為之特定行為、後者係以勞工個人人身作為解僱之原因；參照德國法上之前述解僱事由之分類，前者應與其所稱行為事由之解僱（verhaltensbedingte Kündigung）、後者應與其所稱人身事由之解僱（personenbedingte Kündigung）相當。準此，德國法上對相關解僱事由之探討，亦可供參考。

　　又對於雇主依勞基法第12條第1項所為之解僱，有稱之為「懲戒解僱」；惟(1)吾人若僅僅從「懲戒」的角度去理解第12條第1項之解僱事由，則對於解僱事由的判斷，原則上將僅僅以勞工**過去**、以往之言行等事實作為評價的對象；至於該事實對於勞動契約**將來**之繼續進行有何影響、是否在法律上已無法期待雇主繼續該勞動契約？將容易被忽略；這種結果是否妥當，值得再思[27]。(2)又第12條第1項所定解僱事由，似亦未必皆與勞工之違反勞動契約有關；例如該規定之第3款「受有期徒刑以上刑之確定，而未諭之緩刑或未准易科罰金者」，應以勞工因罪入獄服刑、顯然無法再為雇主服勞務，肯定其得作為解僱之事由。準此，該事由性質上為因給付不能所生給付障礙之現象，並不必以勞工違反勞動契約上之義務、被雇主懲戒為前提；只要該給付不能的現象繼續存在，雇主即得以此為由解僱之，從而——與同條其他各款事由不同——亦無除斥期間之限制（同條第2項）。而立法者在此作如此之區別，也是妥當的。蓋以第1、2、4至6款所定事由，是否已嚴重致無法期待雇主繼續勞動契約，某程度內尚有判斷的餘

---

[27] 在德國勞動法上，就終止保護法之領域，主張：終止係以（提前）結束一繼續性債之關係、故以因有特定事由之發生、致該法律關係無法向將來地繼續進行為前提，因此對於終止事由之判斷，本質上即包括對於該相關情事的預測（Zukunftsprognose）因素在內；如Hueck/v. Hoyningen-Huene, 12. Aufl, 1997, §1 KSchG RdNr 130a; Stahlhacke/Preis, Kündigung und Kündigungsschutz im Arbeitsverhältnis, 5. Aufl, 1991, RdNr 617 (618) f; RGRK-Weller, 1992, vor 620 BGB RdNr 160 (j.m.w.N.)；以上理由若可成立，則就該法以外、其他的解僱事由亦應同樣地含有此預測因素在內，參閱MünchArbR/Berkovsky, 1993, §130 RdNr. 70 ff (m.w.H.).

地;因此留待雇主自行決定,應屬妥當。而且雇主若於一定期間內,未決定是否解僱勞工,當亦可認定:仍可期待雇主繼續勞動契約;因此除斥期間限制之規定,應屬妥當。反之,在第3款情形,勞工既應服有期徒刑,無法向雇主提供勞務,其給付不能之事態甚明。縱於三十日(即相當於除斥期間)經過後,若其給付不能之情事既未改變,則法律上仍然無法期待雇主繼續該勞動契約,故仍應許雇主行使其解僱權。準此,勞工之受有期徒刑宣告之行為,是否同時構成勞動契約義務之違反(例如出納員因侵吞經手價款或因(進入)勞動關係(前)外之犯行,被處有期徒刑)?皆無法改變勞工無法提出勞務(給付不能)之事實。因此,縱然勞工因為於進入勞動關係之前所犯罪行、嗣後被發現而判處有期徒刑,雖然未必涉及懲戒的問題,雇主仍得加以解僱。準此,吾人對於勞基法第12條第1項第3款之規定,似不能僅以勞動契約或工作規則之違反的具體化規定、或是單純作為一種懲戒工具來來加以理解[28];勞基法第12條第1項所為之解僱,稱為「懲戒解僱」,是否恰當,亦有待斟酌。

尚待進一步澄清者:在我國法上,雇主是否應如學說所言,於解僱時斟酌相當於德國法上所謂的社會性觀點(例如勞工之年齡、結婚與否、負擔多少扶養義務等等因素)?對此,首先應說明者:依德國終止保護法第1條第3項之明文規定,雇主僅於經營事由之解僱時、才有斟酌此類因素之義務;而依其多數學說之見解[29],上述規定對於人身/行為事由之解僱並不適用;蓋德國法上之所以如此要求雇主應遵守所謂的社會性選擇(Soziale Auswahl),乃在於當經營事由之解僱時,雇主雖然知道應解僱多少人,惟具體地應解僱哪些勞工,事先並不確定;因此法律上要求雇主於此應斟酌社會性觀點、選擇較

---

[28] 至少基於以上的理由,吾人亦不能將勞基法第12條第1項各款一律認為是第4款之具體化規定、而在此意義下,將第4款作為同條項解僱事由之概括規定。

[29] Vgl. nur Hueck/v. Hoyningen-Huene, 12. Aufl, 1997, §1 KSchG RdNr. 433; Herschel/Löwisch, 6. Aufl, 1984, §1 KSchG RdNr. 214a (j.m.w.N.).

能承受解僱不利益的勞工而加以解僱；因此此種所謂的社會性選擇之功能不外乎在於具體確定被解僱的勞工。相反地，在人身／行為解僱之情形，因待解僱之勞工乃自始確定（例如即該不能勝任或違反勞動契約之勞工），故並無所謂藉斟酌的社會性觀點以確定被解僱之勞工的問題。其次，勞基法第11條第4款要求雇主於以業務性質變更、有減少勞工之必要為由解僱時，應以「無適當工作可供安置」者為限、其解僱方可能有效。依正確之見解，至少此項限制於該條前三項規定之解僱情形，亦同樣有其適用[30]。準此，因為考慮有無適當工作可供安置；合理的標準（之一）乃是在現既有可能空缺的職位中，考量勞工的能力。如此一來，判斷有無「適當工作可供安置」的結果，所謂的社會性因素即可能因此完全被忽略、甚或得到與後者相反的結論。又無論如何，對於解僱事由之相關因素的斟酌，原則上似應限於在勞動關係所可能涉及之範圍者為限；而以上所謂的社會性因素，既然於勞基法第11條以下所列之解僱事由內皆未提及，因此從立法者之計畫與設計而言，不斟酌此類觀點當亦不構成漏洞。從而要求雇主於解僱時應斟酌此類因素，即屬超越制定法外的造法問題（Gesetzesübersteigende Rechtsfortbildung），其正當性顯然有待進一步更強的說理；僅僅援引外國立法例作為說理，容有不足。

綜上論述，若勞動契約之特性，特別強調勞工提供勞務之主觀態度，或是特別強調勞雇間之信賴關係，以至於當勞工未盡其主觀上之能力時，將使其所提供之勞務嚴重喪失意義，而無法期待一合理之雇主繼續該契約者，則應許雇主以勞工不能勝任為由，加以解僱。準此，例如：

(1)負有某程度的經營成敗、獨立裁量權限之單位主管，因工作不力而長期不能達成公司交代任務。在此情形，若其所提供勞務已不合乎契約目的、意義，則縱然勞工之行為未必構成**重大違反勞動**

---

[30]　林更盛，解僱之最後手段性，同註25。

契約，雇主應仍得依第11條第5款解僱之[31]。類似地，若勞工之工作內容，特別要求主動積極的工作態度以及與其他員工之配合；則勞工長期有能作而主觀上無意願做之情形；縱然勞工之行為未必構成重大違反勞動契約，亦可能構成勞基法第11條第5款之解僱事由。因此，最高法院前述（案例三），擔任報社記者之勞工，若長期有能作而主觀上無意願做之情形，甚至常漏失重大新聞；此種情形可能構成違反勞動契約，縱非情節重大，雇主似亦得依勞基法第11條第5款解僱勞工。惟最高法院前述（案例二），擔任新品開發處、負責新產品之開發設計工作之勞工，若因常擅離工作崗位，以至於績效欠佳，雇主得否加以解僱？因與一般擁有專業技術之勞工並無重大差異，原則上應依第12條第1項第4款決之，並非第11條第5款的問題；在此，法院尚應同時注意工會法第35條第2項、第3項有關工會理事請公假辦理會務之規定。又例如：

(2)司機於執行職務時，因嚴重違反交通規則，發生車禍，致雇主受傷、其駕照被吊銷。或是保全人員監守自盜。在此二者情形，勞工之行為固然可能構成第12條第1項第4款之違反勞動契約，情節重大

---

[31] 文獻上有認為：「勞工因能力不足致不能勝任之情形，通常屬於可歸責於勞工，故亦可依第十二條第四款解僱勞工」（呂榮海，勞基法實用 I，第148、149頁），則敷對於勞工所應負的勞動義務有所誤解；蓋依勞動契約的上位契約類型僱傭契約的規定，勞工應親自服勞務（民法第484條），因此勞工若已盡其主觀上的能力、遵守客觀上交易應盡的注意義務，縱其勞動成果不及於一般人所提供者，仍不構成勞動契約義務之違反；Vgl. Zöllner/Loritz, 4. Aufl, 1992, Arbeitsrecht, S. 205; MünchArbR/Blomeyer, 1992, §46 RdNr. 60. 而類似的價值判斷，也反映在民法第485條的規定：「受僱人明示或默示保證其有特種技能者，如欠缺此技能時，僱用人得終止契約。」其立法意旨謂：「謹按僱傭契約既經成立，受僱人因無特種技能不能勝任時，僱用人能否終止契約，應以受僱人曾否明示或默示保證其有特種技能者為斷。若受僱人曾經自己明示或默示保證其有特種技能者，如無此種特種技能，自屬違反契約，應使僱用人有終止契約之權，僱用人得終止契約。否則僱用人亦有慎審選任之責，自不得據此遽行解約，使受僱人蒙不當之損失，是又當然之理，無待明文規定，此本條所由設也。」

之情事。然就一般社會通念言，勞工既然因駕照被吊銷而不能再合法地繼續提供勞務——最高法院前述（案例五）採同見解；或因其行為導致其提供勞務必具備之雇主信賴的喪失，亦應（同時）構成「勞工無法勝任工作」之情事。就此情形，承認雇主除得依第12條第1項第4款、亦得依第11條第5款解僱勞工，亦有其實益，並非僅僅涉及理論上的問題。蓋雇主若依第12條第1項第4款解僱時，雖不必預告、毋庸給付資遣費，但受有三十日除斥期間之限制；在除斥期間過後，即不得再依該規定為解僱。然在所舉之例，勞工既然長期地不再能提供合乎契約目的、意義之勞務，則縱然在與三十日除斥期間相當之時間經過後，雇主仍有予以解僱之正當利益。從而，在此例外情形，雇主（亦仍）得主張第11條第5款之事由；在此，該解僱原則上應為預告、並給付資遣費。

3. 小結

綜上論述，本文認為：基於立法者於第11、12條對解僱事由在制度上所為不同的設計，雇主得否以勞工主觀上「能為而不為」、「可以作而無意願」加以解僱，原則上應依第12條第1項第4款、而非第11條第5款加以判斷；若其情事並不足構成前者所定之「情節重大」時，自不得轉由依後者加以解僱。僅於例外情形，同一日常生活事實例外地可同時構成第11條第5款及第12條第1項第4款的要件。在此情形，雇主得自由選擇依何項規定行使解僱權；若依前者，雇主應為預告、並應給付資遣費，惟並無除斥期間之限制；若依後者，雇主毋庸預告、並無須給付資遣費，惟有除斥期間之限制。

二、雇主之考核權限、工作規則之訂定與法院之審查

勞基法第70條規定雇主於工作規則內不僅得訂定有關勞工應遵守之紀律、考勤、獎懲等事項，其內容甚至可能涵蓋所有勞動契約可能的內容，此尤其是表現在同條第12款之「其他」一語。勞工之工作績

效欠佳，實際上有可能被雇主依工作規則加以解僱。而勞基法第12條第4款又規定，勞工違反勞動契約、工作規則，情節重大者，構成解僱事由。勞工違反勞動契約，在不少情形也同時構成工作規則之違反。因此，工作規則和法定解僱事由間的關係如何？即有待進一步地探討。

（一）雇主對企業體之主導權：考核權限與工作規則訂定之正當性

雇主基於其對於企業經營、生產組織所擁有之主導權（betriebliche Leitungs-und Organisationsmacht）[32]，得對於勞工之工作情形等相關事項加以考核；藉由以上的評鑑，雇主所為之考勤、獎懲、升遷等等事項才可能擁有較具體、明確與公開的標準，趨於客觀與公平[33]。勞基法第70條第4至6款也反映出立法者是以承認雇主擁有相關權限作為出發點[34]。因此吾人得認為：雇主對企業體之主導權，乃其考核權限與工作規則上相關規定之正當性來源。又雇主之考核權限既然源出於其對企業體所擁有之主導權，且其所考核之對象事實，又或多或少具有專業特性，因此在某程度內雇主應具有一定之裁量權限、判斷餘地。惟此考核權限之行使，多同時影響到勞工的權益；因此基於雇主之照顧義務（此義務在性質上不外為民法上誠信原則在勞動關係上的反應），並為適當保護勞工權益（尤其是勞工之人格權）[35]，雇主上述裁量權限自應有所限制，不得牴觸法律強行、禁止規定或法律之一般原理原則（如權利濫用之禁止、勞動法上之平等待遇原則）（就工

---

[32] Vgl. MünchArbR/Blomeyer, 1992, § 96 RdNr 7.

[33] Aao.

[34] 至於對以上所稱雇主之考核權限，是否必需和德國法上所謂的企業懲罰權（Betriebsbuße）作相同的理解（例如認定其有刑罰的性質）？尚待進一步研究。黃程貫，企業懲罰權，台灣社會研究，第2卷第2、3期，第1頁以下，似採肯定見解；惟對於雇主之擁有此項權利之正當性，則採批評的見解。

[35] Schaub, Arbeitsrechtshandbuch, 7. Aufl, § 148 I1992, V 1 b.

作規則之部分，參照勞基法第71條）；至於其具體界線如何？尚待進一步討論，在此無法詳述。準此，雇主若在上述裁量、判斷餘地之範圍內所為之考核，非企業經營專業的法院當不得加以審查[36]。

（二）雇主考核權限與工作規則訂定之界線

就解僱而言，吾人若僅強調勞基法第12條第4款之規定，則雇主似可透過工作規則，單方制定解僱事由。反之，吾人若強調勞基法第71條的規定，認為工作規則不得違反法令之強制／禁止規定，則以上見解妥當與否，則又不無疑問。而最高法院則僅以前者為出發點；於84年度台上字第1143號判決[37]之理由中表示：「雇主職工工作規則第三十四條第五十八款既然規定：行為不檢影響處譽者之處罰標準為申誡、記過、記大過，情節重大者解僱。則依該規定，**雇主於規定得處罰之範圍內，如何處罰，乃有處分權之長官或單位應有之裁量權**。本件勞工之誹謗行為，經雇主之人事甄審委員會，依其裁量權決議，依前開工作規則之規定予以解僱處分，並經雇主之法定代理人同意，發佈獎懲案件通知書，亦核無違誤。」從而認定該解僱為合法。

惟如此對工作規則的理解，似與勞基法第70條、第71條的規範目的不符。在勞基法第70條的立法過程中，依行政院於其所提出之草案第69條、以及後來增修條文第70條（亦即相當於現今的勞基法第70條）所規定者；雇主僱用之勞工超過十人者，即應制定工作規則；其後則因我國中小企業為數眾多，為避免增加雇主過多負擔、考慮其**實施之可行性**[38]，乃將僱用人數改為三十人。由此吾人可明顯看出：

---

[36] 此見解或可與大法官釋字第319號解釋的對象作一對照。大法官釋字第319號解釋及其一部不同意見書，皆一致地認為：「考試機關依法舉行之考試、其典試委員之評分應受尊重，法院亦不得以其自己之判斷代替典試委員之評定之分數；如循應考人之要求，任意再行評閱，難以維持考試之客觀與公平。」

[37] 最高法院民事裁判書彙編，第20期，第815頁以下。

[38] 立法院，勞動基準法案（上冊），第28、52頁；（下冊），第645、651、653至654頁。

立法者設定該規定之意旨，並非授權雇主就相關事項，得單方予以決定；相反地乃是從課與法令之強制或禁止規定雇主負擔、義務的角度出發，要求雇主於一定條件下，應制定工作規則。而這也完全表現在第70條之文義上（「雇主……應依其事業性質就左列事項訂立工作規則……」）；以及當雇主未履行該義務時，依勞基法第79條第1款之規定，應被處以罰鍰，法律上對於權利人因其不行使權利而加以處罰者，無寧是異常的現象。因此吾人應認為：勞基法第70條之立法目的，不在於授權雇主訂定工作規則，藉此使其得以單方決定勞動條件；反而是在於：透過課予雇主訂定工作規則之義務，使雇主自我拘束而不得任意偏離工作規則所定之內容[39]；藉由行政主管機關之核備，使工作規則所定之勞動條件較容易趨於妥當；最後並藉由工作規則之公開揭示，使職場勞動條件趨於公平一致、透明化。準此，雇主並不得依勞基法第70條，透過工作規則、單方訂立法律所定以外之解僱事由。而以上結論，亦可由勞基法第11、12條之法律性質獲得印證。勞基法第11、12條第1項各款關於解僱事由之列舉規定，其目的既在保障勞工、限制雇主解僱權限，因此具有強行性質，此亦反映於其規定文義「非有左列情事之一者，雇主不得預告勞工終止勞動契約……」、「勞工有左列情事之一者，雇主得不經預告終止勞動契約……」；因此應屬民法第71條所稱「法令之強制或禁止規定」。立法者對解僱事由，既已於勞基法第11、12條第1項各款加以列舉，並且對特定解僱事由作出程度上的要求（就本問題所涉及者：第11條第5款所規定：勞工確不能勝任工作之標準；第12條第1項第4款規定：違反勞動契約或工作規則、限於情節重大之情形），若准雇主單方透過工作規則、自行設定法律以外之解僱事由，不僅與勞基法第70條之課予雇主訂定工作規則之義務的目的不符，也將使得立法者限制解僱

---

[39] 對此結果，在我國法上贊成雇主有獎懲權限的見解中，似視為當然而無爭論。惟對此現象於法學理論上如何加以說明，則有待進一步澄清者；而這也將受到有關工作規則法律性質的看法的影響。對此問題，將另文述之。

事由為其所列舉之情況，對特定解僱事由作出程度上的要求，形同虛設、可被雇主規避無遺。因此，本文認為：工作規則若訂定雇主在特定情形，得解僱勞工；則該工作規則之規定僅在勞基法第11、12條第1項各款所定之法定範圍內有效。亦即在審查勞基法第11條第5款時，法院應自行認定勞工是否確不能勝任工作，不受工作規則所定內容之拘束[40]。在審查有無第12條第1項第4款之情況時，在工作規則有效的前提下，有無違反工作規則，係事實問題。惟是否情節重大者、足以構成解僱之事由，並非雇主之裁量權限或判斷餘地。反而是：法院對此情況是否「情節重大」，應依勞基法第12條第1項第4款，自行認定而加以審查[41]。

三、結論

（一）勞基法第11條第5款之解僱事由：「勞工確不能勝任工作」，與第12條第1項第4款之「勞工違反勞動契約、情節重大」對照

---

[40] 因此，前述最高法院86年度台上字第82號判決之前審法院，自行認定雇主所定「工作規則之所謂員工不能勝任工作，應係指考績未滿六十分者」，並據此否認雇主得依工作規則解僱勞工；其見解有待商榷。若在不涉及解僱（例如僅涉及升遷、獎金之發給）的情形，此係不當地對雇主之考核權限加以審查；另一方面，在涉及解僱的情形；縱依工作規則之規定，雇主得解僱勞工，法院亦不得僅僅以此為由，對該解僱不依勞基法第11條第5款審查。至於若該情形依工作規則並不構成解僱之事由，則雇主自不得違反工作規則而解僱勞工；此為工作規則對雇主之拘束力（自我拘束）所應探討的問題。

[41] 以上所述，基本上對於我國勞基法上之工作規則採取契約說（如黃越欽，事實上習慣說，勞動法論，第133頁以下。黃越欽，從勞工法探討企業規章之性質，私法論文集，第383（403）頁以下。劉志鵬，定型化契約說，論工作規則之法律性質及其不利益變更之效力，律師通訊，第133期，第61頁以下），亦然；蓋勞動契約之約定不得違反強制規定（勞基法第12條）。至於採取根據二分說者（如呂榮海，勞工法法源（二）工作規則，法學叢刊，第140期，第115（127）頁以下），若將工作規則所定（部分）之內容歸入實質勞動條件、成為契約之內容；則與採契約說之結果並無不同；否則，則屬雇主指示權之行使；而雇主指示權之行使不得牴觸不得違反強制規定，亦無疑義。

觀之，法律上既然賦與二者互相排斥、不能並存的法律效果，則認為此二規定原則上係各以不同事實作為規範對象；勞工怠忽所擔任之工作，應屬第12條第1項第4款、而非第11條第5款所評價之對象。勞基法之立法本旨（第1條），性質上為立法者對整部勞基法所宣示之勞動政策、指導方針；基於其高度的抽象性、及彼此矛盾的可能，並不足以作為反對的理由。惟在例外情形，若勞動契約之特性，特別強調勞工提供勞務之主觀態度，或是特別強調勞雇間之信賴關係，以致於當勞工未盡其主觀上之能力時，將使其所提供之勞務嚴重喪失意義、而無法期待一合理之雇主繼續該契約者，則應許雇主依第11條第5款對勞工加以解僱。

　　（二）雇主基於其對於企業體所擁有之主導權，得對於勞工之工作情形等相關事項加以考核；此等事項並得訂入工作規則。雇主所為之考核，在某程度內有一定之裁量權限、判斷餘地，惟不得牴觸法律強行、禁止規定或一般原理原則。為貫徹立法者於勞基法第11條以下限制雇主解僱事由之意旨，工作規則縱然訂定雇主在特定情形，得以勞工不能勝任或違反工作規則加以解僱；該工作規則之規定僅在勞基法第11、12條第1項各款所定之法定範圍內有效；亦即法院應自行認定勞工是否達到勞基法第11條第5款之確不能勝任的程度；以及其違反工作規則，依第12條第1項第4款之標準、是否情節重大者。

12

以勞務給付專屬性
之違反作爲解僱事由
——評最高法院86年台上字第3333號判決

壹、案例事實與判決理由

一、案例事實

本件勞工係受僱於臺汽公司臺中南站之隨車售票員。於民國82年9月間起至11月28日，委由同事代班、續領薪資。其雇主於同年12月17日以其「無正當理由在外兼營商業，情節重大」為由解僱勞工；於第一審準備程序中則再主張勞工請他人代班，違反民法第484條第1項之規定，依據同條第2項終止僱傭契約。

勞工起訴情求確認勞動關係存在。其所持之一部分理由為：1.其委託其他同事代班期間，實因懷孕、身體異常，不宜跑車顛簸，故找人代班，不同於曠工。2.何況委託同事代班、連班，已行之有年，並曾經調度員同意，雇主長期不加干預，應係默認同意。3.隨車售票員工作無機密性，亦無專屬性，自得委由他人代服勞務；又隨車售票員間委託同事代班，對工作完成亦無影響。4.縱然認為勞工之行為違反民法第484條之規定，雇主之終止僱傭契約，仍應受勞基法第12條第2項所定三十日除斥期間之限制；雇主逾越該期間後始終止契約，並不生終止之效力。

針對以上勞工所持理由，雇方則主張：1.本件勞工連續三個月未出勤，由他人代服勞務，仍支領薪俸，已非一般臨時有事、短時間請人代班可比擬。2.雇主嚴禁隨車售票員委託他人代班；勞工縱然懷孕，仍應依工作規則辦理請假手續。至於調度員則僅負責監督行車調度事宜、維持車輛運作、避免脫班，並無准許隨車售票員代班之權限。3.且其續領薪資及工作獎金、並享有領取退休金及工作獎金之利益；代班之隨車售票員若向雇主收取代價，則雇主將相當於支出二份薪資。代班之隨車售票員，除本身車班外，又代本件勞工之車班，自有連班情事，影響對乘客之服務品質，進而損及雇主之商譽。因此自不得以隨車售票員之工作性質不具機密性、技術性而認為本件情形並

不構成民法第484條勞務供給專屬性之違反。4.從而主張依民法第484條第2項將勞工解僱，不受勞基法第12條除斥期間之限制。

二、判決理由

　　最高法院[1]則維持高院判決，肯認雇主以上所有理由，認為：「勞基法第一條固揭明該法係明定勞動條件之最低標準，然所謂勞動條件在不同法律層次中均有其存在，在民法債編僱傭乙節之意義，乃指僱傭契約當事人對勞務給付與報酬之約定。勞基法施行後，該法未規定者，仍適用其他法律之規定。準此，有關勞基法未規定者，仍應適用民法債編之規定。民法第四百八十四條第一項後段規定受僱人非經僱用人同意，不得使第三人代服勞務，是謂勞務供給之專屬性。蓋勞務之供給因人而異，若使第三人代服勞務，則往往難達契約之目的，故非經僱用人之同意，不得使第三人代服之。違反此項規定者，依同條第二項，僱用人得終止契約。又勞基法並未就勞工違反勞務給付專屬性之事由加以規定，故勞工未經雇主同意，使第三人代服勞務者，仍應適用民法第四百八十四條第一項、第二項規定，雇主無須預告，得隨時終止僱傭契約。」

貳、評釋

一、僱傭契約為勞動契約的上位契約類型

　　最高法院於本案判決中表示：勞動條件在不同法律層次中均有其存在，有關勞基法未規定者，仍應適用民法債編（僱傭一節）之

---

[1]　最高法院民事裁判書彙編，第30期，第636頁以下。

規定；係以僱傭契約為勞動契約的上位契約類型為前提，而後者則以所謂的從屬性而有別於其他類型的僱傭契約，洵屬正確。現今學說亦多以此為出發點[2]。蓋勞基法第2條第1款定義勞工：「謂受雇主僱用從事工作獲致工資者」、第2款定義雇主「謂僱用勞工之事業主……」、第6款定義勞動契約：「謂約定勞雇關係之契約」，從文義言，顯與民法上之僱傭契約最為接近，因此認定勞基法所稱之勞動契約為民法上之僱傭契約的一種，應無不妥。其次從歷史的觀點言，依民國政府於25年12月25日公布、尚未實施之勞動契約法第1條規定，稱勞動契約者，謂當事人一方對於他方在從屬關係提供有職業上之勞動力，而他方給付報酬之契約；究其意義，實係以僱傭契約為勞動契約的上位概念為出發點[3]。從整體契約類型而言，以僱傭契約作為勞動契約的上位類型作為適當。僱傭契約的受僱人之義務為勞務之提供（民法第482條）、且其勞務之提供具有專屬性（民法第484條）、在僱用人受領遲延時、有與民法債篇不同之規定（民法第487條），與勞動契約在類型上最為接近。且由近來民法僱傭契約篇之修正、使之更具社會化色彩（民法第483條之1所反映出僱用人之照顧義務、第487條之1的受僱人向僱用人損害求償權利），似乎也是以同樣觀點為基礎。而承攬契約係以承攬人為獨立營業人為出發，故其義務之內容（民法第490條）、對價之危險負擔（民法第508條）、工作之具有獨立性，皆有別於典型的僱傭／勞動契約。又委任契約在我國雖與德國不同、並不以無償者為限，惟原則上僅當勞務給付契約不屬於法律所定之其他契約類型、方有委任契約規定之適用（民法第529條）。因此勞動契約既然已有僱傭契約篇之適用，原則上即無須再輾轉適用委任契約之規定。

2　黃越欽，勞動法論，1991年，第83頁；黃程貫，勞動法，1996年，第63頁；
　　邱駿彥，勞動基準法上勞工之定義，收錄於勞動法裁判選輯（二），第93頁
　　以下。

3　史尚寬，勞動法原論，1978年，第15頁。

二、民法第四八四條之立法目的與法律性質

誠如最高法院所言，民法第484條之所以規定勞務給付之專屬性，乃是：勞務之供給因人而異，若使第三人代服勞務，則往往難達契約之目的，故非經僱用人之同意，不得使第三人代服之。學說上有明白採相同見解者，認為「僱傭關係原則上為對人的信用關係，受僱人為何人對於僱傭人之利害所關至鉅，勞務義務有專屬性也」[4]。

本規定所謂不得使第三人代服勞務，其意義上當可包含不得使第三人完全取代其服勞務、或使用第三人作為其輔助人；惟相對地，勞工於其暫時無法提供勞務時（例如因休假或生病時），而亦無義務自行尋找職務代理人[5]。民法第484條既係以勞務供給具有專屬性為原則，若當事人契約之約定或僱用人有無同意第三人代服勞務的情形不清楚時，應認定為勞務供給具有專屬性【解釋當事人契約／意思之功能，解釋規定（Auslegungsregeln）的性質】[6]。又勞務供給之專屬性，既然是為保護僱用人利益而設，非為法律客觀秩序之違反[7]，因此在立法上並不需要將民法第484條設計成是一強制規定，當事人契約之約定或僱用人之同意自得以排除勞務給付之專屬性（任意規定的性質）。至於該規定和民法第489條之以重大事由終止之關係如何？學說上[8]有認為：違反第484條勞務專屬性之規定，依「僱傭契約」一節之立法結構，應屬民法第489條之「重大事由」的例示規定。此項見解，值得贊同。

---

[4]　史尚寬，債法各論，1986年，第281頁。

[5]　Staudinger/Richardi (1999), §613 RdNr 4 f; MünchArbR/Blomeyer, 1992, §46, RdNr 9.

[6]　Vgl. nur MünchKomm/Schwerdner, 3. Aufl, 1997, §613 RdNr 1 (m.w.N.); Staudinger/Richardi (1999), §613 RdNr 6.

[7]　邱聰智，債法各論（中冊），1996年，第18頁以下。同意旨，鄭玉波，民法債篇各論（上冊）1997年，338頁。

[8]　黃程貫，勞動法，1996年，第480頁。

三、勞務專屬性之違反：勞基法所未規定的解僱事由

　　最高法院於前述裁判要旨中表示：勞基法並未就勞工違反勞務給付專屬性之事由加以規定，故勞工未經雇主同意，使第三人代服勞務者，仍應適用民法第484條第1項、第2項之規定，雇主無須預告，得隨時終止僱傭契約。其見解不無進一步探討之餘地。

（一）勞基法是否已對解僱事由窮盡地予以規定

1. 最高法院與相關學說之見解

　　勞基法第12條第1項之各款規定在性質上乃是民法第489條第1項之「重大事由」的具體化規定[9]。最高法院以上所持見解，係以以下觀點為前提：在勞基法的適用範圍底下，有關解僱的問題，勞基法仍然並未窮盡地加以規定。就與此相類似（勞基法第12條第1項之規定與民法第489條）的問題，學說上[10]有認為：勞基法第12條第1項之規定，並未排除民法第489條之重大事由終止規定之適用；其理由主要為：(1)勞基法第12條與第11條之規範方式迥然不同，第11條係「非有左列情事之一者……不得……」，故可知係明示完全列舉之立法方式，而第12條則係「有左列情事之一者……得……」，其立法之規範方式與第11條大不相同，由立法方式及邏輯上言之，絕非完全列舉之規範方式，既非完全列舉，則於無第12條所列舉之情形時，即不得謂不得終止，至於是否得終止，應依民法第489條之規定，視其是否構成該條項所稱之重大事由。(2)勞基法第12條所規定事由，包括第1項第4款之構成要件，並無法涵蓋民法第489條之重大事由。蓋一來勞基法第12條第1項第4款之規定既置於同條項第6款規定之中間，故並非概括條款；二來違反勞動契約或工作規則情節重大之構成要件並未能

---

[9] 黃程貫，勞動法，1996年，第480頁以下，492頁。

[10] 黃程貫，企業懲戒權，台灣社會研究，第2卷第3、4期，第50頁，註140。

完全涵蓋民法第489條之重大事由而排除其適用，例如嫌疑終止及其適例，若一員工有工業間諜之嫌疑且未能澄清而造成雇主之信賴完全喪失者，則不能期待雇主仍繼續僱用，應容許雇主不再繼續僱用該員工，亦即容許雇主終止勞動契約，但此時並不能認為其係違反勞動契約或工作規則情節重大，蓋其工業間諜之嫌疑只是不能澄清而非已得證明確有間諜行為並違反勞動契約或工作規則情節重大，因此只得認為此時係構成民法第489條之重大事由而容許雇主解僱該員工。故民法第489條仍有補充適用之可能與必要。依此意見推論之，則作為民法第489條之重大事由之例示規定的民法第484條，亦未必被勞基法第12條第1項排除其適用。

2. 本文見解

對於以上最高法院與學說所持見解，可從以下二個觀點加以說明。

(1)以上見解與立法過程中所顯示立法機關的觀點不盡一致。(a)就勞基法第11條之草案，其原先規定文字為：「有左列情事之一者，雇主得預告終止勞動契約……」於審查草案一讀時，當時內政部湯藍瑞司長[11]對該草案之說明，即已認為除了這法定五款事由外，雇主均不得預告終止勞動契約。基於這種觀點，有立委提議將該規定部分之文字修改為：「非有……雇主不得預告……」惟該條（包括該提議）首先被暫行保留[12]；於嗣後就保留條文討論時，具有和先前提議同樣內容的修正案再度被提出，並且獲得通過[13]。於二讀時，就該規定只有針對具體解僱事由認定的討論、並無關於該規定之形式或文字修正的提議[14]；而其首先也是仍被暫行保留，於嗣後就保留條文討論時，

---

[11] 立法院，勞動基準法案（上冊），第369頁。

[12] 同前註，上冊，第381頁。

[13] 同前註，下冊，第742-744頁。

[14] 同前註，下冊，第941頁以下、第952頁。

第11條之相關修正提案均不獲通過，而以先前審查條文通過[15]。於三讀時，則並無任何修正提議[16]。參照以上立法過程，吾人可認為不論勞基法第11條之規定文字為「有左列情事之一者，雇主得預告終止勞動契約……」或是「非有……雇主不得預告……」立法者的基本觀點都是一樣的：在適用勞基法的前提下，除勞基法第11條所定事由外，雇主不得以其他理由預告解僱勞工。(b)至於規範立即終止的勞基法第12條草案，雖具有相同的規定形式：「勞工有左列情形之一者，雇主得不經預告終止契約」，於一讀時並無與第11條任何相類似的修正提案、即以無異議通過[17]。於二讀時，則有認為應比照修正後的第11條之形式、更改成為：「非有左列情事之一者，雇主不得不經預告終止勞動契約……」[18]，對此提案，有認為二者「在法律上的意義是相當的，但就文字上來說，如此修正將使條文變得很繁瑣，值得商榷[19]。對此討論，首先則暫行保留[20]，於嗣後就保留條文討論時，勞基法第12條之相關修正提案均不獲通過，因而仍以先前審查條文通過[21]。於三讀時，並無任何修正提議[22]。(c)參照以上勞基法第12條的立法過程，並且對照第11條的修正過程，則較可能的結論是：就無須預告、立即終止的問題而言；立法者的基本觀點也是：在適用勞基法的前提下，勞基法第12條已經就此問題窮盡地加以規定，亦即除其所定事由外，雇主不得另以其他理由不經預告解僱勞工。準此，立法者對於勞基法第12條的規定形式、並未做和勞基法第11條相類似的變

---

15 同前註，下冊，第1132頁以下、第1142頁。

16 同前註，下冊，第1231頁。

17 同前註，上冊，第381、385頁。

18 同前註，下冊，第961頁。

19 同前註，下冊，第963頁。

20 同前註，下冊，第967頁。

21 同前註，下冊，第1132頁以下，第1143頁。

22 同前註，下冊，第1231、1232頁。

更，以至於使人誤以為立法者對於該二規定有意做不同之處理，僅係
法規文句上所選擇的表達方式與原先企圖有所差距、乃立法者之錯
誤，應當是屬於方法論上所謂的編輯錯誤（Redaktionsversehen），
原則上仍應參照立法機關真正的意圖去加以理解[23]。

　　(2)惟以上立法者所採取的立場，其正當性容有疑義。蓋(a)從基
本權利的角度加以觀察，解僱既為雇主企業經營自由的一部分，則對
雇主所得主張的解僱事由，事先予以列舉、一概排除其他解僱事由存
在之可能性，是否足以掌握與因應現在（與未來可能的）複雜的經
濟／勞動生活的現象，就後者而言，尤其是當考慮到如部分工時
（Teilzeitarbeit）工作、電傳勞動（Telearbeit）、個人工作室（SOHO
族）等非典型與新型態的勞動契約類型時，實在不無疑問。從重大事
由終止之法律制度觀之，法律之所以允許繼續性債之關係的當事人
於有重大事由時，得不經預告、立即結束該法律關係，無非以在此情
形，要求當事人（於有預告終止的情形、在終止預告期間內仍）繼續
維持該法律關係，並無法律上的期待可能性。而發生以上所謂重大事
由解僱的情況，顯然無法事先一概地用列舉規定窮盡地加以規定。因
此將雇主得以重大事由解僱的情形、僅僅限定於勞基法第12條第1項
各款列舉者，其正當性容有疑異、有過度侵害雇主經營自由之虞[24]。
(b)在前述的觀點下，最高法院與學說所持見解，認為除勞基法所定
事由外，尚存有其他重大事由解僱之情形，從結論上而言，應可贊
同。準此，在法規的具體適用方面，較可行的方法是首先嘗試在可能
的範圍內、優先適用勞基法第12條第1項各款，其次才是直接適用其
他的法律規定。惟無論如何，在勞基法的適用範圍內，亦即該勞動關
係有勞基法之適用的前提下，對此，本件當事人與法院皆無疑義，係
爭終止權之行使縱無勞基法第12條第1項各款之直接適用，如何在法

---

[23] Bydlinski, Juristischemethodenlehre und Rechtsbegriff, 2. Aufl, 1991, S. 393.

[24] Vgl. MünchKomm/Schwerdner, 3. Aufl, 1997, §626 RdNr 65 (m.w.N.).

律要件與效果上（後者尤其是在關於勞基法第12條第2項除斥期間規定的問題上）作適當地調整，乃是值得吾人注意的。

（二）勞務專屬性之違反與勞基法第十二條的關係

就勞務專屬性之違反是否為勞基法所未規定的解僱事由而言，民法第484條在文義上僅僅以勞務專屬性之違反作為終止事由，因此理論上並不以勞工對此有可歸責之事由為前提；準此，關於勞工之違反民法第484條第1項規定的情形，應再就勞工有無可歸責之事由加以區分[25]。而這種區分，事實上也反映於在和民法第484條第2項同性質之第489條的規定上：民法第489條第1項是處理得否以有重大事由終止的問題，第2項則是明白規定於該重大事由「**如係因當事人一方之過失而生者，他方得向其請求損害賠償。**」蓋以重大事由終止之情形，其目的既然在於：當法律上無法期待終止權人繼續原有之法律關係時，允許其終結該法律關係。因此其重點並非在於債務不履行的問題，並不以當事人有債務不履行之情事為其要件。準此：

1. 本件勞工對於勞務專屬性之違反若有可歸責的情事，(1)在債務不履行方面，首先可能構成工作義務之給付遲延；惟由於其勞務之提供多具有定期性，無法於嗣後補服勞務，因此原則上又應認定為構成給付不能[26]。(2)此外，在解僱方面，雇主可能依民法第484條第2項、勞基法第12條第1項第4款之「違反勞動契約或工作規則情節重大」或第6款之「無正當理由繼續曠工三日或一個月內曠工達六日」解僱勞工。勞基法係民法之特別法，故和民法第484條第2項相比，勞基法第12條第1項之規定應優先適用。又勞基法第12條第1項第4款與第6款相比，由於後者不僅僅是直接針對曠工的情況、且在要件上

---

[25] 史尚寬，債法各論，1986年，第281頁，認為「否則僱用人得終止契約，亦得請求因債務不履行或不完全履行之損害賠償。」亦採同見解。

[26] MünchArbR/Blomeyer, 1992, §46 RdNr 11; MünchKomm/Schaub, 3. Aufl, 1997, §613 RdNr 6 ff.

（「繼續二日或一個月內曠工達六日」與「重大事由」相比）也更為明確，可視為前者之特別規定，故應優先適用勞基法第12條第1項第6款。而這意味著：(a)在構成要件方面，若勞工違反勞務給付專屬性，卻未達連續三日、或一個月內合計未超過六日，因不符合勞基法第12條第1項第6款之構成要件，雇主不得依該條款解僱勞工；又立法者就作為解僱事由之曠工日數已為明確決定，因此雇主原則上應當不能轉而依據同條項第4款解僱勞工，否則勞基法第12條第1項第6款之規定將被規避、架空。同理，雇主原則上亦不得轉而依據民法第484條第2項解僱勞工。(b)在法律效果方面，若雇主得依勞基法第12條第1項第6款解僱時，應同時遵守同條第2項之規定，其終止權之行使有三十日除斥期間之限制。而此除斥期間之設立，不外乎考慮到：作為形成權之解僱權，對勞動生活之安定與勞工之利益影響重大，宜儘速確定。且勞基法第12條第1項第6款，性質上既然為民法第489條重大事由的例示規定，若雇主於知悉該等情事後，長期未為決定解僱勞工，顯然可以推論該情事並未嚴重至足以解僱勞工的地步，自無賦予雇主解僱權之必要。因此，若雇主解僱權已超過除斥期間，自應歸於消滅；雇主亦不得轉而依據民法第484條第2項行使其解僱權，否則勞基法第12條第2項設立除斥期間之目的將形同虛設。綜上論述，本件勞工對於勞務專屬性之違反若有可歸責之情事，則最高法院之見解，顯然忽略勞基法第12條第2項除斥期間之立法目的，應不足採。

2. 若勞工對勞務專屬性之違反並無可歸責之事由（例如因雇主長期容忍其他勞工代服勞務、以至於法律狀態不明），則並不符合勞基法第12條第1項所定之情事；然而雇主在理論上仍有可能依民法第484條第2項之規定解僱勞工。(1)民法第484條第1項固然係以勞務專屬性之違反構成解僱事由為原則，惟其規範意旨，誠如最高法院所言，既然在於考慮到僱傭契約當事人間之信賴、他人代服勞務與契約之目的有違，且其在法律性質上既為民法第489條的例示規定，因此在適用上自應一併參考以上規範意旨與法律性質加以決定。就本件而言，設若以該勞工之情形，經請假手續、必能獲准；於請假期間、勞

工仍可能照領工資；而且雇主另請他人代工，自當另付工資；本案所涉勞務無機密性；則以上觀點，都有可能作爲有利於勞工的判斷、認爲當事人間之信賴未必已經動搖至影響勞務續行的程度；因此或許也有可能例外地認爲雇主不得依民法第484條第2項之規定解僱勞工。蓋誠如學說見解所言[27]，如依勞務之性質，雖使第三人爲之並無差異或有使第三人代爲之之特約時，則不受民法第848條之限制。故若勞務之性質有代替性，任何人爲之並無差異，而僱用人仍要求本人之勞務給付或據以終止契約時，則爲權利濫用。(2)反之，設若雇主得依民法第484條第2項之規定解僱勞工，由於對此情形並不能直接適用勞基法第12條，包括其第2項除斥期間，因此最高法院所持見解看似正確。然而在勞基法適用範圍的前提下，這種結論卻將導致法律上價值判斷矛盾的結果：當勞工對勞務專屬性之違反有可歸責之事由時，雇主解僱權受到勞基法第12條第2項除斥期間的限制（已如前述）；反之，當勞工對此並無可歸責之事由時，雇主解僱權並無除斥期間的限制。(a)以重大事由終止的觀點看來；在前者情形，吾人在法律上顯然比較無法期待作爲解僱權利人的雇主繼續該勞動關係，然而雇主解僱權必須受到除斥期間的限制；反之，在後者，吾人較能期待雇主繼續該勞動關係，其解僱權反而並無除斥期間的限制；這種結果在價值判斷上顯有矛盾。又(b)在勞基法適用範圍內，爲貫徹除斥期間的立法意旨，對於和勞基法第12條第1項第6款所規定的解僱事由在法律上相接近的事實，自應爲相同處理；至於勞工對勞務專屬性之違反雖然並無可歸責之事由，但由於在此情形、其法律關係仍有儘早確定的必要，因此這並不足以作爲不同處理的理由。準此，在勞工對勞務專屬性之違反並無可歸責的情形，雇主解僱權亦應受到勞基法第12條第2項除斥期間的限制。準此，最高法院之見解，就此情形，亦不足採。

---

[27]　史尚寬，債法各論，1986年，第281頁。

四、除斥期間之經過與權利濫用

依本文見解，不論勞工對勞務專屬性之違反有無可歸責之事由，本件情形既在勞基法適用範圍內，爲防止雇主規避勞基法第12條第2項除斥期間之規定、貫徹該規定之立法目的、避免價值判斷上的矛盾，雇主解僱權應受到該規定之限制。因此雇主解僱權之行使若已逾越除斥期間，則在法律上應認爲其解僱權已歸消滅。又勞基法第12條第2項之三十日除斥期間之標準既甚爲明確，且在上述情形、雇主在外觀上亦無解僱權可資行使，因此並無須另行援引權利濫用理論（尤其是當其標準更不明確而無助於法律適用之明確）以否認雇主解僱權之必要。

五、結論

綜上論述，吾人可認爲僱傭契約係爲勞動契約的上位契約類型。民法第484條爲任意規定、解釋規定，爲民法第489條的例示規定，係爲維護當事人間之信賴與契約目的之達成而設。至於勞務專屬性之違反，是否爲勞基法所未規定的解爲事由？應分爲：（一）勞工對此若有可歸責的情事，原則上應認定爲構成給付不能，符合勞基法第12條第1項第6款情形，並非勞基法所未規定的解僱事由；雇主解僱權之行使，自應受到同條第2項除斥期間之限制。（二）反之，勞工對此若無可歸責的情事，雖然並無勞基法第12條之直接適用，然而本件情形既在勞基法適用範圍內，爲避免價值判斷上的矛盾，貫徹勞基法第12條第2項除斥期間之立法目的，雇主解僱權之行使亦應同受到除斥期間之限制。

13

解僱之最後手段性

—— 評臺北地院86年度勞訴字第54號、臺灣
士林地方法院87年度台上字第20號、最
高法院83年度台上字第2767號判決

大　綱

壹、基本理論

一、勞動契約終止所涉及的利益狀態

　　勞動契約終止制度，乃是使契約當事人得向將來結束此一繼續性債之關係，賦予其調整與因應勞動契約之進行中之障礙與勞力供需之機會。就其性質言，因涉及到契約的存續，故不外乎為契約自由原則的一種表現。然在雇主終止勞動契約（解僱）時，則可能牽涉到勞方經濟生活基礎的喪失或——在有失業救濟制度下——降低；在勞工尚能另覓新職的情形下，則會變更勞工向來所熟悉的工作環境、條件（以及住家）；若導致失業或提前退休，則對勞工人格利益——藉工作以發展其人格——有明顯影響。又就社會整體言，（尤其是在大量裁員所引起的）失業除引起社會生活不安、社會救濟支出之負擔外，亦可能導致相關企業結構有調整的必要。因此對於雇主之解僱權限，自有加以限制之必要。但在另一方面，在承認自由經濟市場的前提下，雇主既然必須面對市場競爭，自然有調整人事，以因應市場變化之必要，因此雇主解僱權限亦無法全然予以抹煞。又從社會整體言，強令雇主繼續僱用多餘勞工，將增加其成本；而此不利益最終將透過市場機能轉嫁給社會全體負擔。因此，解僱法的重要功能，即在上述不同利益間，取得一適當的平衡。

　　對此問題，在我國法上，除民法僱傭一節之相關規定外（該等規定係以雇主得自由終止僱傭契約為出發點），立法者最主要是透過勞基法第11條以下之規定來加以規制；對於終止事由，採取列舉的形式，無非是企圖對解僱事由予以明確地限定；惟導致解僱的社會事實既不一而足，因此立法者亦不得不於列舉的型態底下，在解僱事由中採用不明確的法律概念。因此如何對解僱事由妥當地加以掌握，即不能忽略相關的法律原理原則的影響。而其中尤其是以所謂的最後手段性原則，值得吾人注意。蓋依此原則吾人不僅能更適當地理解相關立

法之目的，能爲適當地運用法律；在法規不備的情況下，也能妥當地造法、彌補闕漏。

二、解僱最後手段性原則於德國解僱法上的發展

在德國法上對解僱相關問題的討論上，廣義的比例原則扮演了相當重要的角色（尤其是其底下的最後手段性原則）。對於廣義的比例原則，一般多細分爲有效性原則（Geeignetheit）、必要性原則（Erfordlichkeit）以及狹義的比例原則（Proportionalität）。而解僱之最後手段性，從文義言，指解僱應爲雇主終極、無法迴避、不得已的手段（ultima-ratio）；其起源，多認此語係於17世紀鑄刻於法國軍隊砲管上，其意不外乎：戰爭乃解決政治紛爭不得已的最後手段。故就其內容言，實不外爲廣義的比例原則（Verhältnismäβigkeitsprinzip i.w.S.）／或稱爲過度禁止原則（Übermaβverbot）底下的必要性（Erfordlichkeit）原則[1]。

德國聯邦勞動法院[2]首先在其1978年5月30日的判決中，明白表示：作爲最後手段之終結性的勞動契約終止（Beendigungskündigung）[3]，不論其解僱事由爲何，爲通常或是非常終止，僅當另無其他（包括變更勞動條件）繼續僱用勞工之可能時，方屬正當。然而除提及該原則在勞資爭議、調職等領域之適用已被承認外，該法院並未對此項結論的法律／法理基礎做進一步闡釋。學說上對此結果，不少採贊同的

---

[1] Preis, Prinzipien des Kündigungsrechts bei Arbeitsverhältnissen, 1987, S. 278 (279).

[2] BAG 30. 5. 1978, BAGE 30, 309.

[3] 作者按：即雇主之解僱意思表示未附以勞工同意變更勞動條件爲條件。

看法[4]。至於其理論的建構。在民法學多數見解[5]係一般地將不符合比例原則的權利行使型態，歸類為德國民法第242條底下權利濫用之類型；而在以上多數見解中所稱的比例原則，又多[6]係指稱廣義比例原則底下的必要性，即本文所探討之最後手段性原則。故與此相呼應者，多數的勞動法學者[7]亦將廣義比例原則歸納為民法誠信原則底下更具體的下位原則。

三、援引最後手段性原則於我國解僱法上的理由及其可能影響

（一）按法律之作用，在於當事人互相衝突的利益中，做一適當判斷、求一合理解決。在私法關係上，若當事人一方得單獨地決定，而其所為之決定的結果將影響他方權益者，則其權限自應有一妥當界限，不應逾越其實現正當利益所必要的範圍，如此方能在當事人間之

---

[4] So z.B.Gamillscheg, Arbeitsrecht I, Individualarbeitsrecht, 7. Aufl, 1994, Nr. 225 a), Nr. 230 a); Hanau/Adomeit, Arbeitsrecht, 9. Aufl, 1988, S. 242; Lieb, Arbeitsrecht, 5. Aufl, 1994, S. 98; Herschel/Löwisch, 6. Aufl, 1984, §1 KSchG RdNr 73; Stahl-hacke/Preis, Kündigung und Kündigungsschutz im Arbeitsverhltnis, 5. Aufl, 1991, RdNr 454, 614, 616; KR /M Wolf, 3. Aufl, 1989, Grunds. RdNr 280 ff; KR/Becker, 3. Aufl, 1989, §1 KSchG RdNr 234, 296; KR/Hillebrecht, 3. Aufl, 1989, §626 BGB RdNr 189 ff; RGRK/Weller, 1992, Vor §620 BGB RdNr 157; RGRK/Corts, 1991, §626 BGB RdNr.40 ff.

[5] Jauernig/Vollkommer, 7. Aufl, §242 BGB, III 2 b cc); MünchKomm/Roth, 3. Aufl, 1994, §242 BGB RdNr 409 ; Palandt/Heirichs, 54. Aufl, §242 BGB RdNr 53 f; Staudinger/ J. Schmidt, 12. Aufl, §242 BGB RdNr 683 ff.

[6] MünchKomm/Roth, 3. Aufl, 1994, §242 BGB RdNr 409; Soergel/Teichmann, 12. Aufl, §242 BGB RdNr 306；Palandt/Heinrichs, 54. Aufl, §242 BGB RdNr 54; Jauernig/Vollkommer, 7. Aufl, §242 BGB, III 2 b cc); Staudinger/J. Schmidt, 12. Aufl., §242 BGB RdNr 683, 685.

[7] Vgl Holly, Der Grundsatz der Verhältnismäßigkeit und Ultima-ratio Prinzip im arbe-itsvertraglichen Kündigungsrecht, 1989 (Diss. Bielefeld), S. 106 bei Fn 78, m.w.N.

利害關係上維持一適當的平衡[8]。準此，承認以廣義比例原則（包含最後手段性原則）作為一種一般的法益權衡的標準之一[9]，使之不僅對國家與人民間的關係（尤其在關乎人民的基本權利受到侵害時）有其適用之餘地；在人民與人民間的法律關係，基本上亦有其效力，應屬妥當。亦即若當事人之一方行使其原所擁有之權利，已明顯地偏離法律規定原先所預期之利益狀態、逾越法律所賦予該權利之目的時，法律即應否定該權利（之行使），這或許可稱為是法律上「從量變到質變」的一種現象[10]。因此吾人應可參照德國民法[11]與勞動法[12]上之多數見解，將不符合比例原則的權利行使型態，於此，其所謂的比例原則，多[13]係指稱廣義比例原則底下的必要性／最後手段性原則，歸類為民法上誠信原則底下權利濫用的一種型態。

（二）對此結論，吾人尚得以憲法第15條所表彰的工作權保障之**價值判斷**為根據。蓋不論此所謂工作權保障之範圍如何，吾人皆得認為：在解僱時，因涉及勞工**既有**的工作將行喪失的問題，當屬工作權

[8] Preis, aaO. (FN 2), S. 274 ff, Auffermann, Der Grundsatz der Verhältnismäßigkeit im Arbeits- und Sozialversiechrungsrecht, 1975, S. 6; Kunz, Das Allgemeine Über-maßverbot im bürglichen Recht und seine Auswirkungen auf das >>überbetriebene Anlocken<< im Wettbewerbsrecht, 1980, S. 35; Holly, aaO., S. 64, 105 f; ähnlich, Staudinger/J. Schmidt, 12. Aufl., § 242 BGB RdNr 683.

[9] Hubmann, Grundsätze der Interessenabwägung, AcP 155 (1956), S. 85, 123，稱之為Ausweichprizip，亦即以選擇侵害較輕微之手段作為利益衡量之一般的標準／原則。

[10] Kunz, aaO. (FN 9), S.17 f.

[11] Jauernig/Vollkommer, 7. Aufl, § 242 BGB, III 2 b cc); MünchKomm/Roth, 3. Aufl, § 242 BGB RdNr 409 ; Palandt/Heirichs, 54. Aufl, § 242 BGB RdNr 53 f; Staudinger/ J. Schmidt, 12. Aufl, § 242 BGB RdNr 683 ff.

[12] Vgl Holly, aaO. (FN 27), S. 106 bei Fn 78.

[13] MünchKomm/Roth, 3. Aufl, 1994, § 242 BGB RdNr 409; Soergel/Teichmann, 12. Aufl, § 242 BGB RdNr 306; Palandt/Heinrichs, 54. Aufl, § 242 BGB RdNr 54; Jauernig/Vollkommer, 7. Aufl, § 242 BGB, III 2 b cc); Staudinger/J. Schmidt, 12. Aufl, § 242 BGB RdNr 683, 685.

保障之核心範圍。因此，在決定得否解僱時，法律上要求雇主於可期待之範圍內，捨解僱而採用對勞工權益影響較輕之措施，可認為是在符合憲法工作權保障之價值判斷。其次，吾人亦得認為這種看法，與勞基法第1條第1項「保障勞工權益」之立法政策以及立法者在同法第11、12條對解僱事由採取列舉規定所欲表現出的立法目的（限制雇主解僱權限）相吻合。因此要求解僱應符合最後手段性原則，亦與制定法所呈現的價值判斷相呼應。

（三）援用最後手段性原則在解僱法上所可能產生在法律適用上之一般問題：最後手段性原則在不同的法律領域，並非都保持著相同的要求。亦即作為法律原則的最後手段性原則，其對於具體個案的影響並非是依循著所謂的全有／全無原則，而是依其位階與個案具體情事接近之程度等因素，亦即只有適用或不適用二種可能的選擇。在考慮與其相競合或牴觸的其他法律原則下，盡可能地於個案求其實現。從而吾人對於最後手段性原則在公法、民法的和勞動法上的實現，即可能做不同的處理[14]。又鑑於契約自由原則若尚能發揮功能、即具有適當保護勞工之效果，因此原則上僅於契約自由制度未能實際上發揮其功能時，包括該法律關係實際上僅由當事人之一方決定，吾人方有以最後手段性原則加以審查控制之必要；準此，就勞動契約法而言，特別是當雇主，可以單方地決定勞動關係之內容時，例如：懲戒權之行使、升遷調職、工作規則之制定以至於解僱權之行使，都有透過私法上的比例原則，加以審查之餘地。

（四）至於最後手段性原則在解僱法上的具體影響，可做如下之區分：包括參照基本權利之間接第三人效力的理論，吾人得認為：依據憲法第15條保障勞工工作權的價值判斷，尤其在解釋與適用蘊含不確定法律概念／待價值補充之法律概念的解僱事由時，應參照最後手段性原則決定之。惟與司法權相比，立法者既擁有優先的立法

---

[14] Preis, aaO. (FN 1), S. 281; Jacobs, Der Grundsatz der Verhältnismäßigkeit, 1985, S. 66 f.

權限，因此吾人亦應考慮到立法者就系爭問題透過制定法所作成的決定，包括其對該最後手段性原則所採納或修正的程度。當立法者對在最後手段性原則已加以成文化，則在此程度內，吾人原則上只需依據該法規並無另行援用比例原則之必要（法律適用上的補充性，Subsidiartät）[15]；惟於此情形，最後手段性原則不論是於對法規之解釋或是在漏洞的補充上（尤其是在後者），皆仍保有作為法規目的（ratio legis）的功能，仍有加以參酌援用之可能與必要。又為保護典型立於締約弱勢之勞工、免於雇主權利濫用之弊；與處理締約實力典型上對等之民法的情形相比，在勞動法上判定雇主違反最後手段性原則的情形，或許將更為廣泛；亦即後者之情形或許並未符合民法上向來所承認的權利濫用類型[16]。因此在法律之適用上，吾人似可做如下之區分：若雇主之解僱行為已明顯重大地違背最後手段性原則，符合向來所認定之權利濫用類型，則可逕行認定為權利濫用[17]；至於其他違反最後手段性原則的情形，則可獨立地認為最後手段性原則是屬於一種獨立的勞動契約內容控制的標準，而逕以其違反最後手段性原則否認該行為之效力。

　　至於上述所述關於最後手段性原則的不同型態的作用方式，應優先考慮前述第一種情形、以最後手段性原則作為解僱事由的認定標準之一。亦即吾人若能藉此滿足該原則之要求，則例如，可以該解僱違反既有法規而否認其效力，並無另行援用權利濫用理論或獨立援引最後手段性原則之必要。若不然，則其次可考慮前述第二種情形、透過權利濫用以審查雇主解僱權是否符合最後手段性原則。此於係爭勞動關係並無勞基法之適用時，有其實益；蓋雇主解僱權雖不受勞基法解

[15] Preis, aaO. (FN 1), S. 267, 290 f; Jacobs, aaO., S. 48 (m.w.N), Holly, aaO. (FN 27), S. 108 f.

[16] Preis, aaO. (FN 1), S. 276 f.

[17] ähnlich, Preis, aaO. (FN 1), S. 295；惟氏認為於此並無另行援用廣義比例原則之必要。

僱相關規定之審查，惟仍應受到一般權利行使之拘束、權利濫用之審查。而權利濫用之理論目前廣泛地被接受，因此若能藉此達到最後手段性原則之要求，則在形式上及無另行援用可能較有爭論的新理論之必要。反之，最後才是考慮直接援用最後手段性原則作為控制僱主解僱權行使的方法。

貳、案例評釋

一、臺北地院八十六年度勞訴字第五四號判決[18]

（一）案例事實與判決理由

原告勞工受僱於被告僱主航空公司擔任機長一職，於執行機師職務、由洛杉磯飛回臺北時，違反規定將持經濟艙機票之五位親屬升等至頭等艙，經被告接獲同機旅客檢舉後，以「擅自將親友多人違規升等至頭等艙，嚴重違反公司規定，身為機長未能以身作則，致公司權益及商譽受損」之事由，片面終止僱傭關係；嗣後改以同年月日生效之資遣方式終止僱傭關係。原告主張其縱有過失，仍不構成「違反勞動契約或工作規則情節重大」等法定或約定解僱事由，因而訴請確認僱傭關係存在。僱主則抗辯：其原擬依公司員工工作規則第103條第9款規定「侵占公用財務或假借職務，便利圖謀本人或他人利益，情節重大」及勞基法第12條第1項第4款「違反勞動契約或工作規則，情節重大」，予以解僱處分；惟考量原告於公司服務已十三年餘，才改以員工工作規則第18條第5款之規定：「對擔任之工作確不能勝任影響公司業務者。」經預告並發給資遣費方式，終止僱傭關係。

臺灣臺北地方法院於判決之理由四底下表示：「按僱主為維護企

---

18 本判決由魏千峰律師提供，特此致謝。

業內部秩序，對於不守紀律之公司勞工得以懲處，在各種懲戒手段
中，以懲戒解僱終止勞雇雙方之勞動契約關係，所導致之後果最為嚴
重。在行使懲戒解僱之處分時，因涉及勞工既有之工作將行喪失之問
題，當屬憲法保障工作權之核心範圍，因此在可期待雇主之範圍內，
捨解僱而採用對勞工權益影響較輕之措施，應符合憲法保障工作權之
價值判斷。換言之，解僱應為雇主終極、無法迴避、不得已的手段、
即『解僱之最後手段性』（ultima ratio），就其內容言，實不外為比
例原則下之必要性原則之適用。」並進而認為：對於違反航空公司規
定、違規將搭機之親人由經濟艙升至頭等艙之機師，雇主以其違反旅
客機上升等實施辦法等理由予以解僱，惟該辦法之其內容僅謂：「如
有違反規定或徇私者，一經察覺，將依人事法規嚴厲處分。」[19]依該
辦法，並未有得予以懲戒解僱之明文，再依雇主公司員工工作規則規
定，關於懲戒處分之種類有申誡、記過、記大過或降調職務或降級、
解僱六種，觀其所列記過、記大過或降調職務、降級之各項事由中，
不乏情節較本件嚴重者，然尚不足至受解僱之處分，本件所述前揭違
規情形，純係勞工出於對親人之關愛，勞工為一己之私，固有不當，
然依其情節，非不能期待雇主依工作規則採取較輕之懲戒處分，雇主

---

[19] 此判決理由亦為同院88年度重勞訴字第6號判決所採：「按雇主為維護企業內
部秩序，對於不守公司紀律之勞工得以懲處，而在各種懲戒手段中，以懲戒
解僱終止勞雇雙方之勞動契約關係，所導致之後果最為嚴重，對原告（作者
按：即勞工）之工作而言，無異處以極刑，因此在雇主行使懲戒解僱之處分
時，因涉及勞工既有的工作將行喪失的問題，當屬憲法工作權保障之核心範
圍，在可期待雇主之範圍內，捨解僱而採用對勞工權益影響較輕之措施，應
符合憲法保障工作權之價值判斷。換言之，解僱應為雇主終極、無法迴避、
不得已的手段、即『解僱之最後手段性』，就其內容而言，實不外為『比例
原則』下之必要性原則之適用。就勞工違反懲戒規定之違規行為，亦應就其
情節輕重，依照雇主所定之工作規則，施予該當之懲罰，而非可任由雇主恣
意選擇懲戒之條文，此乃所謂權利不得濫用及誠信原則之適用。……被告
（作者按：即雇主）捨棄與違反職務有關之懲處規定而援引『行為不檢』規
定，即有權利濫用之情事。……綜上足認被告之解僱原告終止僱傭契約為不
合法。」（判決理由三），引自司法院網站，網址：www.judicial.gov.tw。

遂以解僱為之，即有違「解僱之最後手段性原則」。

（二）評釋

1. 本案審理法院首先肯認解僱可為雇主懲戒手段之一；並進一步以下述觀點為其出發點：不論雇主一般的懲戒權界線何在，當涉及解僱時，不論該解僱係依雇主自行定之工作規則內之相關規定或係直接依據法律規定，法院皆得／應對其合法性加以審查。此項觀點值得贊同。蓋不論從勞基法上解僱事由所採之列舉規定之文義、形式或立法目的看來[20]，立法者乃是嘗試對解僱事由加以限制，從而在適用勞基法的前提下，自不允許雇主透過契約約款自行擴張其解僱權限。此於涉及工作規則時，亦無不同[21]。蓋從工作規則之相關規定來看，勞基法並非基於授與雇主自行擴張其形成勞動關係的權限、而是課予雇主義務的觀點，此由第70條之文義「雇主……應……就左列事項制定工作規則……」、第79條第1款之對違反第70條者處以罰鍰之規定可知，因此當雇主形式上係援用工作規則解僱勞工時，法院亦應審酌該解僱是否已逾越雇主依法律規定所擁有之解僱權限；唯有如此解釋，方符合第71條「工作規則違反法令之強制或禁止規定……者，無效」之意旨。

2. 關於雇主於解僱時應遵守最後手段性原則，本件審理法院係從憲法保障工作權之觀點加以論證，值得贊同。又承上論述，以上結論，對雇主形式上是依法定、約定或依工作規則規定之事由所為之解僱，皆有其適用。

3. 本件審理法院在判斷解僱事由是否情節重大，以至於無法期待雇主繼續其勞動契約時，審酌比較雇主在工作規則中有關懲戒之

---

[20] 對此觀點，可另參閱林更盛，以勞務給付專屬性之違反作為解僱事由（本書第十二篇論文）。

[21] 對此觀點，參閱林更盛，作為解僱事由之「勞工確不能勝任工作」（本書第十一篇論文）。

相關規定情形，值得贊同。蓋吾人不論對工作規則之法律性質採何見解，合理的推論當是雇主之行為應受到其所制定之工作規則的拘束[22]。因此，雇主在工作規則內，就特定事項所為懲戒之規定，若未及於解僱，則至少吾人可認為雇主主觀上並不認為該事由嚴重到足以作為解僱之原因，是以雇主自不得援引該事由解僱勞工。與此相類似者，雇主就某些事項之懲戒處分並未及於解僱，則對於就一般社會通念上所認為相形之下較輕微之其他情節，雇主原則上亦不得援用該較輕微之事由作為解僱事由；否則在價值判斷上將有失均衡。

　　4. 至於在法律的適用上，本件審理法院似逕以最後手段性原則為理由、否認解僱之效力。惟參酌前段論述，本件情形似符合直接以最後手段性原則作為解僱事由認定標準的情形，故在法律適用上似應以該解僱不具備勞基法第12條第1項第4款之「情節重大」的要件，否認其效力。

二、臺灣士林地方法院八十七年度台上字第二十號判決[23]

（一）案例事實與判決理由

　　本案被告公司（雇主）之業務係以提供車輛及零件業者檢驗、測試與認證等事項；原告勞工受僱於雇主公司，任檢驗工程師。某日原告勞工為私人之目的，順道前往受測試之客戶，向後者之職員索閱其雇主公司之同事的結婚喜帖（該同時於當時涉有婚姻糾紛）；因後者之職員表示找不到喜帖，為取信於原告勞工，並曾開啟抽屜讓原告勞工檢視，原告勞工並曾表示其在被告雇主公司服務，希望後者之職員不要欺騙他、也不要向被告雇主提起此事。嗣後經被告雇主公司得

---

[22] 同前註。

[23] 引自司法院網站，法學資料全文檢索之資料。對此判決之評論，可參照魏千峰，非法解僱訴訟初探，發表於1999年11月，勞動法讀書會。

知此事，雇主認為依其業務之特性，立場應公正不偏、嚴禁與受測客戶間有任何不良之互動；原告勞工上述行為實已構成員工行為準則之嚴重違規事項，故依勞動基準法第12條第1項第4款之規定解僱該名勞工。

臺灣士林地方法院於判決之理由三中表示：勞工基於勞動契約，有服從雇主指揮監督、遵守雇主所定工作規則之義務，對於違反工作規則之勞工，雇主基於其勞動契約自得依情節予以適當之懲處，惟雇主之懲戒權並非漫無限制，雇主對勞工所為之懲戒事項仍為勞動契約勞動條件之一部分，自應受勞基法之拘束，不得低於勞基法所定勞動條件之最低標準。在各種懲戒手段中，解僱即雇主片面終止勞動契約，乃最重大之懲戒手段，依勞基法第12條第1項第4款之規定，勞工違反工作規則，其情節重大者，雇主始得不經預告終止勞動契約。此種懲戒性解僱，涉及剝奪勞工既有工作權之問題，且勞工處於全然欠缺對等防禦能力之劣勢狀態，當屬憲法上工作權保障之核心範圍，故其成就條件應從嚴解釋，要非任由雇主以自訂之工作規則架空勞基法上勞工工作權保障之規定，是勞基法上開規定「情節重大」，自不得僅就雇主所定工作規則之名目條列是否列為重大事由作為決定標準，須勞工違反工作規則之具體事項，不可期待雇主採用解僱以外之懲處手段而繼續其僱傭關係，且雇主所為之懲戒性解僱與勞工之違規行為在程度上須屬相當，方符合上開勞基法規定之「情節重大」之要件。因此，勞工之違規行為態樣、初次或累次違規、故意或過失違規、對雇主及所營事業所生之危險或損失、勞僱間關係之緊密程度、勞工到職時間之久暫，均為是否達到懲戒性解僱之標準。並據此認為：從事檢驗工程師工作之勞工，於前往受檢驗之公司時，因好奇而向受驗公司之職員索閱其雇主公司之前總經理的喜帖，其行為固有不當，惟尚未涉及工作上之機密資料或金錢利益。又勞工索閱之態度雖使受驗公司之職員感到不友善，但勞工並未出言恫嚇，加以雙方業務往來已久，態度未免散漫隨便。雇主縱因受驗公司反映，認勞工不適於擔任該公司之檢驗工作，仍可依其對員工之指揮監督權，令勞工迴避對該

受驗公司之檢驗工作，並給予其他之適當懲處，以達排除雇主公司所強調之影響檢驗公正性之不正因素，尚非不可期待雇主採用解僱以外之懲處手段而繼續其僱傭關係。且勞工已擔任資深檢驗工程師，具七年二個月之年資，雇主遽因其一次對顧客不友善之索閱行為，即予懲戒性解僱之重大處分，而捨其他可期待於雇主之適當懲戒處分，雇主公司所為之懲戒性解僱與原告之違規行為在程度上即非相當，應認不符合上開勞基法之規定。

（二）評釋

1. 本案審理法院認為：勞工基於勞動契約，有服從雇主指揮監督、遵守雇主所定工作規則之義務，對於違反之勞工，雇主得依情節予以適當之懲處；亦即肯定雇主之上述權限係源出於其對於企業經營、生產組織所擁有之主導權（betriebliche Leitungs- und Organisationsmacht）[24]，可資贊同。而本案判決認為：雇主懲戒權之行使既構成勞動契約勞動條件之一部分，自應受勞基法之拘束；而作為最嚴重之懲戒手段之解僱，自應受勞基法第12條第1項第4款之規定得審查；上述見解，誠屬正確。又本案判決援用憲法上工作權保障之思想以作為從嚴解釋審查系爭事實是否構成該規定「情節重大」之理由，並亦最後手段性原則之內容，作為「情節重大」之判斷標準，要求勞工違反工作規則之具體事項，須致不可期待雇主採用解僱以外之其他懲處手段；可認為是以解僱之最後手段性原則作為法規適用之解釋標準，值得贊同。從而勞工違反工作規則之情形尚未致無法期待雇主繼續該勞動關係的程度時，否認其解僱因欠缺勞基法第12條第1項第4款之正當事由而無效，在法律的適用上，亦甚為正確。

2. 在決定系爭事實是否符合勞基法第12條第1項第4款之「情節重大」之要件時，本案審理法院認為應審酌：勞工違規次數（本案勞

---

[24] Vgl. MünchArbR/Blomeyer, 1992, §96 RdNr 7；另參閱林更盛，作為解僱事由之「勞工確不能勝任工作」（本書第十一篇論文）。

工為初次違規）、年資（本案勞工年資為七年二個月）等等情形，值得贊同；德國勞動法上[25]亦一致地認為：當雇主以勞工行為作為解僱事由時，原則上應先經「警告」，亦即告知違規之勞工其行為是錯誤、不被容忍的，再犯將被解僱，而仍再犯者，雇主方得解僱該勞工。又本案雇主雖主張依其業務之特性、嚴禁員工與受測客戶間有任何不良互動；對此，審理法院認為勞工縱不適於擔任該公司之檢驗工作，雇主仍可依其對員工之指揮監督權，令勞工迴避對該受驗公司之檢驗工作，以排除雇主公司所強調之影響檢驗公正性之不正因素，並另給予其他之適當懲處，而否認該解僱之效力；以上見解，在雇主調職權限內、或在獲得勞工同意之情形下，亦屬妥當（關於本問題之進一步論述，詳如本文後述）。

三、最高法院於八十三年度台上字第二七六七號判決[26]

（一）案例事實與判決理由

本案勞工受僱於被告雇主公司，原先擔任隨車捆工，於被解僱前三、四年前，因工作扭傷筋骨，改任印刷工作。嗣後雇主以業務緊縮為由解僱之，惟仍招募工讀生以取代其印刷工作，並登報招募隨車捆工等人員。最高法院於該判決中認為「按勞動基準法第11條第2款規定，雇主得因業務緊縮，預告勞工終止勞動契約，必以雇主確有業務緊縮之事實，而無從繼續僱用勞工之情形，始足當之。是以雇主倘以一部歇業，而他部門依然正常運作，仍需用勞工時，本諸勞動基準法第一條保障勞工權益，加強勞僱關係之意旨，尚難認為已有業務緊縮，得預告終止勞動契約之事由」（裁判要旨）。又雇主資遣勞工後，另行僱用工讀生代其工作，並登報徵求隨車人員，足見雇主仍需

25　s. nur MünchArbR/ Berkovsky, 1993, §133 RdNr 10 ff.

26　最高法院民事裁判書彙編，第18期，第591頁以下。

隨車人員,而該勞工原任隨車人員,雖以一度筋骨扭傷難以勝任該工作,但至其資遣時已歷時三、四年,原審未查明其傷勢是否已痊癒,遽謂勞工遭資遣時仍無法勝任隨車人員之工作,亦有疏略。再查雇主於資遣該勞工後,繼續僱用工讀生擔任該工作,可見該工作並未因業務緊縮而裁撤,則雇主是否有終止勞動契約之正當事由尚滋疑問。

(二)評釋

1. 以上最高法院所持結論,符合比例原則(尤其是最後手段性原則)的要求,可資贊同。首先最高法院要求以業務緊縮作為解僱事由者、必以雇主對該係爭類型的勞力/職務需求減少或已不存在為前提,因此雇主若另行招募同類型之勞力者,亦適用原則上即無解僱勞工之必要、該解僱將因欠缺法定事由而無效。以上理由,於雇主依勞基法第11條第1至4款之所為之解僱。蓋與勞基法第11條第5款以及第12條第1項各款之解僱情形、被解僱之對象因其不能勝任或有可歸責之行為而自始即可特定者有別,雇主因企業經營上之事由所為之解僱,基本上都是為因應企業經營變化上所致之多餘人力的問題,是以雇主若尚須另僱他人以取代被解僱勞工所從事之工作,原則上即欠缺勞基法第11條第1至4款所定之解僱事由。又本案最高法院所持結論、認為:設若雇主僅一部歇業,而他部門依然正常運作,仍需用勞工時,而勞工又可能,包括在可期待雇主的前提下、對勞工加以一定程度的轉職訓練後,擔任該部門之工作者,則在雇主調職權限或得勞工同意的前提下,雇主原則上即無解僱該勞工之必要;吾人可從解僱之最後手段性得到相同結論。至於最高法院於此援用勞基法第1條所揭櫫之立法政策作為之理由,在論理上似有不當、亦無必要[27]。蓋一方面法律政策甚為抽象,似不足以直接作為支持某一特定判斷的依據;何況該規定包含不同的法律政策,吾人若從同條規定之「促進社會與

---

[27] 另參閱林更盛,作為解僱事由之「勞工確不能勝任工作」(本書第十一篇論文)。

經濟發展」而非「保障勞工權益」著眼，或許將得到相反的結論；蓋
於本案雇主既另行僱用工讀生以替代被解僱之勞工，則不論從減少失
業或人力成本的觀點而言，此項解僱皆與「促進社會與經濟發展」之
要求不相違背。

　　2. 最高法院上述結論，實為法官造法之結果。蓋將勞基法第11
條第2款有關業務緊縮之解僱規定，並未如最高法院所要求、以他部
門亦無須該勞工為前提；最高法院所持結論，反而是與同條第4款之
規定：「業務性質變更，有減少勞力之必要，又無其他工作可供安置
時」相符。而最高法院之上述結論，亦屬正確。蓋可能導致勞基法第
11條第1至4款的經營策略上的事實，並無法截然區分。在可能導致前
三款之事實，雇主顯然也有可能另以或同時兼以業務性質變更，而非
逕以／僅以歇業、轉讓等方式因應之。在此情形下，此類業務性質變
更之解僱是否仍需限於「無適當工作可供安置時」，即有疑問。若採
肯定見解，則吾人應更進一步問到：為何這種「以無適當工作可供安
置時，方得解僱」之限制，不擴及於其他依勞基法第11條第1至3款解
僱之情形？若採否定見解，則對勞基法第11條第4款「無適當工作可
供安置時」之限制，雇主將得任以經營策略的手段迴避之。何況，不
論雇主係以第11條第1至3款或第4款為由解僱，皆同係出於雇方之事
由，就勞動關係存續之保障程度言，不應有所分別。因此，這種「限
於無適當工作可供安置該勞工時，方得解僱」之要求，首先應對勞基
法第11條第1至3款所定事由亦有其適用。立法者於此未明定如此之限
制，並非採反對立場，而係立法疏漏；鑑於這三款與同條第4款同為
以雇主經營策略上需求為解僱事由（類似性），解釋上應認類推適用
第4款規定之方法，達到以上之結論。

　　3. 又上述結論，基本上於雇主依勞基法第11條第5款、或是依勞
基法第12條第1項之第2、4、5款事由解僱時，亦同。蓋勞基法第11條
第5款所定之勞工不能勝任工作之解僱事由，雖係出乎勞方，但與同
條前四款，原則上同為不可歸責於勞工之情形。立法者對基於這些事
由之解僱在附預告期間、給與資遣費上亦為相同處理，蓋認為於第5

款之情形，亦可期待雇主對勞工多予以照顧。因此以在勞基法第11條第5款為由解僱時，亦應以「無適當工作可供安置該勞工時」為限，方屬妥當。而在雇主依勞基法第12條第1項之事由解僱時，其法律上效果不外乎結束勞動契約，藉此避免勞動關係／勞動秩序繼續受到進一步干擾。故在該項干擾得因調職／變更勞動條件而得以避免，則吾人當可期待雇主安排勞工適當工作，而非逕予解僱。例如勞工與其共同工作之某同事常有口角，若依情形可認為適當地調整工作班次或調動工作地點，即可避免上述情形發生，則雇主自不能主張勞工有勞基法第12條第2款之事由而逕予解僱。是以前述臺灣士林地方法院87年度台上字第20號判決所持見解，認為雇主若可對勞工為調職，即可排除其不當行為對公司所生之不正因素，即不得解僱勞工，實甚正確。

4. 在兼顧其他法律原則或構成要件已甚明確之情形，最後手段性原則於下述情形，將受到較大的限制：

(1)雇主依第12條第1項第1款解僱時，以：勞工於訂立勞動契約時為虛偽意思表示，使雇主誤信而「有受損害之虞者」為限；本規定文義所謂「虛偽意思表示」，究其實質，應指勞工於締約時為詐欺之問題，故所涉及當事人利益狀態：雇主意思表示之自由，與解僱時典型地涉及締約後、勞動契約進行障礙的問題，已有不同[28]。為貫徹雇主意思表示／選擇契約相對人之自由，雇主依本款所為之解僱，基本上無須遵守最後手段性原則，否則將對雇主造成變相地「強制締約」的結果、造成對雇主契約自由的過度限制。

---

[28] 固然在此情形，雇主並非不得另以勞工不實說明的相關事實（如詐稱具有的一定資格、能力，因該資格、能力之欠佳），導致勞動契約進行有所障礙，依勞基法第11條第5款（確不能勝任）或第12條第1項第4款（違反勞動契約情節重大）予以解僱。然此情形並非第12條第1項第1款所規範的對象，蓋本款僅以雇主有受損害之虞、而非以確有受損害（即相當於第11條第5款之情形）或有受損害、情節重大（即相當於第12條第1項第4款之情形）為要件；故認為第12條第1項第1款規範目的在保護雇主選擇契約當事人之自由，而非解決締約後、勞動契約進行中之障礙，應屬妥當。

(2)於勞基法第12條第1項第3、6款之情形，除雇主之解僱依據向來民法上權利濫用之標準應被禁止外，並無另行援用最後手段性原則加以審查之必要。蓋於第3款之情形，因被處有期徒刑，勞工已無法提出勞務（給付不能）。並且立法者就其構成要件，不但予以正面規定（受有期徒刑以上刑之宣告確定），並進一步設定應予排除之情況（而未諭知緩刑或未易科罰金者）。故在第3款之情形，解僱所須之構成要件已被窮盡地規定。藉此，在法律安定性與妥當性之間，立法者選擇了前者。故於第3款之情形，最後手段性原則即無適用之餘地。此於第6款之情形亦然；蓋立法者於此已以具體一定數目（無正當理由、繼續曠工三日，一個月內曠工達六日）明確地畫清其界線，對此，吾人自不宜僅僅藉用最後手段性原則加以更改、迴避立法者既定之判斷。

14
應預告而未預告之解僱的效力
——兼評司法業務研究會相關研究意見一則

「為規定勞動條件最低標準、保障勞工權益、加強勞雇關係、促進社會與經濟發展」，我國於73年7月30日制定公布勞動基準法（以下簡稱勞基法）。自該法實施以來，有關解僱的問題，占有一定的重要性。此於近年來經濟衰退的背景下，尤為明顯。勞基法第16條第3項規定雇主未依法定期間預告而終止契約者，應給付預告期間之工資。究竟此種解僱在法律上效力如何？其所應給付之工資範圍如何？皆有探討之餘地。就第一個問題，司法院第一廳並曾表示見解。以下本文將分別探討此二問題、提出己見，用供參考，期能有助於問題之澄清。

壹、未依法定期間預告之解僱的效力

一、相關見解[1]

（一）有效說

此說主要以立法前之法律狀態為論據，認為雇主應預告而未預告之解僱，仍具有即時解僱之效力。蓋「勞動基準法第16條第3項規定『雇主未依第一項期間預告終止契約者，應給付預告期間之工資』，此與工廠法第29條後段規定『……不依第二十七條之規定，而即時終止契約者，應給付預告期間之工資』相當，而最高法院70年度台上字第2811號判決即根據上開工廠法規定，謂『……工廠法第二十七條雖有預告期間，然未依規定終止契約者，依同法第二十九條規定，亦僅應按照該條所定預告期間給付工資而已，非謂其終止契約無

---

[1] 下述有效說、無效說、勞工選擇權說係參考司法周刊社，民事法律專題研究（六），第249頁以下之討論意見、相對無效說係參考劉志鵬，勞動法解讀，第185頁之相對無效說。

效……』。」

（二）無效說

此說以預告期間之規定具有強制性為論據，認為「勞動基準法第11條規定，應解釋為強制規定，雇主未履行預告義務，不生終止契約之效力。而同法第16條第3項規定乃在解決雇主違法終止契約後，應否繼續給付勞工工資之問題，不得引為契約仍為有效終止之依據。否則勞工因雇主違法終止契約，僅得請求雇主給付不超過1個月之預告工資（如未同時發生給付資遣費之問題），對勞工權益無法保障，核與勞動基準法乃規定勞動條件之最低標準之立法意旨不符。」

（三）相對無效說

認為「除非雇主堅持在解僱之時即產生解僱效力，否則的話，會隨著情境的變化而使解僱敗部復活變成有效，例如：解僱之通知經過三十日後（即預告期間屆滿後），解僱會生效……」

（四）勞工選擇權說

認為此種解僱究係有效或無效，勞工有選擇權。

司法院第一廳[2]採有效說，認為：「勞動基準法第十一條，係規定雇主終止勞動契約之法定事由，必須具此事由，雇主始得依第十六條第一項各款規定之期間，預告終止勞動契約，其不具此法定終止事由，縱經為上述終止契約之預告，亦不生終止勞動契約之效力。反之，苟具有法定終止事由，縱未依第十六條第一項各款規定之期間為預告，依同條第三項規定：『雇主未依第一項期間預告終止契約者，應給付預告期間之工資。』則雇主未經預告而逕行解僱勞工者，僅應負給付預告期間工資之義務，於終止契約之效力，並無影響……」文

---

2 民事法律問題研究（六），第250頁以下。

獻上亦有採同結論者[3]，惟並未提出更進一步之理由。

二、評釋

　　就本問題，本文認以有效說為可採，惟在說理上，本文嘗試進一步從預告期間制度之規範目的、與終止事由制度之不同、預告期間所涉及之勞資雙方的利益狀態，其強制規定之性質等觀點加以補充。

（一）預告期間制度之規範目的

　　按終止權為形成權，終止權人得單方地終結其契約關係。基於契約自由之思想，在契約終止方面，當事人原則上亦得自由為之。就僱傭契約，民法第488條第2項第一句即以此為出發點，規定於不定期僱傭契約，當事人原則上得隨時終止契約，不以具備一定之事由為要件。在定期僱傭契約之情形，（因期限屆滿前之）終止意味著提前終結其契約關係，與當事人當初為定期之約定不盡相符，故法律上要求以具有一定事由、才得為之（民法第489條第1項：重大事由、第484條第2項：勞務專屬之違反、第485條：欠缺所保證之特種技能）。

　　終止之意思表示雖須向相對人為之、但並不須得其同意；對相對人而言，係意味著其無法掌控之變化。是以相對人之利益，某種程度上即須予以保護。此種保護之需要，在勞動契約尤其明顯。對雇主言，勞工之辭職代表著其經營、生產組織有為相應調整之必要；所間接涉及之利益者乃社會之生產力、經濟力。對勞工而言，雇主之解僱代表著其經濟生活之重大變化，失業不僅可能導致勞工本身及其家庭在經濟生活上陷入危機、大量解僱更將導致嚴重的社會問題；基於社會國之思想，此種現象尤有加以調整之必要。是以法律上對於勞動契

3　呂榮海，勞基法實用I，第210頁以下；葉劍青，勞動基準法詳解，1987年增訂版，第180頁。

約之終止乃加以限制或緩和其效果。就勞基法上對勞動契約終止之處理，其方式不外為：

1. 就終止權本身能否行使之限制；包括：終止事由之限定（勞基法第11條：預告解僱之事由、第12條：立即解僱之事由、第14條：立即辭職之事由）、終止權行使之除斥期間規定（勞基法第12條第2項、第14條第2項之三十日期間），並就特定情形，附以國家機關之介入（勞基法第13條：勞動主管機關之核定）。

2. 緩和勞動契約終止之效果，就預告解僱之情形，勞基法於第16條有預告期間之規定，於預告辭職之情形亦同（勞基法第15條）。此外並有雇主給付資遣費之制度，以減緩終止對勞工經濟生活之衝擊（勞基法第17條以下）。

對本文所涉及問題之釐清最重要者，乃終止事由與預告期間在規範目的上之區分，試詳論之：終止事由之制度，旨在規範終止權得否行使之問題。預告期間之規定，則以終止權之合法行使為前題，限定終止之意思表示於到達後，並不立即生效、而是須經一定期間（即預告期間），才發生終止法律關係之效力；藉此，相對人得有調適之機會。於此觀點下，預告期間雖然亦有一定之限制終止權行使之功能，亦即使得法律關係在預告期間內仍繼續有效的存在，然此與終止事由之限制終止權行使，仍有區別。蓋於勞動關係有一定程度之干擾、致當事人無法繼續其法律關係時，應准其終止勞動關係。有無此種干擾事實，為終止事由制度所當規範之範疇。是否應為預告，係以終止權之有效行使為前題，以可否期待終止權人於預告期間內仍繼續勞動關係為斷。至於當終止已因欠缺法定終止事由而不生效力時，法律上當然無進一步就此情形規定預告期間之必要。

有鑑於此種區別，法律上就同一終止事實，並不一定同時以此二制度加以規範。對終止權之行使，法律上可能規定要有法定終止事由、並賦與預告期間（如勞基法第11、16條）；也有可能只要求應有法定終止事由或只要求應為預告；前者如勞基法第12條、第14條所定情形、後者如勞基法第15條所定情形。勞基法第12條、第14條所定之

情形，係勞動關係有重大干擾、無法期待終止權人於預告期間內仍繼續勞動關係，故允許終止權人得立即終止、毋須預告。此等規定，原則上得認為係立法者就民法第489條第1項之重大事由於勞動關係之具體化規定。至於勞基法第15條規定勞工於特定性定期契約年滿三年後，於不定期契約得隨時預告終止勞動關係；係以從屬性勞務之提出，與勞方人格利益密不可分，而且辭職對於雇方所產生之影響，原則上並不如解僱對勞方所產生之影響；是以法律上對勞方自動辭職，並無相當於限制雇主解僱之理，故無限定終止事由之必要。惟此終止既無須以一定終止事由為必要，原則上當可期待終止權人於預告期間內仍繼續該勞動關係；為使雇方有調整生產作業、組織，以資因應之機會，勞基法有預告期間之設定。至於當雇主以勞基法第11條之事由解僱時，法律上固然認為該勞動關係已因而受干擾，然於此情事、通常仍非不可期待雇主於一定期間內繼續該勞動關係，故勞基法就此仍有預告期間之規定（勞基法第16條）。

綜上所述，預告期間之設立在目的上並不是像終止事由制度在規範得否終止之問題、限定終止權之行使，而是在終止權有效行使的前提下，使相對人有過當調整，因應新的法律狀態之機會。法律上雖有同時規定終止事由與預告期間者，惟此二制度之規範目的既有不同，只規定終止事由（如勞基法第12、14條）或預告期間（如勞基法第15條）亦屬可能。故終止事由與預告期間制度各有其規範目的與範疇，當屬無疑，二者應予以區別。

（二）預告解僱期間所涉及的利益狀態

為適當解決本問題，吾人有進一步探討預告解僱時所牽涉之利益狀態的必要。按預告解僱期間，係使勞方有機會因應解僱所生之新的情事；雖然同時使勞方心裡上有所緩衝，但最主要目的仍在於解僱效力發生前，使勞方有尋找新的就業機會。蓋除非勞方因而有意退休，否則最符合勞方之利益者，應為尋得一個和原工作條件、環境相同或相類似之工作。於此，勞工不但可藉此維持其原有之經濟生活，藉

勞務之提出繼續發展其專業技能與人格,甚至若工作地點相近,則其社會／家庭生活亦不至於產生太大變動。又原勞動關係於預告期間既然繼續存在,因此勞工既得一方面繼續提出勞務、獲得工資以維持生活,另一方面並且得同時尋找新的就業機會。這種對勞方利益之保護,主要集中在工資續付與尋找新的就業機會的想法,亦反映於勞基法第16條第2項;依該規定,勞工於預告期間得請每週不超過二日之謀職假、雇主應照給工資。藉謀職假及工資照給之規定,勞基法使勞方得安心尋找新的就業機會。比較法上,德國聯邦憲法法院[4]曾對其民法第662條第2項就勞力者(Arbeiter)與勞心者(Angestellte)為不同長短之預告期間之規定,宣布其違反基本法第3條之平等原則,其論據主要即以預告期間係涉及勞方尋找新的就業機會為出發,可供參考。至於勞方雖因預告期間而心裡上有所緩衝,然此當只為一反射利益,不應過度強調,不然有致模糊預告期間之目的之虞。

又吾人得否基於上段論點、並參考勞基法第16條第2項之規定,認為預告解僱期間,勞方所當保護之利益,以工資之繼續給付或得以之取代者(如給予謀職假、照付工資)為限,尚須進一步考慮到勞方就其勞務之提出、可能有其人格上利益的問題。就本文所涉範圍,吾人可一般地認為:為保障與促進勞工人格之發展,就勞工言,勞務之提出,不僅為其義務,同時亦為其權利。雇方受領勞務,不僅為其權利,同時亦為義務。蓋藉勞務之提出,勞工可保有和促進專業技能、發展人格、增加社會評價;只受乾薪將使其社會評價減等、無從發展專業技能與人格。故吾人承認勞工原則上有所謂就勞請求權[5]、雇主有使用義務[6]。惟應注意者,於此尚須於具體個案為利益衡量;

---

[4] BVerFG BeschluB vom 30.5.1990 unter C I 3 der Gründe, BVerFGE 82, 126, 147f.

[5] 劉志鵬,前揭書(註1),第82頁以下。

[6] 史尚寬,勞動法原論,1978年重刊,第46頁。進一步資料Vgl. MünchArbR/ Blomeyer, 1992, §93 RdNr l ff; Schaub, Arbeitsrechtshandbuch, 7. Aufl, 1992,

若雇方有優位而值得保護之利益（überwiegende und schutzwerte Interesse）時，則前述之勞工就勞請求權或雇主使用義務即不成立。此種例外，在勞工與同事或上司爭吵、停業、定單減少、或其他經濟上不可期待之情事時，當可成立[7]。於預告解僱之情形，理論上吾人固然不得僅因雇主為終止之意思表示而一概否認勞工之就勞請求權或雇主之使用義務。惟於此，就勞請求權通常對勞工而言，已失其原有之重要性；更重要的乃是尋找新的就業機會。而在雇主方面，為因應迅速變化之市場競爭的需求，雇主對於預告期間能調整其生產技術與組織、有其利益；對於該期間內不受領勞務，通常有其經營上之需要。故認為於預告期間內，勞工之就勞請求權或雇主之使用義務並不成立之見解[8]應屬妥當；此就於勞基法所定預告解僱之情形，更屬無疑。蓋雇主既有其經營上之正當事由（第11條第1至4款）、或以勞工不能勝任（第11條第5款）而為解僱，就後者而言，實際上亦可解釋為：雇主係以該勞務之提供已欠缺原來透過勞動契約所追求之應有的經營上利益，解僱勞工，則吾人當可認為：雇主對於預告期間能調整其生產技術與組織，有其利益；對一個已失其經濟上意義之勞工，雇主若仍需提供其提出勞務之機會，並受領其勞務，無疑將構成其調整經營手段之混亂。故吾人當不可期待雇主於預告期間內仍繼續負受領勞務之義務。特別是考慮到勞工於預告期間雖未提出勞務，但其原可獲得之工資及其他利益，依勞基法第16條第3項之規定，並不因而受減損時[9]（下詳述之），吾人當可認定於預告期間內，勞工之就勞請求權

---

§ 110 S. 843 ff, j.m.w.H.

[7] Erman/Hanau, 8. Aufl , §611 RdNr354; MünchKomm/Söllner, l Aufl, §611 RdNr 360; Zöllner/Loritz , Arbeitsrecht, 4. Aufl, 1992, S. 186.

[8] BAG Urteil vom 10. 11. l955, 2. Leitsatz, BAGE 2, 221.

[9] 德國聯邦勞工法院（BAG）於Urteil vom l9. 8. 1976 unter I 3 b) der Gründe, BAGE 28, S. 168（173）以對於按件計酬之勞工而言，不承認其在預告期間內有就勞請求權時，將意味著工資之減少為由，而肯認其有就勞請求權，可資參照。

或雇主之使用義務並不成立。預告解僱期間，勞方所當保證之利益，以工資之繼續給付或得以之取代者（如於謀職假時工資照付）為限。

（三）勞基法第十六條第三項之規範目的、強制規定之性質

綜上論述，吾人可認為預告期間係使終止之意思表示於到達後，期間屆至前，不生終結原有法律關係之效力，以便使相對人就新的法律狀態有調適之機會。在解僱時，所特別涉及勞方之利益為：因繼續提出勞務而獲得工資、尋找新的就業機會。又由於預告期間內，勞工之就勞請求權或雇主之使用義務並不成立；故勞方所當保護之利益，以工資之繼續給付或得以之取代者（如於謀職假時工資照付）為限。如此，吾人認為：勞基法第16條第3項之前提乃在於承認雇主應預告而未預告之解僱，雖與預告制度之目的未盡相合，但為考慮到雇主有儘速調整其生產技術、組織，因應市場競爭之需要，便宜地允許其解僱仍生立即終止之效力。惟另一方面勞方原於預告期間所能獲得之利益，即工資或得以之取代者，仍得依勞基法第16條第3項為請求，以作為其勞動關係於提前終結之補償。類似在謀職假工資照給之情形，勞工既毋庸提出勞務而仍獲有上述利益、並得於該期間內有更多時間另謀他職，吾人得認為：上述之法律效果，不僅對資方，並且對勞方亦為有利。因此勞基法第16條第3項之強制規定性質，應為如下理解：該規定係提供勞工之最低保障，使其於法定預告期間仍可獲得工資或上述之其他利益。當事人若約定更短之預告期間或勞工事前拋棄上述工資或其他相關利益，自不生效力。然而在勞工仍能獲得此最低保障之前題下，則該規定之目的既已獲得實現，雇主應為預告終止卻逕為即時解僱，吾人仍應認為該解僱仍生即時終止之效力。亦惟有如此，吾人方可正確理解勞基法第16條第3項之前身工廠法第29條之

規定[10]：工廠依第27條之規定預告終止契約者，除給工人應得之工資外，並須給予該條所定預告期間工資之半數，其不依第27條之規定而即時終止契約者，須照給工人以該條所定預告期間之工資。其最後一段所謂「照給」工人預告期間之工資，概以該預告已生即時終止之效力為前提，認為勞工既已不可能提供勞務、獲取工資，故無同條第一段之「應得」之工資可言。但同條就合法遵守預告期間之解僱，既已規定雇主須給予該條所定預告期間工資之半數；為平衡雙方之利益狀態，就未遵守預告期間之解僱，雖承認其即刻生效，然應加重雇主責任，雇主須給予該條所定預告期間工資之全額，以作為勞工就其勞動關係先於預告期間屆滿前喪失之補償。如此觀點，亦反映於25年12月25日公布但未施行之勞動契約法；該法第39條規定「僱方不依契約或本法所規定為解約之預告而解約時，對於勞動者應給予各該預告期間之報酬作為解約賠償」。此所謂「解約」乃終止之意，此參照同法第32條以下，皆稱勞動契約終止為「解約」自明。司法院第一廳所採取之歷史解釋之觀點，從結論言，堪稱正確。

（四）對無效說、相對無效說與勞工選擇權說之批評

據上論述，吾人認為勞基法第16條第3項之強制規定之目的，在勞工未提出勞務、仍能獲得之工資或上述之其他利益之保障下，已獲得實現；其強制規定之性質並不足以為支持無效說之理由。又無效說亦與民法上處理應附一定期間之意思表示有所差別。例如在債務人遲延、債權人應附相當期限為催告之情形，若所附期限過短，一般皆認為該催告並非完全不生效力，而是在經過相當期限後，發生催告之效力。蓋如此已可足夠保護相對人應有之期限上之利益。德國法[11]上對於應為預告，但所附預告期間過短之勞動契約之終止，亦認為該終止

---

10 參照行政院就其所提之勞基法草案之說明，收錄於立法院編，勞動基準法案（下冊），第810頁。

11 S.nur Schaub, Arbeitsrechtshandbuch, 7. Aufl, 1992, §124 I 2, S. 984.

原則上在經過法定期間後，仍然發生終止勞動關係之效力。因此獨就雇主解僱之情形為不同處理，而單以勞基法第16條第3項之強制性為由，並不充分。和無效說相比，相對無效說顯然較符合民法上對應附一定期間之意思表示之處理。惟此二說皆同樣地無法解釋勞基法第16條第3項之雇主應給付預告期間工資之規定。該規定並非旨在「解決雇主違法終止契約後，應否繼續給付勞工工資之問題」；蓋若該解僱不生即時終止之效力，則是否繼續給付工資，因涉及工資與勞務之互為對價之關係，原則上應以勞工是否提出勞務決之。若勞工根本不提出勞務，自不可能僅依上開規定向雇主請求預告期間工資。依此二說，勞基法第16條第3項頂多僅具有宣示之性質，此與前述之參照工廠法、勞動契約法所為之歷史解釋不合，應不足採。

　　至於勞工選擇權說，除其前提：雇主之解僱有可能有效或無效，已有錯誤外，就法律安定性之觀點言，亦有不足。蓋終止既係使終止權人能單方地終結法律關係，其意思表示應有一定明確性，原則上不得附條件，以便相對人能清楚預期法律關係之變化。在不影響法律關係安定性之下，亦即在條件之成就與否，取決於相對人時，吾人固可承認終止之意思表示例外地得附條件（即所謂protestative Bedingung，直譯為抗議性條件）。但吾人並不能以此作為承認勞工選擇權說之依據；蓋此與賦與勞工選擇權之情形，在勞工之利益方面，雖無不同，但在雇主方面，仍有差異。因在此雇主並無法如在附抗議性條件之情形，事先主動地選擇是否賦與勞工可（於何種情形下）影響解僱之效力。勞工選擇權說以解釋法律規定，使原應取決於雇方之解僱的效力，轉變為最終取決於勞工，已有不當；且在勞工行使選擇權之前，該法律關係陷入雇主無法預見之不安定狀態，亦有不妥。

貳、雇主應給付之預告期間工資之範圍

　　勞基法第16條第3項所規定之雇主應給付之預告期間工資，其目的既在作為勞工提前喪失勞動關係的補償，故勞工於預告期間原所能獲得之利益，即為雇主所應補償之範圍；吾人並無任何理由，使雇主因不遵預告期間解僱，比在遵守預告期間為解僱時，法律上處於更有利的地位。準此，就雇主依勞基法第16條第3項所應給付之預告期間工資，可為如下述說明：

一、勞基法第二條第三款之工資

　　雇主所應給付之預告期間工資，原則上包含所有符合勞基法第2條第3款所定義之給付，應屬無疑；此為立法者藉該規定所為立法定義之當然結論。如底薪、全勤獎金、其他因特定職務、工作環境所給予之加給、獎金或津貼屬之；雇主不得以勞工因勞動關係提前結束、未提出勞務，而拒絕提出上開給付。惟若因雇主於預告期間內，原來即有之指示權（Direktionsrecht, Weisungsrecht）之合法行使、調配職務之結果，將致勞工不能從事原職務，則就該職務所為之給付，勞工並不能依勞基法第16條第3項請求雇主給付。蓋於此，勞工喪失該職務之加給或津貼請求權，並非因雇主不遵預告期間規定解僱、勞動關係提前終結所致；而係雇主原於預告期間內得行使之指示權之作用。雇主原得合法行使之指示權，當不因勞基法第16條第3項之規定而被剝奪，而勞方亦不得因該規定，比在該解僱於預告期滿後才生效之情形，處於更有利之地位。

二、其他給付

　　某一特定給付是否符合勞基法第2條第3款之給付，有疑問時，或

不屬於該規定之工資之其他給付者,雇主是否仍應(依勞基法第16條第3項)給付給勞工,應依各該給付目的及後者之規範意旨決之。例如雇主所應償還勞工工作上代墊之費用,並非勞工提供勞務之對價,不屬工資。依其給付目的,雇主不得以該項給付不屬勞基法第2條第3款所定義之工資而拒絕償還。若其原定清償期在預告期間內或屆滿後,則其清償期原則上可認為提前於解僱生效時即行到期。雇主所給付之眷屬津貼、房屋津貼,係以勞工具有一定社會生活上之事實為前提;與勞工所提勞務之多寡、品質,未必有直接相對應之關聯。若吾人不認定該種給付為工資,則依勞基法第16條第3項之立法目的,雇主仍不得因該勞動關係已提前終止而拒絕給付原於預告期間內應支付之津貼;解釋方法上應認為勞工得類推適用勞基法第16條第3項請求之。

值得特別一提的是以年資為計算基礎之給付。參照勞基法第16條第3項之立法目的,就該給付原則上應與勞動關係繼續存在至預告期間屆滿之情形,為同樣之處理;亦即年資應包含因勞基法第16條第3項規定提前終止之勞動關係之部分。例如資遣費,係雇主因終止勞動關係給與勞工之給付,恐無法認定為工資。但勞基法第16條第3項之目的,既在保護勞工除容受勞動關係提前終止外,不因而受有其他損害,故在計算資遣費時,勞工之年資自當視為是到預告期間屆滿為止;此項因素特別於依勞基法第17條第2款計算剩餘月數、以定資遣費數額時,應予注意。解釋方法上當非適用或類推適用勞基法第16條第3項;或許應以擴張解釋年資、即勞基法第17條之在同一雇主之事業「繼續工作」之概念,認為係指勞動關係之存續期間,包括勞動關係於預告期間內原應繼續存在、但僅因勞基法第16條第3項規定提前終止之部分,而直接以勞基法第17條為請求之依據。

綜上論述,吾人可認為勞基法第16條第3項之規定雇主應給付之工資,目的在作為勞工於預告期間屆滿前提前喪失之勞動關係的補償。雇主依該規定所應給付之工資,原則上包含同法第2條第3款所定義之給付,惟勞基法第16條第3項並不排除雇主因合法行使指示權、

調配職務，致勞工（將）不能從事原職務而喪失職務加給或津貼請求權之情形。在其他情形，應依各該給付及勞基法第16條第3項之規範目的，決定雇主是否得因勞動關係提前喪失而拒絕給付。以年資為計算基礎之給付，參照勞基法第16條第3項之立法目的，應與該勞動關係繼續存在至預告期間屆滿之情形，為同樣之處理。就資遣費而言，應直接以擴張解釋勞基法第17條之在同一雇主之事業「繼續工作」之概念，包括勞動關係於預告期間內原應繼續存在，但僅因勞基法第16條第3項規定提前終止之部分，而直接以該規定為勞工請求權之依據。

15
作爲爭議手段之勞工集體休假
——評最高法院84年台上字第1074號判決

壹、案例事實

勞工甲受僱於乙客運公司擔任司機一職、並任該公司產業工會之常務理事。為爭取休假、假日加班費及全勤費等事項，工會於臨時大會中決議支持會員之合法之休假行動，甲於民國80年9月28日教師節及其翌日（星期日）與其他勞工一同集體休假，並於公司門口積極阻止發車。公司乙與工會代表於同年9月29日達成協議，同意立即發車並對所有參與「此次依法休假」行動之勞工不予追究。惟嗣後公司乙則向甲請求損害賠償，其理由包括：甲之積極阻止發車之行為，不在罷駛、休假範圍之內、從而亦不為不予追究之協議所及。甲則以其行為係為執行工會之決議，且雇主既同意對所有參與此休假行動之人員不予追究，勞工甲自應包括在內等理由為抗辯。

貳、判決理由

對此爭議，最高法院於84年度台上字第1074號判決[1]理由中首先指出：「罷工（罷駛）係多數勞工以違反勞動契約之手段，拒絕履行其工作義務；又集體休假係勞動關係中休假權之合法行使，而非以違反勞動契約為手段。二者性質雖異，然其係以消極的不為其約定之工作者則一。」（裁判要旨）並進而認為：罷駛或休假既僅係消極的不違約定之工作而已，至於恐嚇他人不得發車等積極行為是否屬於罷駛或休假等消極行為之內涵？即有推敲餘地。倘積極妨礙資方營運之行為，不在罷駛或休假之範圍之內，則雇主之同意對所有參與此次依法休假者不予追究之協議效力，即不及於從事恐嚇他人不得發車等積極

---

[1] 最高法院民事裁判書彙編，第20期，第809頁以下。

行為之勞工甲。綜觀全判決意旨加以推論，最高法院似認為：勞工之
集體休假既有別於罷工，則其合法性並非必須受到罷工相關規定的審
查。

參、評釋

　　本件所涉問題實甚繁複，參照裁判要旨以及以下學說意見，本文
將以集體休假，亦即勞工集體行使其契約上休假權以作為勞資爭議之
手段之合法性為對象；又休假係以消極地不提供勞務作為其現象，因
此以下論述亦僅以此為範圍。

一、學說概況

　　對此問題，學說上多肯認此類集體休假可構成爭議行為，惟對其
合法性，尤其是應否認定此類行為為罷工或至少應為相同之處理，則
有不同的評價。

　　（一）有基於區分集體休假與罷工、從權利濫用的觀點，限制勞
工不得以集體休假方式作為調整事項之爭議手段、達到與罷工相同之
目的；反之若作為權利事項爭議之手段、依其情事可構成工作拒絕權
之集體行使，自屬合法。其理由為：「就形式言，其爭議手段係休假
權利之行使（勞基法第37條所賦予之權利），故其法律基礎乃勞動契
約，而應依契約法之規範判斷其合法性，並未涉及罷工問題。蓋不論
依廣義說或狹義說之定義，就手段言，罷工係多數勞工以違反勞動契
約之手段拒絕履行工作義務；而集體休假係勞動關係中休假權利之合
法行使，則並非違反勞動契約之手段。就爭議目的言，集體休假事件
中，若係要求落實勞基法所賦予之權益，應屬『權利爭議』，故並非
如同罷工之爭議目的係企求依團體協約所得規範權利義務事項的重新

調整。但縱非屬罷工，勞工之集體休假，若無其他法律基礎，則似應構成權利濫用。蓋休假權利之目的在於透過階段性的休息，保護勞工之健康、維護勞動品質，而非契約上請求權之貫徹。若藉休假權利之行使以達其他目的，則權利之目的與行使手段互不吻合，難認其為合法。又若勞工之集體休假所企求者與罷工之爭議目的相同，則雖因爭議手段與法律基礎不同，至多僅能視為類似罷工，而否定其權利行使之合法性則屬必要，蓋勞資爭議之解決，若應依罷工為之，則自不得避法地透過集體休假為之，故若勞工所企求者係罷工之爭議目的而所主張者為勞動契約上之休假權，則亦構成權利濫用，不具合法性。惟勞工集體休假事件若係為企求勞動契約上請求權之貫徹，則依其情事可構成工作拒絕權之集體行使，自屬合法。」[2]

（二）相反地，以下學說則主張將集體休假與罷工為相同處理；1.有認定其為實質罷工者，其型態包括：「一齊有給休假戰術：有給休假之範圍，依勞基法之規定，既有例假、休假及特別休假，對於例假及休假雇主不得強制其工作，惟對『特別休假』為進行爭議目的時，雇主若加以拒絕，尚難要求其對此負違法之責，易言之，勞動者不得以爭議行為使用之目的請求特別休假，亦即指個別勞動者不能在工會統合下，以進行爭議為目的，而集體請求特別休假。」[3]
2.有全面肯定集體休假行為即為罷工者，(1)其中有參照德國法上對罷工採取所謂廣義的見解，認為集體休假在概念上應為罷工所涵蓋，從而其合法性應依罷工相關之規定決之。其理由為：「由於休假權係個別勞工法上之問題，而且有其藉休假以回復勞動者精神、體力而達到其永續工作之目的，今以休假之名以行罷工之實，自係屬休假權之權利濫用，欠缺合法性。其理由在於：如果法律規範已承認罷工係勞

---

[2] 黃程貫，由罷工權及工作拒絕權之法律性質談勞工集體休假，政大法學評論，第37期，第107（114、115）頁以下。

[3] 陳繼盛，勞資爭議行為規範與處理規範之研究，民事法律專題研究（六），第19、20頁。

動者之特權，且勞動者可免除其契約責任、侵權行為責任、刑事責任及懲戒責任，那麼它當可要求爭議目的只能藉由罷工手段為之。勞動者當不得脫離這條集體爭議的途徑，而仍希冀獲得免除其責任之特權。」[4](2)另有強調應區分先驗的與制定法上勞資爭議的定義，認為：「先驗上（a priori）勞資爭議的定義應為勞資雙方因勞動關係所衍生之一切爭議，無須考慮有否工會介入，也無須探究是否針對團體協約事項。」[5]；並由此出發，參照英美學說及基於限制脫法行為的觀點，認為：「罷工與集體休假皆具有『多數人合意』及『停止工作』兩種共同外觀；又勞工有義務不干擾雇主之營運，如果勞工以法律或團體協約為憑藉刻意干擾雇主經營並造成混亂，實難謂沒有違反勞動契約；『集體休假』是刻意規避法律的行為，因此宜以罷工看待集體休假之行為。本案雇主公司之產業工會臨時代表大會之決議實質上即是罷工決議，只是將『合法休假』作為藉口，企圖規避法律責任之意圖至為明顯，而最高法院竟然強行區分『罷工』與『集體休假』，使得原本制定法上保護勞工權益的規定變相成為實質罷工的手段，此實難謂符合與當初勞動基準法的立法意旨。」[6]

二、本文見解

對於以上問題，吾人首先在方法論上應加以注意者：學說上有援引學理或是外國法對於相關問題的探討，例如勞資爭議或是罷工的概念；對此研究成果，吾人可理解其相當於方法論所稱之先理解（Vorverständnis），能開始並增進吾人適當地掌握該相關概念；惟值

---

[4] 楊通軒，爭議行為合法性之判斷基準，勞動法裁判選輯（一），第175頁以下、第202頁。

[5] 王松柏，勞資爭議行為之法律效果，勞動法裁判選輯（二），第1頁以下、第5頁。

[6] 王松柏，前揭文，第32頁。

得注意的是：法官既應依法審判，若僅援用外國法之研究成果，未能兼顧各國制定法上之差別，將無法適當地解決我國制定法上的問題。故此先理解亦應受到制定法的修正與調整，否則其將僵化爲預設之偏見（Vorurteil）。

以下僅將本件相關問題區分如下：

（一）本事件是否構成勞資爭議處理法上之勞資爭議

本事件是否構成勞資爭議處理法上之勞資爭議？對此學說多以肯定見解爲出發，誠屬正確。而此問題於制定法上具有其重要性；蓋若然，則本事件即可有勞資爭議處理法上相關規定適用之可能；亦即例如勞資雙方即可能就其屬於權利事項之爭議請求調解（第5條）、就屬於調整事項之爭議請求調解及仲裁（第6條），而主管機關則可按情形依職權交付調解及仲裁（第9條第3項、第24條第2項）。於調解、仲裁期間，勞資雙方的行爲將受到限制（第7、8條）。準此，本件勞工係爲爭取其休假、加班費、全勤費而與資方採取抗爭行爲，依判決所述事實，勞工對此似已有請求權作爲依據，故應屬權利事項之爭議；否則，則應屬調整事項。

（二）本件集體休假行爲是否爲爭議行爲

本件勞工之集體休假行爲是否構成所謂的爭議行爲？學說對此似乎多以其爲勞方集體、有計畫之干擾雇主營運手段而加以肯認之。對此，本文認爲：1.關於爭議行爲的「集體性」問題，我國勞資爭議處理法將勞資爭議區分爲權利事項與調整事項（第4條）；就前者並無人數之限制（第5條）、個別勞工亦得申請調解（第9條第2項），就後者則規定勞方之當事人須爲勞工團體、十人以上勞工、或於事業單位未滿十人時、經三分之二以上勞工同意（第6條第2項）。是以勞資爭議處理法對於權利事項之爭議並未以所謂的集體性爲前提，從而在權利事項時勞方所可能採取之行爲亦未必具有所謂的集體性。至於調整事項，勞資爭議處理法則對所謂的集體性以明確地加以具體化。因

此,例如在涉及個別勞工與雇主間之權利事項之爭議時,吾人自不得僅援引學說上所謂爭議行為的集體性而否認其可能和其他爭議行為作相同處理之可能。2.至於肯認當涉及權利事項時、個別勞工之行為可構成爭議行為或是本件勞工之集體休假行為具有爭議行為之性質,其實益在於:例如該行為可能構成勞資爭議處理法第8條於調解仲裁期間勞方應禁止之行為以及團體協約法第20條第1項所禁止之鬥爭行為。以上相關問題,詳見本文參二(四)之部分。

(三)集體休假與罷工

就本件集體休假與罷工之關係言:

1. 首先應注意者:我國勞動法上並非僅以罷工作為勞方唯一所可能採取的抗爭手段。蓋例如勞資爭議處理法第8條於規定勞方可能之爭議行為時,將罷工、怠工與其他影響工作秩序之行為並列;又如工會法第26條限定罷工應經一定的程序、第37條則規定「在勞資爭議期間,雇主或其代理人不得以工人參加勞資爭議為理由解僱之。」顯然皆以承認於罷工外另有其他種類的勞資爭議行為存在為前提。準此,吾人並不能合理地推論認為:立法者有意一律以罷工之相關規定作為衡量所有勞方可能的爭議行為之標準。此外,有鑑於生產組織型態之變革,勞工將來可能採取的集體協商的施壓手段可能多樣化,因此對工會所可能採取的爭議行為及其合法性界限,法律上自不宜自始僅以向來的罷工規定相繩。

2. 法制上對於罷工權之所以加以限制,其理由不外乎:在契約嚴守的原則下,就勞動契約而言,勞工有依約提供勞務之義務,而罷工(勞工中止其勞務之提供)的行為則與之相牴觸;若無其他阻卻違法之事由,當構成勞工之債務不履行。惟法律上之所以承認勞工有罷工權,無非是認為:處於締約劣勢情形下之勞工既無法透過個別勞動契約以獲得適當的勞動條件,為保護勞工,法律上乃賦予其能透過集體與雇主協商,獲得較公平之結果(團體協約)。而罷工即是作為勞方於協商時向對方施加壓力的一種手段,而在一定前提下作為勞工

阻卻違法之事由，免除其相關法律責任。因此相對於其他契約種類之
債務人，勞工之罷工權可被認為是一種「特權」；惟為保持勞動契約
某程度上仍能合理地進行，法律上對此「特權」自應有一相對應的限
制。

　　而集體休假則與此有別。蓋勞方在個別契約法上若有休假之權，
則此權利行使之結果，既無違反勞動契約可言，自亦無另外探尋其有
無阻卻違法事由之必要。因此承認勞工（集體）休假之合法性，並未
賦予勞工任何意義之「特權」。從而吾人當不能將作為限制特權的罷
工的相關規定、一律挪用作為集體休假之限制。

　　3. 又勞動條件之集體協商、形成，法律上雖承認勞資雙方得借
助團體協約及其相關之協商手段，如罷工、鎖廠為之；但法律上並未
限制勞方不得捨此而另尋他途。此由團體協約法第16條但書之規定
（勞動契約……為工人之利益變更勞動條件而該團體協約並無明文禁
止者為有效）所採之有利勞工原則（Günstigkeitsprinzip）觀之，應無
疑問[7]。更何況我國憲法第154條強調：勞資雙方應本協調合作原則，
發展生產事業。因此勞資雙方之爭議若能透過不違反勞動契約的手段
解決，則其合法性，當較罷工等違反勞動契約的手段、更應獲得承
認。

　　4. 當勞工集體行使休假權利時，與罷工相比，雇主雖仍須支付
工資、其壓力似較於勞工罷工時為重。惟值得注意的是：設若勞工採
取罷工之手段，則其休假權原則上並不因而受影響，雇主於勞工嗣後
之休假期間仍應照付工資；反之勞方採取集體休假之手段、其原有之
休假權亦因而消耗，因此雇主於集體協商時，實際上並未必負擔較勞
工罷工時更重之壓力。何況勞工所為之集體休假之開始與終結，若涉
及每週之例假（勞基法第36條）或國定紀念假日，則雇主已可事先預
知；此於涉及特別休假（勞基法第38條）亦同，蓋特別休假日之排定

7　Brox/Rüthers, Arbeitskampfrecht, 2. Aufl, 1982, §15 RdNr 554. 關於有利勞工原
　　則的中文說明，參閱黃程貫，勞動法，1996年，第357頁以下。

應由勞雇雙方協商定之（勞基法施行細則第24條第2款）。是以相較
於罷工之開始與結束為雇主所未能預知；雇主於勞工集體休假時當更
容易安排其生產經營之運行、以化解此所造成之協商之壓力。

5. 關於德國法上大量變更終止的合法性問題，在此無法詳論。
惟應澄清者：(1)德國法上對勞工大量變更終止的合法性問題，雖
然Lieb於1994年所印行之第五版之勞動法（Arbeitsrecht）一書第
209頁稱聯邦勞動法院之見解亦為主流學說（hL）。有趣的是：
Brox/Rüthers於1982年所印行之第二版之勞動爭議法（Arbeitskamp-
frecht）一書第344頁，§15 RdNr 549，則聲稱多數學說認為勞資
雙方所為之大量終止原則上為合法（Der wohl überwiegende Teil des
Schrifttums hält die Massenkündigung beider Seiten grundsätzlich für
zulässig）；而其所引贊成聯邦勞動法院之學者則並無多大差異。
(2)又勞工有無休假權與終止權，事涉不同權利，其要件與法律效果
皆有不同，因此原則上並無作等同處理之理。又(3)例如德國法上對
於勞工大量變更終止的合法性雖有爭論，而對於另一類似的現象，若
從其集體行使個別契約法上之權利的觀點言：勞務提供之拒絕權之集
體行使，通說則認為此並不構成罷工，若具有勞動契約法上之正當性
則肯認其為合法[8]。因此姑不論該問題於德國法上應如何加以評價；
吾人並無法援引德國法上對大量變更終止的合法性問題見解，而否認
勞工休假權之集體行使的合法性。

6. 若將集體休假視為罷工，在法律效果上將衍生更多難解的疑
問。例如勞工若企圖集體行使休假權，則其決定權限將轉歸工會所有
（工會法第26條）？又如勞工集體休假時，雇主可否主張於向來針對
罷工時所發展出來的相對應的爭議手段——鎖廠（Aussperrung）？
若然，則此鎖廠的範圍、效力如何、是否因休假期間之結束而受影
響？若不然，則似無將集體休假與罷工為相同處理之理由。

---

[8]　Vgl. Brox/Rüthers, Arbeitskampfrecht, 2. Aufl, 1982, §17 RdNr 594; MünchArbR/
　　Otto, 1993, §279 RdNr 339; Lieb, Arbeitsrecht, 5. Aufl, 1994, S. 206, j.m.w.N.

7. 小結：綜上論述，吾人可認為最高法院之出發點應屬正確：作為爭議行為之勞工集體休假的合法性，係以勞動契約上休假權之合法行使為前提，而與罷工之從勞動契約之觀點，係以違反勞動契約為手段有別；承認前者之合法性，並未賦予勞工任何「特權」。何況我國勞動法上並非僅以罷工作為勞方唯一所可能採取的抗爭手段；亦未限定在勞動條件之集體形成，勞方所得採取之爭議行為應以罷工為限。因此吾人在法律上並不應將集體休假和罷工一概相同處理。

（四）集體休假與脫法行為

至於吾人能否以脫法行為否定勞工集體休假的合法性？所謂的脫法行為，無非是以外觀上合法的行為，企圖獲致法規所禁止之效果，因此如何處理脫法行為，應視各個可能被規避的法規的目的而定[9]。準此，集體休假能否視為罷工的脫法行為而加以禁止或限制，原則上也僅能依個案就所涉及的相關規定之目的個別加以決定；而非一概地以脫法行為之觀點全盤否認集體休假之合法性。

在我國勞動法上有關罷工或是勞資爭議行為的規定，可能同時影響勞工集體休假權利者，或許是：

1. 從理論上言，德國法上通說[10]認為：罷工之目的既然在於要求勞動條件之提升，而非如戰爭一般地在於消滅對方，故必以於爭議結束後當事人仍將繼續其勞動關係為前提；而為使雇方於爭議結束後仍能繼續其生產經營、並為避免造成第三人不可期待之損失，勞方於罷工期間仍有提供所謂的維持性以及緊急性勞務（Erhaltungs- und Notarbeiten）的義務（例如為避免人員、廠房、機器之損傷、以及為使

---

[9] Vgl. Larenz/Wolf, BGB AT, 8. Aufl, 1997, §40 RdNr 30 ff; MünchKomm/Mayer-Maly, 3. Aufl, 1993, §134 Anm. 11 ff.

[10] s. nur MünchArbR/Otto, 1993, §278 RdNr 136 ff; Brox/Rüthers, Arbeitskampfrecht, 2. Aufl, 1982, §9 RdNr 292, Gamillscheg, Kollektives Arbeitsrecht, Band I, 1997, S. 1166 ff.

雇方於爭議結束後能即時復工所必要者等相關勞務）；至於應提供上述勞務者為何，則由勞資爭議當事人商定決之。若此見解可資採取，則於勞工集體休假時，吾人亦應做相同處理；亦即：勞工以集體休假作為爭議手段時，若可能影響到雇主或第三人之上述利益時，勞資雙方應商定具體應提供維持性以及緊急性勞務之人選。

2. 有疑問者，參照前述有關集體休假與罷工之區別的說明，並且於肯定上述勞方義務以及後述相關法規適用的前提下，吾人當可於承認勞工合法集體休假及其限制上取得一適當的平衡，因此並無理由另外要求勞工在以集體休假作為爭議手段時，亦應遵守工會法第26條第1項有關罷工程序之規定「非經過調解程序無效後，會員大會以無記名投票經過全體會員過半數之同意」，不得為之。或有以為該規定係反映出勞工之採取爭議行為、應遵守比例原則，或是更精確地說：最後手段性（ultima ratio）原則的想法，因此對於集體休假亦應一體適用。就本文所處理的問題而言，吾人至少可認為：於涉及權利事項之爭議時，若勞方所採用之爭議手段，係個別勞動契約法上權利時，其行使並無遵守比例原則／最後手段性原則之必要。蓋例如於雇主不給付足額之工資時，勞工原則上即可合法地拒絕提供勞務[11]；此於訴訟外或訴訟中皆然；勞方之上述施壓手段是否合法，似非工會法第26條所企圖規範的對象。何況關於權利事項，為保障勞工之訴訟權，勞方本得不經調解、逕行訴訟[12]；勞方既無義務申請調解，則要求勞工應遵守相當於工會法第26條之程序、僅得於調解不成立方得決議實行其契約上之權利，顯與上述思想不符。以上論點若可成立，則於相同之情形，若勞工改採與罷工不同，而與工作拒絕權較接近之集體休假作為爭議手段時，吾人亦無理由要求其應遵守相當於工會法第26條之

---

[11] Vgl. Zöllner/Loritz, Arbeitsrecht, 4. Aufl, 1992, S. 221.

[12] 法院辦理勞資爭議事件應行注意事項第6條。行政院於75年所提勞資爭議處理法第5條第1項原規定：「權利事項之勞資爭議……非經調解不得起訴。」其後則被刪除。

程序。

3. 至於以下問題則僅涉及相關法規之解釋，毋庸另行援用脫法行為理論：(1)何種行為係勞資爭議處理法第8條所規定，於調解仲裁期間勞方應禁止之「其他影響工作秩序之行為」之行為？從文義以及從規定之目的：使勞資爭議暫時冷卻，以利調解之進行而言，勞方當不得僅因同一爭議事件，於調解仲裁期間仍然採取集體休假之手段。(2)團體協約之當事人對於妨礙團體協約或其各個規定之存在之鬥爭行為不得採取（團體協約法第20條第1項，團體協約之和平義務[13]）；設若勞資雙方間存有一有效的團體協約，則工會自不得為爭取較團體協約所定更高之勞動條件決議集體休假。(3)工會法第37條規定「在勞資爭議期間，雇主或其代理人不得以工人參加勞資爭議為理由解僱之」。設若於勞資爭議期間勞工從事勞資爭議行為，不論是罷工或是集體休假，雇主皆不得以此作為解僱事由。

4. 小結：對於脫法行為應如何處理的問題，吾人應視各個可能被規避的法規的目的而定；因此，吾人並不能一概以集體休假構成罷工的脫法行為為由，全盤否認集體休假之合法性。就本件而言，勞資雙方或主管機關並未就此勞資爭議事件請求調解或仲裁，勞資雙方亦未存在一有效的團體協約，亦似未涉及所謂維持性、緊急性勞務的問題。而關於權利事項，勞方本得不經調解、逕行訴訟；勞方既無義務申請調解，則亦無義務遵守相當於工會法第26條之程序。因此吾人並不能以脫法行為為由，否認本件勞工集體休假之合法性。

（五）集體休假與權利濫用

勞工休假權之集體行使是否構成權利濫用？對此應說明者：1.休假制度之目的何在？我國學說上有認為：「其目的既在於回復勞動者精神、體力而達到其永續工作之目的，則藉休假以行罷工之實，自當

---

[13] 對此義務之中文說明，參閱黃程貫，勞動法，1996年，第360頁以下。

構成休假權之權利濫用。」惟值得注意者，不論如何，吾人皆不應將
勞工與雇主之其他生產機器等同視之，認為於休假時仍應為其雇主而
活，努力休養生息，以便於休假後能更為雇主賣力拼命。德國法上通
說見解認為：關於相當於我國勞基法第38條的特別休假，其目的在於
使勞工從工作中獲得休養、藉其所得以自由決定之休假活動以回復其
心力[14]；此項見解強調勞工有權利決定其於休閒時間從事何種活動，
與現代法制之重視人格權之自由的發展相吻合，值得贊同。以上見解
亦可用以說明例假（勞基法第36條）、國定紀念假日。蓋應如何休
養、如何紀念相關假日，原則上應讓諸勞工自行決定。準此，勞工得
自由決定於休假期間從事何種活動；在家休息睡眠、或是從事激烈的
體育競技活動，於元旦凌晨參加升旗典禮或是摸八圈，當皆不違反
休假之目的。2.較有爭論的是：勞工可否更進一步地藉休假以行所謂
的干擾雇主營運之實。於此應強調的是：勞工所為之集體休假，若涉
及每週之例假或國定紀念假日，勞工於假日期間「集體」休假，本為
法律上常態，自不構成所謂雇主正常營運之干擾；而雇主既然對該假
期得以預知，因此於假日期間是否、如何繼續生產經營，其本身知之
甚明，自應事先決定安排相關人員值、加班，而勞工基於相關法規、
約定或是基於忠誠義務，亦有提供相對應之勞務的義務[15]；雇主自不
得捨此而主張勞工於上述假日集體休假造成雇主正常營運之干擾。此
於特別休假之情形亦同；蓋特別休假日之排定應由勞雇雙方協商定
之（勞基法施行細則第24條第2款）。3.關於權利濫用之標準，最高
法院一向認為：民法第148條規定行使權利不得以損害他人為主要目
的，是否以損害他人為主要目的，應就權利人因權利之行使所能獲得
之利益，與他人及國家社會因其權利行使所受之損失，比較衡量以定
之。倘其權利之行使，自己所得利益極少而他人及國家社會所受之損

---

[14] Vgl. Bleistein GK-BurlG, 5. Aufl, 1992, §1 Rdnr 2 (m.w.N.).

[15] Zöllner/Loritz, Arbeitsrecht, 4. Aufl, 1992, S. 149.

失甚大者，非不得視爲以損害他人爲主要目的[16]。惟若當事人行使權利，雖足使他人喪失利益，而苟非以損害他人爲之主要目的，即不在該條所定範圍之內。若當事人之行爲僅爲圖利己，要非以損害他人爲主要目的[17]。依此標準，對於勞工之個別勞動契約上之權利，吾人原則上並無理由僅因其集體行使而判定爲不法[18]；又本件勞工之集體休假縱或與休假之目的有所偏離，惟似未必構成休假權之權利濫用。

（六）結論

本件勞工係爲爭取其休假、加班費、全勤費而與資方採取抗爭行爲，應屬勞資爭議處理法之權利事項之爭議。又本件勞工之集體休假行爲具有所謂的爭議行爲的性質。就其消極地不提供勞務的範圍而論，勞工集體休假之合法性係以勞動契約上休假權之合法行使爲前提，而與罷工——從勞動契約之觀點而言，係以違反勞動契約爲手段有別；承認前者之合法性，並未賦予勞工任何「特權」。何況我國勞動法上並非僅以罷工作爲勞方唯一所可能採取的抗爭手段；亦未限定在勞動條件之集體形成，勞方非所得採取之爭議行爲應以罷工爲限；若將集體休假視爲罷工，在法律效果上將衍生更多難解的疑問，因此吾人在法律上並不應將集體休假和罷工一概相同處理。從而最高法院之區分罷工與集體休假之見解，應爲正確。至於吾人能否將休假視爲罷工的脫法行爲而加以禁止或限制，原則上也僅能依個案加以決定；本件勞資爭議事件並未進入調解或仲裁程序、勞資雙方間亦無團體協約存在，亦似未涉及所謂維持性、緊急性勞務的問題。又勞方既以其契約法上之休假權的行使作爲手段，亦無義務遵守相當於工會法第26

---

16 71年台上字第737號判例、83年台上字第2701號判例；引自法源法學資料查詢系統。

17 45年台上字第105號判例，收錄於最高法院判例要旨，第71頁。

18 Vgl. Zöllner/Loritz, Arbeitsrecht, 4. Aufl, 1992, S. 409 (zur Massenänderungskündigung). 黃程貫，前揭文（註2），第114頁。

條之程序。因此吾人並不能以脫法行為為由，否認本件勞工集體休假
之合法性。最後參照最高法院對於權利濫用一向所採之標準，本件勞
工之集體休假縱或與休假之目的有所偏離，惟似未構成休假權之權利
濫用。

16

勞工之集體請辭

——評臺灣臺北地方法院87年度勞訴字第87號判決

壹、案例事實

勞工甲飛行機師於受訓、取得機型檢定證且完成航路訓練後，自民國86年8月起受僱於乙航空公司，雙方約定甲必須在乙公司服務滿十五年，若未滿五年則須賠償乙公司400萬元。嗣後乙因企業競爭之需求，調整薪資結構，惟並未獲得甲及其他勞工之同意。對此問題，雖經包括透過飛行員協會理事之居中協調，雙方並未能達成協議。甲遂於民國87年8月以「雇主不依勞動契約給付工作報酬」為由，與其他勞工共同主張依勞基法第14條第1項第5款集體終止勞動契約，並於其後離職。對此，雇主主張勞工終止契約之行為違反服務年限之約定，應賠償雇主400萬元；其理由包括：勞工甲與其他機師對於雇主之調整薪資方案不採取合理之解決方式，如聲請調解、仲裁或以訴訟方式請求薪資差額，反而採取不經預告、突發性之方式，集體終止勞動契約，至原告損失不貲，顯係以損害原告公司及社會大眾之利益為主要目的，構成權利濫用，應屬不法。

貳、判決理由

對於勞工上述行為是否構成爭議行為，臺灣臺北地方法院87年度勞訴字第87號判決在其判決理由八中表示：「按現行勞動法令並無對『爭議行為』加以定義，一般係指勞資之一方為貫徹其主張，以集體之意思對於他方所採取之阻撓業務正常營運之行為及對抗之行為，傳統上勞方之爭議行為包括罷工、怠工、杯葛、糾察、占據及生產管理等，惟均屬勞動契約關係仍未中斷之前提下，而集體的暫時拒絕勞務之提供，本件勞工以終局地結束與原告間之勞動關係為目的而行使勞動基準法第十四條之契約終止權，並於終止契約生效後拒絕提供勞務，是其終止本件勞動契約與爭議行為尚屬有間。」又對於勞工上述

行為是否構成權利濫用？同法院於判決理由八中繼續表示：「本件雇主主張：被告勞工與其他機師關於薪資調整案，不採取合理之方式解決，反而採取不經預告、突發性之方式，集體終止勞動契約，顯係權利濫用。」對此，法院判認：「本件勞工終止勞動契約既非屬爭議行為，雇主亦未舉證證明，因被告勞工依法終止契約之行為，造成他人或國家社會難以計數之損害，僅泛言因被告勞工終止契約造成數億元之損失、社會民眾不便、原告雇主公司之商譽損失等，而認其終止勞動契約之行為，屬權利濫用，即不可採。」[1]

---

[1] 同一事件之他案（臺北地方法院87年度勞訴字第89號判決），同一雇主於一審敗訴後提起上訴，經臺灣高等法院以89年度勞上字第17號維持原判決；就有關終止勞動契約之行為不構成爭議行為，其理由和第一審法院所持見解幾乎完全相同：「按現行勞動法令並無對『爭議行為』加以定義，一般係指勞資之一方為貫徹其主張，以集體之意思對於他方所採取之阻撓業務正常營運之行為及對抗之行為，傳統上勞方之爭議行為包括罷工、怠工、杯葛、糾察、占據及生產管理等，惟均屬勞動契約關係仍未中斷之前提下，而集體的暫時拒絕勞務之提供，本件張○○以終局地結束與上訴人間之勞動關係為目的而行使勞動基準法第十四條之契約終止權，並於終止契約生效後拒絕提供勞務，是其終止本件勞動契約與爭議行為不同。」（判決理由八）至於就勞方集體辭職行為是否構成權利濫用，臺灣高等法院則認為：「本件張○○終止勞動契約既非屬爭議行為，上數人雖舉出○○聯合會計師事務所所製作之『會計師聯合報告書』以證明其因張○○依法終止契約之行為所造成之損失，而認其終止勞動契約之行為，屬權利濫用，然張○○係因上訴人片面減薪後，始行使自己之合法權利，非以損害上訴人為主要目的，自難謂張○○行使權利係權利濫用。況上訴人亦自承於調薪後僅三位機師離職（見本院卷第242頁），視其主張張○○與其他機師關於薪資調整案，不採取合理之方式解決，而採取不經預告、突發性之方式，集體終止勞動契約，致上訴人公司措手不及，造成上訴人公司高達數億元之損失，商譽受損，社會民眾之不便，是權利濫用，尚非可採。」（判決理由八），本判決引自司法院網站，網址：www.judicial.gov.tw。

參、評釋

　　究竟本件勞工集體請辭是否構成爭議行為？又是否為權利濫用？以上問題，不論在實務上或是理論上皆具有重要性。蓋我國法上對勞工罷工權之行使，多所限制。是以勞工為達其爭議之目的，多以至少外型看起來與罷工不同的其他方式，包含例如於國定假日集體休假為之。因此在法律上如何對此類之抗爭手段為適當評價，有待探討。

　　以下僅將本件相關問題區分如下：

一、本事件是否構成勞資爭議處理法上之勞資爭議事件

　　區分是否為勞資爭議處理法上之勞資爭議事件的實益在於：本事件除得請求依一般民事訴訟程序加以救濟外，另得勞資爭議處理法所定特別的程序加以處理。本事件是否構成勞資爭議處理法上之勞資爭議事件？本判決對此雖未明白表示意見，然應採肯定見解。蓋本事件係因勞方就雇主得否合法的調整薪資結構之問題有所爭執、主張雇主未按原契約約定給付工資，應屬勞資爭議處理法上之權利事項（第4條第2項）；是以，本事件除可進入一般法院之民事訴訟程序外、另可請求調解（第5條）或由主管機關依情形以職權交付調解（第9條第3項）。於調解期間，勞資雙方的行為將受到限制（第7、8條）；就勞方言，其不得因該勞資爭議事件而罷工、怠工或為其他影響工作秩序之行為（第8條）。

二、本件集體請辭行為是否構成爭議行為

　　本件勞工之集體請辭行為是否構成所謂的爭議行為？對於所謂的

爭議行為，學說[2]多界定為：勞資雙方以勞動條件之維持或提升為目的；集體、有計畫之干擾正常營運及其對抗之手段；惟對於勞資爭議行為是否以勞動關係之仍然存續而未中斷為前提？則未明白表示意見；本件判決則依據上述定義而否認終止得作為勞資爭議行為。對此，本文認為首先應考慮到：對於某些事理上相同或相近的社會現象，是否於相同或類似的觀點下一起加以處理；惟無論其答案肯定與否，對此問題仍應與其合法性的判斷基準的問題加以區分[3]。吾人若從其目的在於勞動條件之維持或提升著眼，並且對此狹義地理解，則可能採取和本件審理法院相同之見解；蓋勞方既以自願終結勞動關係，似已無遂行勞動條件之維持或提升之目的可言。惟首先勞工於形式上雖然企圖終止勞動契約，依社會一般觀念仍不妨礙其係以此作為調整其勞動條件的籌碼；只是勞工於此將更進一步地面臨終局喪失勞動契約之危險而已。尤其是當勞方就其集體辭職，附以雇主之同意其所要求的勞動條件，作為其不行使其終止權之條件時（即所謂的大量變更終止Massenänderungskündigung），顯然是以集體終止作為一談判、施壓的籌碼；本件係因勞工不同意雇主之調整薪資結構而集體終止契約、企圖藉此對後者施加壓力，認定為是一種勞資爭議行為，似無不當。設若在爭議事件落幕後，勞資雙方達成協議對於原因該爭議事件而被解僱／離職之勞工，雇主應再行僱入、復職的情形，終止勞動契約被列入是爭議行為的一種，似甚明顯。最後從比較法言，德國勞動法學雖對勞資爭議（Arbeitskampf）的界定及其合法性尚有爭論、對集體終止勞動契約之合法性見解亦未趨一致；惟集體終止勞動

---

[2] 陳繼盛，勞資爭議行為規範與處理規範之研究，民事法律專題研究（六），第16頁；楊通軒，爭議行為合法性之判斷基準，勞動法裁判選輯（一），第175（178）頁以下。德文相關文獻，詳如後述。

[3] Zöllne/Loritz, Arbeitsrecht, 4. Aufl, 1992, S. 401; MünchArbR/Otto, 1993, §274 RdNr 1; Kassler Handbuch/Kalb, 2. Aufl, 2000, 8.2 Rz. 7.

契約被列入勞資爭議行為之內加以討論者，則無疑問[4]。準此，吾人於概念上宜對上述勞資爭議行為作廣泛的理解，認為本件勞工集體請辭係為貫徹勞工工資請求權、是以勞動條件之維持為其目的，並且是具有集體性之干擾雇主正常營運之手段，屬於勞資爭議行為。惟無論是否認定其為勞資爭議行為，本問題皆應與其合法性加以區分，否則吾人將陷於概念法學的泥沼、淪於以形式上概念的設定掩飾真正價值判斷的問題。亦即：吾人縱然否認本件勞工集體終止契約之行為為爭議行為，然而其行為具有某程度的集體性格及干擾雇主營運之結果，於審查其合法性時，吾人即應就針對爭議行為所發展出來的一般判斷基準，一併納入予以考量。

三、本件集體請辭行為之合法性

（一）出發點：爭議行為的二分法

在判斷本件勞工之集體請辭行為之合法性問題，首先宜注意以下的基本區分：

1. 勞工所採取之爭議行為，若從個別勞動契約觀點加以評價係屬合法，則縱然集體行使，原則上仍為屬合法[5]；蓋民法上並未存在著一個基本原則、對一契約法上合法之權利、僅因集體行使、即否定該行為之合法性。而勞工集體行使其契約上權利，原則上亦不構成權利濫用，詳如本文後述。勞工既與其他市民社會之成員同為平等之市民，吾人即無理由剝奪其與其他市民所可享有之上述權利。是故勞工若集體行使其個別契約上之合法的權利，吾人原則上即應承認其合法性；而否認其合法性則將構成例外，必須另外具備其他法律上之理

4　對此，詳閱後述有關本問題於德國法上之討論所引文獻。

5　Vgl. Zöllner/Loritz, Arbeitsrecht 4. Aufl, 1992, S. 409; ErfK/Kissel, 1998, Art 9 GG RdNr 293; Kassler Handbuch/Kalb, 2. Aufl, 2000, 8.2 Rz249.

由。

2. 相反地，若勞工所採取之爭議行為在個別動契約上本屬不法，吾人若欲使之合法化，即須另外具備其他正當事由。例如就勞工所採取之罷工行為而言，若僅從個別勞動契約法上加以觀察，該行為構成債務不履行，本為不法；學理上多以該行為將導致社會經濟之損失而不值得鼓勵，然而在自由市場經濟的前提，國家又不介入勞動條件之形成與決定的情形下，罷工係作為團體協約締結之不可或缺的施壓手段，因而在一定的限制下獲得其正當性，得免除相關責任；可認定是一種「特權」。既然如此，吾人就此類行為所發展出來合法性的要求，即不應一概挪用作為判斷前述第一類、本身原為合法之行為的標準。

就本件而言，勞工集體終止之行為，屬於前述第一類的行為。對於勞工終止勞動契約之權利，現行法原則上並不加以限制；民法對於僱傭契約之通常終止固然未以應具備終止事由為限，亦不以預告期間為必要（第488條），而對基於重大事由之非常終止權則性質上不能加以限制（第489條），此於勞基法上亦同（勞基法第14條）；而勞基法上對於勞動契約終止之限制基本上只是針對雇主之解僱權而設，至於勞工之終止權本身並未直接受限，而僅是透過資遣費之喪失及預告期間之規定間接地予以調整（勞基法第15、18條）。勞工於合法終止勞動契約後，其勞務提供之義務既已終止，法律上自無要求其繼續提供勞務之理，因此勞工於其後不提供勞務，並無不法。勞工之個別終止勞動契約若為合法，則原則上將不因其集體行使之結果而變成不法。因此本件勞工集體終止勞動契約原則上應認為合法。

至於法律上是否對勞工集體請辭可能有進一步的限制，或許可考慮下列幾個觀點：

（二）勞工集體請辭：應以團體協約之締結作為其目的？

在有關勞動爭議行為合法性要件的論述上，多以其須以團體協約

之締結爲目的，方爲合法；惟若對此正確地加以理解，則此項要求主要是以罷工作爲對象[6]，原則上對於以集體終止勞動契約作爲爭議行爲的情形並不適用[7]。亦即勞工終止契約之行爲，法律上若不要求必須具備特定之終止事由，則勞工究係因何辭職，原則上並不影響其行爲之合法性；反之，若勞工終止契約須具備一定事由，則勞工於具備該等事由時其辭職已經合法，原則上即不因其另出於其他原因而使之不法。就本件而言，勞工係合法地以雇主不給付工資爲由，依據第14條第1項第5款終止契約，係以個別契約上權利義務之爭執之目的，雖與團體協約之締結無涉，仍不因此而不法。

（三）勞工集體請辭：必須遵守廣義比例原則／最後手段性原則？

1. 又值得注意者，學理上多認爲：勞資爭議行爲之採取必須遵守廣義比例原則、尤其是其下位之最後手段性原則（必要性原則）；

---

[6] 黃越欽，勞動法論，1991年，第341頁；陳繼盛，勞工法論文集，第380頁以下；王松柏，勞資爭議行爲之法律效果，勞動法裁判選輯（二），第1（17）頁以下。楊通軒，爭議行爲合法性之判斷基準，勞動法裁判選輯（一），第175頁以下，雖於討論「爭議行爲合法性之判斷標準」的標題下（第183頁以下）、主張「爭議行爲須係追求一團體協約爲目的，始有正當性可言」（第196頁），惟綜觀其上下文脈絡，其論述當僅以罷工爲對象。

[7] Zöllner/Loritz, Arbeitsrecht, 4. Aufl, 1992, S. 409; Brox/Rüthers, Arbeitskampfrecht, 2. Aufl, 1982, RdNr 556; Däubler, Arbeitskampfrecht, 2. Aufl, 1987, RdNr 1401; Gamillscheg, Kollektives Arbeitsrecht, Band I, 1997, S. 990；另參照Otto, MünchArbR/Otto, 1993, §274 RdNr 32 ff. 認爲勞資爭議之目的，除作爲團體協約締約時施壓之手段外，尚可直接追求其他勞動契約條件之變更；而例如於勞工集體行使給付拒絕權時，其典型的目的則在於契約權利之實現（RdNr 35）。（Kassler Handbuch/Kalb, 2. Aufl, 2000, 8.2 Rz 9 ff.）一方面就勞資爭議之目的區分爲以團體協約、勞動契約等爲目的，將警告性罷工歸入前者、將大量變更終止歸爲後者；而就罷工之合法要件則主張其行使以團體協約之締結爲目的（Rz 94），就大量變更終止之合法要件則未作相同之要求（Rz 251 ff.）。

是以勞工之主張若可透過法院訴訟加以救濟或仍有可能透過既有之協
商管道（如調解）加以實現時，即不得逕行採取勞資爭議行為。例如
在德國法上相關的討論上，前聯邦勞動法院院長Kissel[8]即曾援引該法
院之判決認為：勞資爭議行為（Arbeitskampf）不得以訴請履行法律
上之權利或確認法律狀態為目的，蓋此問題係專由法院審理解決之。
又例如學者Otto[9]說道：勞資爭議乃是作為一種調整與形成勞動條件
之必要、輔助的手段；在能透過其他方式合理的解決勞動爭議的前提
下，尤其是透過法院所能提供之保護，勞資爭議行為應退居次要、補
充的地位；氏又認為[10]：若涉及勞資雙方權利義務之爭執，則應以訴
訟解決；法院外之解決機制，僅以勞務之工作拒絕權是合法的；惟氏
於直接針對集體終止的討論上[11]，則未明白主張集體終止應符合最後
手段性原則。本件雇方主張：「被告勞工關於薪資調整案，不採取合
理之方式解決，如申請調解、仲裁或以訴訟請求薪資差額，反而採取
不經預告、突發性之方式，集體終止勞動契約，顯係權利濫用。」或
即主張此項見解。

　　對於上述見解，本文認為應作如下區分：(1)誠信原則底下之權
利濫用原則，其主要內涵即為廣義比例原則，包含及其下位的最後手
段原則[12]；而作為對所有型態之權利行使之界限的權利濫用原則，自
然也適用於爭議行為；在此意義下，廣義比例原則，包含及其下位的
最後手段原則自然也——與其他形式的權利一樣地——適用於勞工集
體請辭的情形[13]。對此問題，詳如後述。(2)其次吾人若詳細斟酌此類

---

[8]　ErfK/Kissel, 1998, §9 GG RdNr 97.

[9]　MünchArbR/Otto, 1993, §275 RdNr 46 ff.

[10]　MünchArbR/Otto, 1993, §276 RdNr 19; §278 RdNr 29

[11]　MünchArbR/Otto, 1993, §279 RdNr 120-123.

[12]　參照林更盛，論廣義比例原則在解僱法上之適用，中原財經法學，第5期，第
　　57頁以下。

[13]　是以例如Kalb 於Kassler Handbuch/Kalb, 2. Aufl, 2000, 8.2 Rz 258及在Allgeme-

見解，即可發現：此類討論之對象或許主要是針對罷工，尤其是警告性罷工之爭議行為而發；或許因此例如Kissel於討論到集體終止之合法性時，即未表示該行為相對於制定法上既有之協商或救濟管道，僅處於備位、後補之地位[14]。應前述Otto之見解才另外提到勞務之工作拒絕權應屬例外。至於該見解是否對於其他爭議行為亦有其適用，尚不得一概而論。就勞工終止契約之權利而言，此乃涉及勞工於憲法上所保障之工作權（工作選擇之自由）的範圍；此於勞工個別或集體行使時，皆無不同[15]。勞基法第14條第1項第5、6款既明定勞工於雇主不依約發給工資時，得不經預告終止勞動契約；則要求勞工僅得於符合廣義比例原則／最後手段性原則時、方能合法行使其終止權，在現行法上並無依據。實則問題應當是：現行對勞工終止勞動契約之自由原則上並未加限制，既已如前述，則吾人若要求勞工之辭職應符合廣義比例原則及最後手段性原則，顯與現行法之價值判斷不符；並且無異使勞工處於和強制勞動類似的狀態，有悖於勞基法第5條強制勞動之禁止的規定。又若以終止契約權和工作拒絕權相比，此二者同係勞工集體行使其契約上合法的權利，吾人若認為工作拒絕權之行使不因勞工仍得同時以訴訟請求而為不法，則亦無理由對於勞工終止契約權利加以更嚴格之限制[16]。準此，本件勞工之終止契約，並不因其另得同時向法院請求救濟而不法。

　2. 同理，吾人亦不得僅因勞工於此另得申請調解為由，否認其終止之合法性[17]。蓋憲法雖於第154條雖然明定：「勞資雙方應本

ine Schranken der Rechts- und Sittenwidrigkeit的標題下主張集體終止不得牴觸最後手段性原則或以消滅對方為目的，否則將為違法。

[14] ErfK/Kissel, 1998, Art. 9 GG RdNr 294-298.

[15] Gamillscheg, Kollektives Arbeitsrecht, Band I, 1997, S. 989.

[16] 同結論，Däubler, Arbeitskampfrecht, 2. Aufl, 1987, RdNr 1401.

[17] 類似見解，參照Gamillscheg, Kollektives Arbeitsrecht, Band I, 1997, S. 1150 f；相反見解，Brox/Rüthers, Arbeitskampfrecht, 2. Aufl, 1982, RdNr 573，認為勞資

協調合作原則,發展生產事業。勞資糾紛之調解與仲裁,以法律定之。」惟此乃基本國策之宣示,立憲者未必有意以此限制勞工職業選擇之自由——離職——毋寧是將對此國策具體化之規定委由一般制定法之立法者裁量決定之;而依勞資爭議處理法立法者之決定,為保障勞工之訴訟權,關於權利事項,勞方本得不經調解、逕行訴訟[18];則與之相比,吾人對於勞工工作權之保障似不應劣於訴訟權,不應要求勞工僅得於調解不成立方得實行終止契約之權利。

(四)勞工集體請辭:以之作為實質罷工手段之疑慮

關於勞工可能以集體請辭達到實質罷工手段之疑慮,對此:

1. 首先應加以說明:我國勞動法上並非僅以罷工作為勞方唯一所可能採取的抗爭手段。蓋例如勞資爭議處理法第8條於規定勞方可能之爭議行為時、將罷工、怠工與其他影響工作秩序之行為並列;又如工會法第26條僅針對罷工、限定其應經一定的程序,而同法第37條則規定「在勞資爭議期間,雇主或其代理人不得以工人參加**勞資爭議**為理由解僱之」。顯然皆以承認於罷工之外,尚且另有其他種類的勞資爭議行為存在為前提。又勞動條件之集體協商、形成,法律上雖承認勞資雙方得藉助團體協約及其相關之協商手段,如罷工、鎖廠為之;但法律上並未限制勞方不得捨此而另尋他途。此由團體協約法第16條但書之規定(勞動契約……為工人之利益變更勞動條件而該團體協約並無明文禁止者為有效)所採之有利勞工原則(Günstigkeitsprinzip)觀之,應無疑問[19]。準此,吾人並不能合理地推論認

爭議處理法領域上的一般原則:最後手段性原則,對集體終止亦有其適用,蓋後者亦不外乎為一實力之展現。

[18] 法院辦理勞資爭議事件應行注意事項第6條。行政院於75年所提勞資爭議處理法第5條第1項原規定:「權利事項之勞資爭議……非經調解不得起訴,」其後則被刪除。

[19] Brox/Rüthers, Arbeitskampfrecht, 2. Aufl, 1982, §15 RdNr 554. 關於有利勞工原則的中文說明,參閱黃程貫,勞動法,1996年,第357頁以下。

爲：立法者有意一律以罷工之相關規定作爲衡量所有勞方可能的爭議行爲之標準。因此吾人對於作爲爭議行爲之集體終止與罷工爲不同之處理，與現行勞動法並無牴觸。此外，有鑑於生產組織型態之變革，勞工將來可能採取的集體協商的施壓手段可能多樣化；因此對工會所可能採取的爭議行爲及其合法性界限，法律上自不宜自始僅以向來的罷工規定相繩。

2. 法制上對於罷工權之所以加以限制，其理由不外乎：在契約嚴守的原則下，就勞動契約而言，勞工有依約提供勞務之義務，而罷工（勞工中止其勞務之提供）的行爲則與之相牴觸；若無其他阻卻違法之事由，當構成勞工之債務不履行。惟法律上之所以承認勞工有罷工之權，無非是認爲：處於締約劣勢情形下之勞工既無法透過個別勞動契約以獲得適當的勞動條件，爲保護勞工，法律上乃賦予其能透過集體與雇主協商、獲得較公平之結果（團體協約）。而罷工即是作爲勞方於協商時向對方施加壓力的一種手段，而在一定前提下作爲勞工阻卻違法之事由、**免除其相關法律責任**。因此相對於其他契約種類之債務人，勞工之罷工權可被認爲是一種「特權」；惟爲保持勞動契約某程度上仍能合理地進行，法律上對此「特權」自應有一相對應的限制。是以，例如工會法第26條規定、「勞資或僱傭間之爭議，非經過調解程序無效後，會員大會以無記名投票經過全體會員過半數之同意，不得宣告罷工。」（第1項）「工會於罷工時不得妨害公共秩序之安寧，及加危害於他人之生命、財產及身體自由。」（第2項）、確立了罷工主體（工會）、程序（調解無效後經會員大會同意）及手段和平等原則；而合法罷工之效力，依一般學理之說明，僅具有**暫時停止勞動契約雙方之主要給付義務**。

集體終止則與此有別，法律上對於勞工終止之要件則另有規定，已如前述；而其效果則爲**終局地結束勞動關係**。二者就停止勞務之提供之觀點而言雖然相同；然而其餘要件與效力卻有差別。尤其是與罷工相比、勞工於行使終止權時並未享有所謂的「特權」。蓋勞方就個別契約法上若有終止之權，則其權利之行使本身，並無違反勞動契

約可言；而其行使終止權利之後，勞動義務既不復存在，則其不提供勞務，亦無違反勞動契約可言；是以法律上對此行為承認其為合法行為，並無另外探尋阻卻違法事由之必要；未課予法律上之不利益（責任），並無賦予勞工任何意義之「特權」可言。從而吾人在法律上將勞工集體請辭作和罷工不同的處理，實具有正當性。

3. 最高法院曾針對關於罷工與集體休假間之區別，表示：「罷工（罷駛）係多數勞工以違反勞動契約之手段，拒絕履行其工作義務；又集體休假係勞動關係中休假權之合法行使，而非以違反勞動契約為手段。二者性質雖異，然其係以消極的不為其約定之工作者則一。」[20]從該判決理由推論，則集體休假和罷工的合法性標準顯然無須一致；若再進一步推論，則就勞動契約之集體終止和罷工間之合法性的問題來看，此二者亦當無須採取相同的標準。

4. 關於德國法上對勞工大量變更終止的合法性問題的討論，其聯邦勞動法院認為構成非法罷工；又Lieb於1994年所印行之第五版之勞動法（Arbeitsrecht）一書第209頁稱聯邦勞動法院之見解亦為主流學說（hL）所採。惟有趣的是：Brox/Rüthers於1982年所印行之第二版之勞動爭議法（Arbeitskampfrecht）一書第344頁，§15 RdNr 549，則聲稱多數學說認為勞資雙方所為之大量終止基本上為合法（Der wohl überwiegende Teil des Schrifttums hält die Massenkündigung beider Seiten grundsätzlich für zulässig）；而其所引贊成聯邦勞動法院之學者則並無多大差異。又Däubler於1987年所出版之勞資爭議法 Arbeitskampfrecht, 2. Aufl, RdNr 1396亦對相關學說狀況描述道：以上聯邦勞動法院之見解，學說上多採批評之態度（Der bisherige Auf-

---

[20] 最高法院於84年度台上字第1074號判決，最高法院民事裁判書彙編，第20期，第809頁以下。關於本判決之評論，楊通軒，爭議行為合法性之判斷基準，勞動法裁判選輯（一），第175頁以下；王松柏，勞資爭議行為之法律效果，勞動法裁判選輯（二），第1頁以下；林更盛，作為爭議手段之勞工集體休假（本書第十五篇論文）。

fassung des BAG hat in der Literatur vorwiegend Kritik erfahren.）。
而在最近的幾個重要的著作方面，亦多採和聯邦勞動法院相反的立
場。例如：Otto於1993年所出版之Münchener Kommentar zum Arbe-
itsrecht, Band III,§279 RdNr 120 f.基本上亦不將集體終止視爲非法
罷工，認爲頂多只是就個別的勞資爭議相關法規，予以類推適用而
已。Gamillscheg於1997年所出版之 Kollektives Arbeitsrecht, Band I, S.
989 f.認爲集體終止並不等於非法罷工。前聯邦勞動法院院長Kissel於
1998年所出版之Erfurter Kommentar zum Arbeitsrecht,§9 GG RdNr 97;
RdNr 293亦認爲集體終止基本上是合法的，不因其集體行使而變爲不
法。Kalb於2000年所出Kassler Handbuch zum Arbeitsrecht, Band II, 8.2
Rz 249則肯認大量終止原則上爲合法。以上德國學說之趨勢，以足爲
本文所持見解之佐證。

（五）對集體終止之其他可能的限制

　　在我國勞動法上有關罷工或是勞資爭議行爲的規定，可能同時
影響勞工集體終止權利者，或許是：1.何種行爲係勞資爭議處理法第
8條所規定，於調解仲裁期間勞方應禁止之「其他影響工作秩序之行
爲」之行爲？從文義以及從規定之目的：使勞資爭議暫時冷卻，以利
調解之進行而言，並對照同法第7條禁止雇主採取終止之規定，勞方
當不得僅因同一爭議事件，於調解期間仍然採取集體休假之手段。
2.團體協約之當事人對於妨礙團體協約或其各個規定之存在之鬥爭行
爲不得採取（團體協約法第20條第1項，團體協約之和平義務[21]）；
設若勞資雙方間存有一有效的團體協約，則工會自不得爲爭取較團體
協約所定更高之勞動條件決議集體終止。3.從理論上言，德國勞動法
上通說[22]認爲：罷工之目的既然在於要求勞動條件之提升，而非如戰

---

[21] 對此義務之中文說明，參閱黃程貫，勞動法，1996年，第360頁以下。

[22] s. nur MünchArbR/Otto, 1993,§278 RdNr 136 ff; Brox/Rüthers, Arbeitskamp-
　　frecht, 2. Aufl, 1982,§9 RdNr 292; Gamillscheg, Kollektives Arbeitsrecht, Band I,

爭一般地在於消滅對方，故必以於爭議結束後當事人仍將繼續其勞動關係為前提；而為使雇方於爭議結束後仍能繼續其生產經營，並為避免造成第三人不可期待之損失，勞方於罷工期間仍有提供所謂的維持性以及緊急性勞務（Erhaltungs- und Notarbeiten）的義務（例如為避免人員、廠房、機器之損傷、以及為使雇方於爭議結束後能即時復工所必要者等相關勞務）。若此見解可資採取，則就本件集體終止的情形，於後契約義務的範圍內，要求勞工應負上述義務，應屬妥當[23]。

（六）集體終止與權利濫用

勞工終止權之集體行使是否構成權利濫用？對此應說明者：關於權利濫用之標準，最高法院一向認為：民法第148條規定行使權利不得以損害他人為主要目的，是否以損害他人為主要目的，應就權利人因權利之行使所能獲得之利益，與他人及國家社會因其權利行使所受之損失，比較衡量以定之。倘其權利之行使，自己所得利益極少而他人及國家社會所受之損失甚大者，非不得視為以損害他人為主要目的[24]。惟若當事人行使權利，雖足使他人喪失利益，而苟非以損害他人為之主要目的，即不在該條所定範圍之內。若當事人之行為僅為圖利己，要非以損害他人為主要目的[25]。就本件而言，吾人應注意到：勞方所主張者乃是涉及契約終止制度（契約自由原則的一種反映），也是勞工選擇工作之自由的實現；何況勞工之所以終止勞動契約、係因雇主未依約發給工資；對此，勞基法甚至將此類事由明定作為勞工得**不經預告**、**立即終止**之事由（勞基法第14條第1項第5、6款參

1997, S. 1166 ff.

[23] Däubler, Arbeitskampfrecht, 2. Aufl, 1987, RdNr 1401; Gamillscheg, Kollektives Arbeitsrecht, Band I, 1997, S. 991.

[24] 71年台上字第737號判例、83年台上字第2701號判例，引自法源法學資料查詢系統。

[25] 45年台上字第105號判例，收錄於最高法院判例要旨，第71頁。

照）、並得請求資遣費（勞基法第14條第3項準用第17條）。顯見依現行法上之價值判斷，此類終止事由實不可歸責於勞方、並且無法期待勞方繼續該勞動關係。準此以觀、並參照上述最高法院對權利濫用所採之標準，本件勞工之集體終止當不至於構成終止權之權利濫用。

國家圖書館出版品預行編目資料

勞動法案例研究. 一／林更盛著. ――初
版. ――臺北市：五南，2018.10
　　面；　公分
ISBN 978-957-11-9673-2（平裝）

1.勞動法規　2.論述分析

556.84　　　　　　　　　107004546

1R82

勞動法案例研究（一）

作　　者 ― 林更盛（120.5）

發 行 人 ― 楊榮川

總 經 理 ― 楊士清

副總編輯 ― 劉靜芬

責任編輯 ― 蔡琇雀　呂伊真　李孝怡

封面設計 ― 王麗娟

出 版 者 ― 五南圖書出版股份有限公司

地　　址：106台北市大安區和平東路二段339號4樓

電　　話：(02)2705-5066　　傳　真：(02)2706-610

網　　址：http://www.wunan.com.tw

電子郵件：wunan@wunan.com.tw

劃撥帳號：01068953

戶　　名：五南圖書出版股份有限公司

法律顧問　林勝安律師事務所　林勝安律師

出版日期　2018年10月初版一刷

定　　價　新臺幣380元

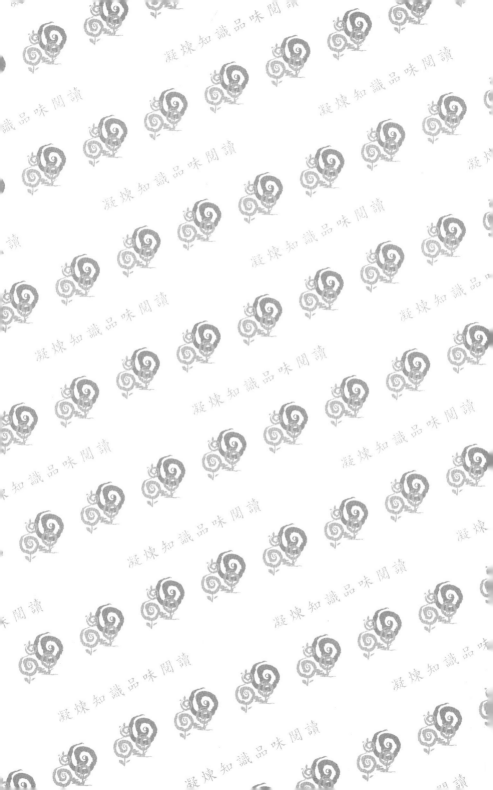